Rudolf A. Mark

Die Völker der Sowjetunion

Rudolf Mark

Die Völker der Sowjetunion

Ein Lexikon

Westdeutscher Verlag

CIP-Titelaufnahme der Deutschen Bibliothek

Mark, Rudolf A.:
Die Völker der Sowjetunion: ein Lexikon / Rudolf A. Mark. –
Opladen: Westdt. Verl., 1989
ISBN 3-531-12075-1

NE: HST

Der Westdeutsche Verlag ist ein Unternehmen der Verlagsgruppe Bertelsmann International.

Umschlaggestaltung: Horst Dieter Bürkle, Darmstadt
Satz: SATZPUNKT Ursula Ewert, Braunschweig
Druck und buchbinderische Verarbeitung: W. Langelüddecke, Braunschweig
Printed in Germany

ISBN 3-531-12075-1

Inhalt

Vorwort 7

Einführung 9

Hinweise zur Benutzung 24

Abkürzungen 25

Verzeichnis der Artikel 26

Artikel und Stichwörter A–Z 29

Anhang

- Territoriale Gliederung der UdSSR 175
- Glossar 179
- Russisches Alphabet 182
- Quellen- und Literaturverzeichnis 183
- Register 200
- Karten der Sowjetrepubliken 204

Vorwort

Das vorliegende Lexikon bietet Informationen zu allen heute in der Sowjetunion lebenden Völkern bis hin zu den kleinsten Gruppen.

Die Nationalitätenfrage in der Sowjetunion hat infolge jenes großen innersowjetischen Reformansatzes, der Perestrojka, an Brisanz und Aktualität gewonnen. Dadurch wird gerade dem westlichen Beobachter der Entwicklung in der Sowjetunion eindringlich zu Bewußtsein gebracht, daß es sich im Falle der Sowjetunion um einen ausgeprägten Vielvölkerstaat handelt. Das Interesse an diesem Strukturfaktor der anderen Weltmacht ist unübersehbar geworden. Allerdings fehlen entsprechende, leicht zugängliche Publikationen, aus denen man Näheres über Herkunft, Anzahl, Siedlungsgebiete Sprache und Religion der verschiedenen Nationalitäten oder auch die Zusammensetzung der Sowjetrepubliken und ihre Geschichte erfahren kann. Dem will das Buch Rechnung tragen. Es ist als ein praktisches Nachschlagewerk konzipiert und liefert erste Informationen über die in der Sowjetunion der Gegenwart lebenden Völker, ihre Herkunft und staatliche Organisation und soll zur Beschäftigung mit Landeskunde und Geschichte dieses Vielvölkerstaates anregen. Es wendet sich an Schüler, Studenten, Lehrer, Journalisten, Touristen ebenso wie an den breiten Bereich politischer Bildungsarbeit.

Idee und Anregung zu dem Buch stammen von Klaus Böhme; zum Gelingen der Arbeit haben viele beigetragen, denen der Verfasser zu Dank verpflichtet ist. An erster Stelle sind die Kollegen zu nennen, die zur Mitarbeit gewonnen werden konnten: Ernst Benz (Königstein) hat die Artikel *Esten, Letten, Litauen, Karelier, Liven, Ischoren, Wepsen* und *Woten* verfaßt. Aus der Feder von Ulrich Haustein (Mainz) stammen die Beiträge *Berg-Juden, Bucharische Juden, Bulgaren, Gagausen, Georgische Juden, Griechen, Juden, Kaukasische Griechen, Karäer* und *Moldauer*. Zu danken habe ich auch Gotthold Rhode und Claus Schönig in Mainz für nützliche Hinweise und Gespräche sowie Martina und Janine Spindler für Hilfe bei der Fertigstellung des Manuskripts. Nicht zu vergessen schließlich die Kolleginnen und Kollegen im Westdeutschen Verlag, die aus dem Manuskript ein Buch werden ließen.

Da Vollständigkeit und Perfektion bei der Vielfalt der Themen und Aspekte, die Gegenstand dieses Lexikons sind, nie ganz erreicht werden können, mögen sich an der einen oder anderen Stelle Ungenauigkeiten oder Fehler eingeschlichen haben. Für entsprechende Hinweise oder zusätzliche Informationen bin ich stets dankbar.

Mainz, im Mai 1989 *Rudolf A. Mark*

Einführung

Eine Antwort auf die Frage zu finden, wieviele Völker und Völkerschaften, Stämme und Volksgruppen unter dem Dach der Sowjetunion eigentlich leben, ist aus ganz unterschiedlichen Gründen schwierig. Die letzte offizielle sowjetische Volkszählung von 1979 listete zwar ungefähr 100 Völker und Völkerschaften namentlich auf und faßte über 60 weitere unter der Rubrik „Sonstige" zusammen, aber komplett ist diese Liste nicht. Nach neueren Untersuchungen gehen die sowjetischen Ethnologen von 120–140 Völkern und Völkerschaften aus, und die Linguisten zählen 130 gesprochene Sprachen im Land. Seit der ersten, die ganze Sowjetunion erfassenden Volkszählung von 1926 sind immer wieder Völker verschwunden bzw. in den Tabellen und Statistiken der folgenden Erhebungen nicht mehr aufgetaucht – insgesamt 95 bis 1979. Dazu gehören vor allem zahlreiche türksprachige und kaukasische Völkerschaften, aber auch ethnische Gruppen anderer Völker. Sie sind in den großen Nationen aufgegangen, unter deren Bezeichnung sie inzwischen geführt werden. Nicht in jedem Falle ist unstrittig inwieweit dies gerechtfertigt ist. Dort, wo dies ein Ergebnis von natürlichen Akkulturations- und Assimilierungsprozessen ist, wird man eine solche Vereinnahmung als normal und sinnvoll ansehen, wobei ein entsprechendes Interesse der Betroffenen unterstellt werden darf. Fragwürdig und ungerechtfertigt ist eine solche Nivellierung jedoch, wenn eine Territorial- oder Dialektgruppe auf eine eigene Geschichte zurückblicken kann und aufgrund eigener Kultur- und abweichender sozialökonomischer Organisationsformen ein Sonderbewußtsein entwickelt hat, das Eigenständigkeit verlangt. Für beide Fälle lassen sich Beispiele in der sowjetischen Nationalitätenstatistik finden. Eine Rolle spielt dabei auch ein latenter Russifizierungsprozeß, dem kleinere Völker oder Teile davon unterliegen, der mit lokal unterschiedlicher Intensität voranschreitet und für einen Außenstehenden in der Regel kaum erkennbar ist.

Es existieren aber auch noch andere Faktoren, die eine genaue Antwort auf die Frage nach der Anzahl der Sowjetvölker praktisch nicht zulassen: die der Klassifizierung. In zahlreichen Fällen sind sich Ethnologen und Linguisten über die historische Zuordnung einzelner Völkerschaften und Gruppen zwar grundsätzlich einig, nicht jedoch über den Grad ihrer ethnischen Verschiedenheit; denn dieser ist objektiv nicht meßbar. Zu- und Einordnung oder Abtrennung basieren daher oft auf politischen Entscheidungen, die über die Köpfe der Betroffenen hinweg gefällt werden, wobei Erwägungen administrativer Zweckmäßigkeit natürlich auch eine Rolle spielen. Ob man nun zum Beispiel die Huzulen als eine ethnographische Gruppe der Ukrainer auflistet, die Jasgulemen als eine eigenständige Völkerschaft betrachtet oder sie den Ukrainern bzw. den Tadschiken zurechnet, ist kein rein akademisches Problem. Es wird davon auch eine entscheidendere Frage berührt, nämlich die, inwieweit die entsprechende Klassifizierung Minderheitenschutz garantiert, also Raum für Selbstbestimmung und freie individuelle und nationale Entfaltung läßt.

Daß hier vieles im Argen liegt, hat die Entwicklung innerhalb der Sowjetunion seit der Mitte der 80er Jahre in einem überraschenden Ausmaß deutlich gemacht. Darüber hinaus hat aber auch das eintönige Bild, das wir von der Sowjetunion hatten, einige kräftige Farbtupfen erhalten, da nun Völker dieses Staates in unser Blickfeld geraten sind, von deren Existenz wir – wenn überhaupt – nur schemenhafte Vorstellungen besitzen. Daß die Sowjetunion auch die Heimat einer kaum zu überschauenden Zahl von Völkern und Völkerschaften nichtslawischer Herkunft ist, mag zwar zum Kanon unseres Wissens über diesen östlichen Nachbarn gehören, wirklich bewußt und präsent ist uns dies jedoch kaum. Bis heute wird unser Bild ziemlich einseitig von Rußland und den Russen bestimmt, in deren Schatten praktisch alle übrigen Nationalitäten stehen. Wir mögen Esten, Letten, Litauer, Ukrainer und Armenier noch unterscheiden können, aber wenn wir die Völker des asiatischen Teils der Sowjetunion benennen und identifizieren wollen, tun wir uns erheblich schwerer. Gründe dafür gibt es viele und naheliegende. Ein wichtiger Grund ist sicherlich auch in der Tatsache zu sehen, daß die Geschichte der Sowjetunion und des ihr vorausgegangenen russischen Kaiserreichs vor rund 1 000 Jahren um Kiew am Dnjepr ihren Anfang genommen hat, daß bis heute das Zentrum dieses Riesenreiches in dessen europäischem Teil liegt und Moskau für uns – wie für das asiatische Territorium – Dreh- und Angelpunkt ist. Unsere Vorstellungen mögen aber auch beeinflußt sein von der staatstragenden Ideologie der KPdSU, deren Vertreter seit den 60er Jahren das Zusammenwachsen und Verschmelzen aller Völker der Sowjetunion zu einer neuen, sozialistischen Nation, dem Sowjetvolk, verkündet haben, das als eine neue historische Gemeinschaft schließlich auch nationale und sprachliche Unterschiede in sich aufheben werde. Daß sich die Zeitläufte in der Sowjetunion seit dem ersten Hinweis auf diese prospektive Entwicklung aber eher in die entgegengesetzte Richtung bewegt haben, ist in den 1980er Jahren unübersehbar geworden. Die nichtrussischen Nationalitäten fordern Selbstbestimmung und die Verwirklichung der ihnen in der sowjetischen Verfassung verbrieften Nationalitätenrechte. Sie berufen sich auf ihre eigene Geschichte und klagen Freiräume ein – oder schaffen sie sich einfach –, die ihnen die freie Entfaltung ihrer materiellen und geistigen Kultur, die Aufwertung ihrer Nationalsprachen und die Akzeptanz ihrer nationalen Identität garantieren sollen. Die in den letzten Jahren offen ausgebrochenen Nationalitätenprobleme sind dabei keineswegs einheitlicher Natur, und die Opposition ist nicht ausschließlich gegen russische Vorherrschaft und Überfremdung entstanden, sondern sie haben sich mit unterschiedlicher Intensität und oft aus regional begrenzten Konflikten entwikkelt. Während beispielweise in den baltischen Republiken oder – in verhalteneren Formen – in Weißrußland der Widerstand der Furcht entspringt, von Moskau russifiziert zu werden, resultieren die Auseinandersetzungen etwa im Kaukasus aus Konflikten, die einen primär regionalen Charakter besitzen und die dort ansässigen Völker schon in vorsowjetischer Zeit entzweit hatten. Wieder andere Konfliktlinien sind in den zentralasiatischen Republiken zu erkennen, wo die zugezogenen, meist Minderheiten bildenden Russen oder Ukrainer sich im Alltagsleben oft diskriminiert fühlen. Den Nationalitätenkonflikt in der Sowjetunion bestimmen daher ganz unterschiedliche Problemfelder, auf die kein übergreifendes Raster wirklich paßt. Seine historische Dimension reicht außerdem weit in die vorangegangenen Jahrhunderte zurück und ist auch eine Erbschaft des Zarenreichs.

Als die ostslawischen Stämme im 9. Jh. mit einem allmählich Konturen annehmenden Staatswesen – der Kiewer Rus – in das Licht der Geschichte traten, lebten diese Vorfahren von Russen, Ukrainern und Weißrussen an den Rändern ihres Siedlungsgebietes bereits mit anderen, nichtslawischen Völkern zusammen. Es waren dies finnische bzw. finnougrische Stämme, die die ausgedehnten Waldgebiete zwischen Ostsee und Wolga bewohnten. Gering an Zahl wurden die meisten von ihnen bald slawisiert. Die übrigen wurden zu den Vorfahren von Mordwinen, Mari, Komi, Udmurten und anderen heutigen Sowjetvölkern dieser Region. Ebenfalls recht schnell slawisiert wurden die als kriegerische Fernkaufleute früh in Kontakt mit den Ostslawen stehenden skandinavischen (schwedischen) Waräger, aus deren Reihen die ersten Fürsten der Rus stammten.

Bis zum Beginn des 13. Jahrhunderts brachten die Fürsten des Kiewer Staates einen erheblichen Teil der Mordwinen unter ihren Einfluß, und im Nordwesten wurden Karelier, Ischoren, Woten, Komi sowie einzelne baltische Stämme Tributabhängige der durch den Fernhandel reich und mächtig gewordenen Stadtrepublik Nowgorod. Während diese Völkerschaften zumeist christianisiert und im weiteren Verlauf russifiziert wurden, blieben türksprachige Stämme – soweit sie unter die Kontrolle russischer Fürsten kamen – davon frei.

Die Kiewer Rus ging im Mongolensturm des 13. Jahrhunderts unter. Das Zentrum des Reiches der Rus hatte sich schon vorher in den waldreichen Nordosten um die Städte und Fürstentümer Susdal und Wladimir verlagert, wo nun die Großfürsten in der Abhängigkeit vom Großkhan der mongolischen Goldenen Horde herrschten. In den im Süden und Westen der Rus verlorengegangenen Gebieten setzte nun unter litauischer und polnischer Herrschaft die für die folgenden Jahrhunderte getrennt verlaufende Geschichte von Ukrainern und Weißrussen ein. Im Nordosten begann im 14. Jahrhundert der Aufstieg Moskaus als Mittelpunkt des russischen Landes, das sich im 15. Jahrhundert des „Mongolenjochs" entledigen konnte, aber weiter von tatarischen Einfällen heimgesucht wurde. Am Ende dieses Jahrhunderts hatte der Moskauer Großfürst Iwan III. dazu alle russischen Fürstentümer unter seinem Szepter vereint, das „Sammeln des russischen Landes" jedoch noch keineswegs abgeschlossen, da diese Politik bereits über die eigentlichen russisch besiedelten Gebiete hinauszielte. Teilerfolge im Osten konnte sein Enkel Iwan IV., der Schreckliche, erreichen, der in den 50er Jahren des 16. Jahrhunderts die tatarischen Khanate von Kasan und Astrachan eroberte und mit deren Territorien auch die übrigen Wolgavölker unter seine Herrschaft brachte. Iwan IV., der 1547 den Zarentitel angenommen hatte, erhöhte durch diese Expansion die Anzahl der Nichtrussen in seinem Reich, das nun multinationale, imperiale Züge und eine entsprechende Staatsideologie annahm. Mit der Eroberung der Khanate waren nun zum ersten Mal fremde nichtrussische Staatswesen zum Opfer der russischen Expansion geworden. Auch die Entwicklung des russischen zu einem eurasischen Reich wurde noch zu Lebzeiten des ersten Zaren in die Wege geleitet, als 1582 unter dem Ataman Jermak Timofejew Kosaken nach Sibirien vorzudringen begannen. 1639 hatten sie dann bereits die Küsten des Pazifik erreicht.

Unter den Nachfolgern Iwans IV. wurde diese Expansionspolitik praktisch bis ins ausgehende 19. Jahrhundert fortgesetzt. Der Eroberung Sibiriens folgte unter Peter dem Großen der erfolgreiche Vorstoß an die Ostsee, der mit dem Gewinn der baltischen Gebiete und der Gründung St. Petersburgs als neuer Hauptstadt abgeschlossen wurde. In der zweiten Hälfte des 18. Jahrhunderts gewann Katharina II. die Gebiete nördlich des Schwarzen Meeres, die Krim sowie durch die Teilung Polens den größten Teil der Ukraine, ganz Weißrußland und Litauen. Zur gleichen Zeit setzte die Eroberung der Kasachensteppe ein, und russische Truppen faßten Fuß im Nordkaukasus. Unter Alexander I. kamen zu Beginn des 19. Jahrhunderts Finnland, Kongreßpolen und Bessarabien unter die Zarenherrschaft – Polen 1815 als Königreich und Finnland 1809 als Großfürstentum. Der größte Teil Zentralasiens sowie das Amur- und Ussuri-Gebiet im Fernen Osten wurden schließlich in der zweiten Hälfte des 19. Jahrhunderts dem russischen Reich eingegliedert, um nur die größten Territorialerwerbungen der Zaren zu nennen.

Die am Ende des 19. Jahrhunderts als „Fremdbürtige" bezeichneten nichtrussischen Untertanen der Zaren genossen mit wenigen Ausnahmen so gut wie keine nationalen Rechte oder gar Privilegien. Das russische Imperium jener Jahre konnte man mit gutem Recht als ein „Völkergefängnis" bezeichnen, wie es Lenin tat, obwohl sich die Wirklichkeit viel komplizierter zeigte. Gemäß der einzigen Volkszählung im russischen Kaiserreich von 1897 stellten die Russen mit 43,5 % der Gesamtbevölkerung lediglich eine relative Mehrheit dar. Nur gemeinsam mit Ukrainern und Weißrussen bildeten die Ostslawen eine absolute Mehrheit. Daher war die zarische Politik im 19. Jahrhundert vor allem darauf angelegt, Ukrainer und Weißrussen bestenfalls als regionale Untergruppen der einen großen russischen Nation zu behandeln und ihnen jedes Recht auf nationale Eigenständigkeit abzusprechen. So wurden die Ukrainer zu „Kleinrussen" degradiert, und die Weißrussen glaubte man schon von ihrer Eigenbezeichnung her ohne weiteres den Russen zurechnen zu können. Das sich in der schmalen ukrainischen Intelligenzschicht im 19. Jahrhundert allmählich entwickelnde Nationalbewußtsein wurde, wo immer es sich auch äußerte, mit Polizeimethoden unterdrückt und das Ukrainische als eine eigenständige Sprache erst nach 1905 offiziell anerkannt. Während die Ukrainer zu Beginn des 20. Jahrhunderts aber immerhin eine Nationalliteratur und eine – wenn auch wenig zahlreiche – politische Nationalbewegung besaßen, setzte das nationale Erwachen der Weißrussen gerade erst und nahezu unbemerkt ein. Erst im Verlauf der Revolution von 1905 traten einige wenige Schriftsteller und Publizisten als bewußte Weißrussen in der Öffentlichkeit auf. In beiden Fällen blieb jedoch die große Masse der rein bäuerlichen Bevölkerung von dieser Entwicklung noch unberührt. Bei Esten, Letten und Litauern regte sich das Nationalbewußtsein bereits in der Mitte des 19. Jahrhunderts als ein Prozeß, der bei den beiden ersteren durch die parallel verlaufende Emanzipation von der sozialen und kulturellen Vorherrschaft durch die deutschbaltische Oberschicht, bei den Litauern durch die Polen sowie durch den Widerstand gegen sich intensivierende Russifizierungsversuche Stetigkeit und nationalrevolutionäre Breitenwirkung gewann. Als Oberschicht waren auch die Deutschbalten Ziel der von St. Petersburg aus gesteuerten Russifizierung, die sich jedoch vorwiegend gegen die politischen Sonderrechte der „Baltenbarone", nicht aber gegen sie als Deutsche richtete.

Das im 19. Jahrhundert aufkommende nationale Erwachen dieser Völker mußte von Führung und Verwaltung des russischen Reiches als bedrohlich für den Vielvölkerstaat und als gefährlich für den autokratisch herrschenden Zaren und sein Regime betrachtet werden; unter anderem auch deshalb, weil das Verlangen nach nationaler Selbstbestimmung von der Forderung nach sozialer und ökonomischer Befreiung begleitet wurde und sozialdemokratische Gruppen und Parteien solches als erste artikulierten. Bei einem Teil der Polen und bei den Finnen kam hinzu, daß sie formal in ihren eigenen „Staaten" lebten bzw. auf eine lange nationale Geschichte zurückblicken konnten, sie Katholiken bzw. Lutheraner waren, eine hoch entwickelte Nationalkultur pflegten und ihren nationalen Forderungen durch Politiker und Persönlichkeiten Gehör verschafften, die große Teile der Bevölkerung hinter sich wußten. Sie sollten nach dem Sturz des Zaren dann auch die ersten sein, die ihre Unabhängigkeit errangen.

Ein modernes Nationalbewußtsein fehlte dagegen gänzlich bei den meisten finnougrischen Völkern, bei den Sibiriern oder auch bei den Völkern Zentralasiens, deren nationale Identität noch nahezu unerkennbar im Schatten ihrer islamisch-patriarchalischen Gesellschaftsform verborgen blieb. Die zentralasiatischen Völker waren wie die Kaukasier auch erst einige Jahrzehnte früher unter die Krone der Zaren gekommen und lebten seither in einer quasikolonialen Abhängigkeit von den russischen Zentren. Dies wurde jedoch zumindest in Georgien und Armenien durch Fortschritte in der Wirtschaftsentwicklung wie auch teilweise auf kulturellem Gebiet kompensiert. Praktisch unbeachtet lebten die Völker zwischen Wolga und Ural und in Sibirien, teils in geschlossenen Verbänden oder Siedlungen, teils zusammen mit der bäuerlichen russischen Bevölkerung, mit der sie in vielen Fällen soziales Elend und ausschließlich lokal bedingte Alltagssorgen verbanden.

Die Rußlanddeutschen, also die außerhalb der baltischen Gouvernements lebenden Deutschen, standen sich in der Regel wirtschaftlich sehr gut. Dies traf vor allem auf das in den Großstädten ansässige deutsche Bürgertum zu, das in Handel und Industrie des Reiches eine wichtige Rolle spielte, aber auch auf die fast ausschließlich im agrarischen Sektor und zum Teil auf großen Landgütern wirtschaftenden Deutschen in der Ukraine. Ein eher bescheidenes Auskommen war dagegen für die Wolga- und Wolhyniendeutschen typisch. Der jüdischen Bevölkerung des Reiches – mit Ausnahme ihrer Oberschicht, die sich weitgehend russifiziert hatte –

ging es insgesamt gesehen wesentlich schlechter; nicht zuletzt auch deshalb, weil sie seit den 1880er Jahren zunehmend mehr Diskriminierungen und – teils von oben gesteuerten – Pogromen ausgesetzt war.

Die sozialökonomisch ganz unterschiedlich entwickelten Völker, Völkerschaften und Gruppen, die alle ihre eigenen, die nationale, die Stammes- oder Gruppenidentität bildenden Traditionen, Religionen und kulturellen Besonderheiten besaßen, wurden in St. Petersburg politisch als eine praktisch homogene Masse von russischen Untertanen betrachtet. Der den Kern der Petersburger Politik bestimmende russische Nationalismus jener Zeit offenbarte sich dabei in der Erscheinung der fast uneingeschränkten Zarenherrschaft, dem Primat des orthodoxen Glaubens sowie in dem Bestreben, den Vielvölkerstaat in einen russischen Nationalstaat zu verwandeln, in dem alle nationalen Unterschiede verschwinden sollten. Dies hatte schon Ende der 1860er Jahre der prominenteste Wortführer der russischen Chauvinisten, der Publizist Michail Katkow mit folgenden Worten gefordert:

> „Rußland braucht einen einheitlichen Staat und eine starke russische Nationalität. Schaffen wir eine solche Nationalität auf der Basis einer allen Bewohnern gemeinsamen Sprache, eines gemeinsamen Glaubens und der slawischen Bauerngemeinde".

Es war also kein Wunder, daß auch ein nationaler Aspekt die Russische Revolution bestimmte, die im Februar 1917 mit einer Erhebung begann, die den Zaren vom Thron fegte.

Der Sturz des Zaren Nikolaj und seiner Herrschaft in der Februarrevolution war vor allem für die Völker an der Peripherie des russischen Reiches das Signal, nun von der neuen revolutionären Staatsgewalt Selbstbestimmung und Autonomie zu verlangen. Die russische Provisorische Regierung tat sich damit schwer. Sie scheiterte schließlich auch an ihrem Unvermögen, den anfangs noch keineswegs auf Unabhängigkeit zielenden Begehren dieser Völker Rechnung zu tragen. Die im Oktober 1917 dann an die Macht gelangten Bolschewiki waren zwar einerseits bereit, zum Abbruch des von ihnen so bezeichneten „Völkergefängnisses" mit beizutragen, planten aber andererseits einen staatlichen Neubau nach eigenen Vorstellungen. Das Selbstbestimmungsrecht der Völker sollte dem angestrebten Fernziel einer europa- und schließlich weltweiten sozialistischen Gemeinschaft untergeordnet bleiben, Eigenständigkeit und Autonomie sollten nur ein erster Schritt auf dem Weg zur Befreiung der Menschheit darstellen. Die Bildung von Nationalstaaten nach dem Muster des 19. Jahrhunderts wurde als eine untauglich gewordene Erscheinung der Vergangenheit abgelehnt. In seinen Thesen: „Die sozialistische Revolution und das Recht der Nationen auf Selbstbestimmung" hatte Lenin schon 1916 festgehalten, „Ziel des Sozialismus" sei, „nicht nur die Zersplitterung der Menschheit in Kleinstaaten und jede Art von Abgesondertheit der Nationen zu beseitigen, und nicht nur die Annäherung der Nationen, sondern auch ihre Verschmelzung". Dafür, und das mußten die Bolschewiki sehr schnell erkennen, war 1917 die Zeit bei weitem noch nicht reif. Finnen und Polen errangen 1917 und 1918 ihre Unabhängigkeit. Esten, Letten und Litauern gelang dies bis 1920 ebenfalls. Weniger Erfolg beschieden war Weißrussen, Ukrainern, Georgiern und anderen, deren Separationsversuche trotz Unterstützung der Westmächte zu Beginn der 1920er Jahre am Eingreifen der Roten Armee, zum Teil aber auch an inneren Widersprüchen scheiterten. Für das Überleben der jungen, praktisch auf das russische Territorium zurückgedrängten Sowjetrepublik, die im Spätsommer 1919 bereits geschlagen zu sein schien, war die Kontrolle über diese Gebiete nicht nur aus ökonomischer Sicht von existentieller Bedeutung. Daß sich in ihnen die Bolschewiki schließlich durchsetzen und ihre Macht etablieren konnten, verdankten sie nicht nur der Schlagkraft ihrer Streitkräfte und den politischen Defiziten ihrer Gegner, sondern auch dem klugen Einsatz nationaler Sozialisten, die Revolution und Programm der Bolschewiki den jeweiligen örtlichen Gegebenheiten theoretisch wie praktisch anpaßten. Gesamtstaatlich wurde in der Folgezeit nun eine Politik praktiziert, für die Stalin schon 1913 als Nationalitätenbeauftragter der Russischen Sozialdemokratischen Arbeiterpartei – wie die KPdSU bis 1918 hieß – das theoretische Fundament gelegt hatte. In einem „Marxismus und die nationale Frage" überschriebenen Aufsatz hat der „prächtige Georgier" – so Lenin damals – die Merkmale und Kriterien erörtert, die das Recht einer Gemeinschaft, als Nation zu gelten, begründen sollten. Stalins Definition:

„Eine Nation ist eine historisch entstandene stabile Gemeinschaft von Menschen, entstanden auf der Grundlage der Gemeinschaft der Sprache, des Territoriums, des Wirtschaftslebens und der sich in der Gemeinschaft der Kultur offenbarenden psychischen Wesensart".

Wo aber eines dieser Merkmale fehlt, handle es sich nicht mehr um eine Nation, der – so Stalin weiter – auch das Recht auf Selbstbestimmung bis hin zur Lostrennung und Gebietsautonomie zusteht, sondern lediglich um eine Nationalität, eine Völkerschaft. Einer solchen ist demnach zwar nationale Gleichberechtigung, aber nur begrenzte Autonomie zu gewähren. Wo die Grenzen genau gezogen werden sollen, bleibt dabei unklar – was wohl auch beabsichtigt war. Daß in dieser Definition aber das Territorialprinzip und nicht das in der Diskussion jener Zeit meist geforderte Prinzip der persönlichen national-kulturellen Autonomie ein wesentliches Element bildet, war Stalin von Lenin eingegeben worden.

Der Staat der Sowjets wurde daher föderativ organisiert, als eine Union freier Nationen. Die ersten selbständigen (nichtrussischen) Sowjetrepubliken schlossen sich 1922 um die RSFSR zur Union der Sozialistischen Sowjetrepubliken zusammen, in deren Rahmen Autonome Republiken, Gebiete und Kreise eingerichtet waren, die im Prinzip bis heute bestehen.

Das auf der höchsten Ebene menschlicher Gemeinschaft liegende Fernziel einer alle nationalen Unterschiede verschmelzenden sozialistischen Gesellschaft war somit vorläufig hintangestellt worden. Nationale Selbstbestimmung und nationalkulturelle Entfaltung als eine notwendige historische Etappe sollten die bisher unterdrückten Völker emanzipieren, sie gleichzeitig aber auch für das System gewinnen.

Die 20er Jahre kann man tatsächlich als eine Blütezeit der Sowjetvölker bezeichnen. Im Inneren genossen die Republiken eine weitgehende Autonomie, die vor allem Wissenschaft und Kunst breiten Raum gewährte. Alphabetisierungskampagnen, der Aufbau eines flächendeckenden Bildungssystems und die Förderung der Nationalsprachen standen im Mittelpunkt der Entwicklung, die durchaus mit dem Schlagwort von der kulturellen Renaissance belegt werden kann. In den Grundschulen wurde in mehr als 60 Sprachen unterrichtet, und zahlreiche Publikationen erweiterten das Angebot an muttersprachlicher Literatur. Viele Völker und Nationalitäten lernten nun zum ersten Mal überhaupt, ihre Sprache auch als

Schriftsprache zu gebrauchen, oder wurden sich jetzt erst ihrer nationalen Identität bewußt. Dies betraf selbst solche Völker wie beispielweise die durch die Usbeken schon beinahe assimilierten Tadschiken oder die in der Vergangenheit der Polonisierung und Russifizierung ausgesetzten Weißrussen und Ukrainer. In der Ukraine ging die Nationalisierung sogar so weit, daß selbst eine traditionell russische Stadt wie Odessa, die nie zur Ukraine gehört hatte, inzwischen auch ukrainisiert wurde, wie der Kommissar für das Bildungswesen der Ukrainischen SSR, Mykola Skrypnyk, 1929 mit Stolz verkündete. In Zentralasien beeindruckte die Entwicklung unter anderem eine Gruppe islamischer Intellektueller, die in diesem Nationalkommunismus sowjetischer Prägung ein Modell für die Befreiung der unterdrückten islamischen Völker überhaupt zu sehen glaubten.

Eingebettet war diese Phase in die von Lenin seit 1921 eingeleitete Neue Ökonomische Politik (NEP), die nach dem Kriegskommunismus der Revolutionsjahre Kleinindustrie und Handel wieder mehr Raum für Eigeninitiativen und marktgerechteres Wirtschaften ließ. Mit dem ersten Fünfjahresplan riß Stalin jedoch 1929 das Ruder herum und brachte nicht nur die gesamte Wirtschaft unter das Kommando der Moskauer Zentrale. Fast alle Lebensbereiche in der Sowjetunion wurden von dieser Wende erfaßt. Es setzten nun auch Kampagnen gegen sogenannte nationalistische Abweichler ein, deren Verdammungsurteilen islamische Intellektuelle genauso verfielen wie ukrainische Wissenschaftler und Literaten oder nationalbewußte weißrussische Parteifunktionäre. Parallel dazu verlief die Zwangskollektivierung der Landwirtschaft, die einher ging mit der Vernichtung der bäuerlichen Mittel- und Oberschicht, der sogenannten Kulaken, die zu hunderttausenden zwangsenteignet, deportiert und zu einem großen Teil auch umgebracht wurden. Unter den ersten waren deutsche Bauern aus der Ukraine und der Wolgarepublik. Opfer dieser Maßnahmen wurden aber auch andere Gruppen, denen zu Recht oder Unrecht der Makel ideologischer Unzuverlässigkeit bzw. antisowjetischer Einstellung anhing. Dazu zählten auch die Kosaken, die ihre alten Freiheiten schon unter den Zaren verloren hatten. Ihr Widerstand äußerte sich in Aufständen, die von den sowjetischen Sicherheitskräften blutig niedergeschlagen wurden. Relativ problemlos verlief die Kollektivierung dagegen bei den meisten sibirischen Völkern, da deren Wirtschafts- und Lebensweise – Gruppen- oder Clanbesitz, Jagd- und Nutzungsgemeinschaften – dadurch nur unwesentlich berührt oder verändert wurde.

Diese radikalen sozialökonomischen Veränderungen, mit denen die 1917 begonnene Revolution praktisch erst zu ihrem Abschluß gebracht wurde, leiteten eine neue Nationalitätenpolitik ein. Die neuen Schlagworte lauteten „Sowjetpatriotismus" und „Sowjeterde", konnten aber nur schlecht verbergen, daß sich dahinter ein neuer russischer Nationalismus versteckte, der auf die Assimilierung der nichtrussischen Nationalitäten zielte und das „große russische Volk" als Bezugs- und Orientierungsgröße über die (nichtrussischen) „jüngeren Geschwister" setzte. Deren Eliten wurden nun systematisch als „bürgerliche Nationalisten" verleumdet und herabgesetzt; sie wurden deportiert und in nicht wenigen Fällen umgebracht. Die Schaltstellen der Macht in den Republiken gingen in russische Hände über oder wurden linientreuen, nationaler Abweichung unverdächtigen Funktionären überlassen. Der Gebrauch der Nationalsprachen wurde massiv zurückgedrängt, und Russisch wurde ab 1938 in allen Schulen Pflichtfach. Dort wo die Nationalsprachen das lateinische oder ein anders Alphabet benutzten, mußte dies nun durch die kyrillische Schrift ersetzt werden.

Etwas mehr Eigenständigkeit erhielten die nichtrussischen Nationalitäten erst wieder nach Stalins Tod, als die auf seine Befehle während des Kriegs deportierten Völker rehabilitiert wurden und auch das Wirtschafts- und Verwaltungssystem der UdSSR in einzelnen Bereichen dezentralisiert wurde. Im Schul- und Bildungswesen wie in der Kaderpolitik blieb jedoch die Bevorzugung des Russischen bzw. der Russen in den einzelnen Republiken erhalten, wurde teilweise sogar ausgeweitet.

In den 60er Jahren erfolgte eine neuerliche Wende, als einerseits der Begriff vom „Sowjetvolk als einer neuen Menschengemeinschaft" verstärkten Eingang in den ideologischen Sprachgebrauch fand, aber gleichzeitig das „Aufblühen der Nationen" als ein Teil des Herausbildungsprozesses hin zu dieser neuen Gemeinschaft betrachtet wurde.

Die Völker der Sowjetunion leben heute in einem Staat, der nach neueren Berechnungen 286 Millionen Einwohner hat. 262 Millionen waren es nach der letzten offiziellen Volkszählung von 1979. Sie leben auf einem Territorium, das einschließlich des Weißen und des Asowschen Meeres 22 402 200 qkm umfaßt. Ungefähr 47 % der Gesamtbevölkerung sind Angehörige nichtrussischer Völker und Völkerschaften. Sie leben in 53 nationalen Gebietseinheiten mit unterschiedlichem Rechtsstatus, nämlich in 15 Sowjetrepubliken (SSR), 20 Autonomen Republiken (ASSR), 8 Autonomen Gebieten und 10 Autonomen Kreisen. Grundlage der Nationalitätenrechte der Sowjetvölker sind zwei Absätze in Artikel 70 der Konstitution der UdSSR von 1977, in welchen festgehalten wird:

„1. Die Union der Sozialistischen Sowjetrepubliken ist ein multinationaler Einheits- und Bundesstaat, der auf der Grundlage des Prinzips des sozialistischen Föderalismus in Ergebnis der freien Selbstbestimmung der Nationen und der freiwilligen Vereinigung gleichberechtigter sozialistischer Sowjetrepubliken gebildet wurde.

2. Die UdSSR verkörpert die staatliche Einheit des Sowjetvolkes, sie schließt alle Nationen und Völkerschaften zum gemeinsamen Aufbau des Kommunismus zusammen."

Weitere Garantien sind in Artikel 36 festgelegt, wo es heißt:

> „Die Bürger der UdSSR unterschiedlicher Rasse und Nationalität haben die gleichen Rechte",

sowie in Artikel 45, wo das Recht auf Bildung gewährt wird, unter anderem auch:

> „durch die Möglichkeit, eine Schule zu besuchen, in der in der Muttersprache unterrichtet wird".

Schließlich verlangt Artikel 64:

> „Es ist die Pflicht eines jeden Bürgers der UdSSR, die nationale Würde anderer Bürger zu respektieren und die Freundschaft der Nationen und Nationalitäten des multinationalen Sowjetstaates zu achten".

Verfassungsforderung und Alltagsrealität unterscheiden sich jedoch in einem erheblichen Ausmaß. Alle grundlegenden Entscheidungen in Wirtschaft, Kultur und Politik der Sowjetunion gehen von Moskau aus. Dies garantieren entsprechende Artikel in der Verfassung der Union sowie in den Verfassungen der einzelnen Republiken. Da zudem die streng zentralistisch aufgebaute Kommunistische Partei der Sowjetunion laut Artikel 6 der Verfassung die

Sowjetgesellschaft lenkt und führt, reicht ihr Einfluß bis auf die Entscheidungsebenen von Dorfsowjets und Betriebsparteigruppen. Unter solchen Bedingungen sind der Durchsetzbarkeit nationaler Sonderrechte zwangsläufig Grenzen gesetzt. Dazu kommt aber auch, daß die meisten Gesetze und Bestimmungen, die der Verwirklichung nationaler Anliegen und Rechte dienen sollen, sehr unbestimmt gehalten und die Kompetenzen der nationalen Gebietseinheiten – abhängig von ihrem Status, SSR, Autonomes Gebiet usw. – sehr unterschiedlich sind. Nur dort, wo die Titularnation auch die Mehrheit der Bevölkerung stellt, können solche Rechte tatsächlich verwirklicht werden. Dies ist in 14 von den 15 Sowjetrepubliken, aber nur in 7 der 20 Autonomen Republiken (ASSR) der Fall. Dabei stellen in 9 die Russen die Mehrheit.

Eine einheitliche, für die gesamte Sowjetunion gültige Regelung über den Gebrauch der Nationalsprachen existiert nicht. Offizielle Staatssprache ist die jeweilige Sprache der Titularnation seit längerem in Georgien, Armenien und Aserbaidschan, seit 1989 auch in den baltischen Republiken Estland, Lettland und Litauen. In den übrigen Territorien gibt es keine Staats- oder Gebietssprache, sondern lediglich uneinheitliche Bestimmungen über Amts- und Gerichtssprachen. Erstere sind in der Regel die Sprache der jeweiligen Titularnation sowie Russisch, Gerichtssprache scheint grundsätzlich die Muttersprache der vor Gericht stehenden Personen bzw. auch die jeweilige Ortssprache zu sein. Allerdings kann man davon ausgehen, daß im einen oder anderen Fall auch nach willkürlichen oder durch die Verwaltungspraxis eingeübten anderen Verfahrensweisen vorgegangen wird.

Von besonderer Bedeutung ist die Sprachenpolitik naturgemäß im Schul- und Bildungswesen, das erheblich zur Erhaltung oder zum Niedergang der nationalen Kulturen beiträgt. Ein einklagbares Recht auf muttersprachlichen Unterricht besteht hier nicht. Die Verfassung der UdSSR spricht nur von der Möglichkeit, eine entsprechende Schule wählen zu können – wenn es eine solche vor Ort gibt. Und soweit man feststellen kann, bestehen solche Möglichkeiten tatsächlich nur für die Titularnationen in den 15 Sowjetrepubliken und in der einen oder anderen ASSR, in den übrigen nationalen Gebietseinheiten aber nur sehr vereinzelt.

Aus alledem geht unschwer hervor, daß Urteile über die Situation der einzelnen Nationalitäten der UdSSR nicht verallgemeinert werden können, weder im positiven noch im negativen Sinn. Die uns beim ersten Blick ins Auge springende Einförmigkeit des sowjetischen Erscheinungsbildes erweist sich bei näherer Betrachtung oft als Täuschung. Vor allem in den zentralasiatischen Republiken sind traditionelle Lebensweisen und Kulturformen – verankert im Islam – bis heute erhalten geblieben und haben der Sowjetisierung und Russifizierung entgegengewirkt; und die hier – auch als ein Ergebnis der seit den 20er Jahren betriebenen sowjetischen Entwicklungs- und Modernisierungspolitik – entstandene neue Intelligenz- und Führungsschicht in Partei- und Staatsapparat ist inzwischen zum Träger eines sich verstärkenden nationalen Selbstbewußtseins geworden, dem sich nun das russische Zentrum stellen muß. Ähnliches läßt sich auch im Kaukasus und im Baltikum beobachten.

Echte Minderheiten und praktisch ohne alle nationalen Sonderrechte sind die zerstreut siedelnden Volksgruppen ohne eigenes Territorium wie beispielsweise Deutsche, Polen oder auch Juden, die jeweils weit über eine Million Menschen zählen, sowie die Krimtataren, die, wie die Deutschen, Opfer der Deportationen in den 40er Jahre waren. Dem Wunsch der letztgenannten, wieder in eigenen nationalen Gebietseinheiten leben zu können, scheint seit der Mitte der 80er Jahre vermehrte Aufmerksamkeit geschenkt zu werden.

Die Ereignisse der 80er Jahre haben die unter dem Dach der Sowjetunion vereinten Völker und Völkerschaften sowie ihre Probleme in einem Ausmaß in unser Blickfeld gerückt, wie dies vor der Periode von „Glasnost" (Öffentlichkeit) und „Perestrojka" (Umbau) nur selten der Fall war. Wir sollten ihnen als Nachbarn in einer kleiner werdenden Welt das nötige Interesse entgegenbringen. Unser Bild von der Sowjetunion darf nicht auf Moskau, Leningrad und Kiew beschränkt bleiben.

Hinweise zur Benutzung

Die folgenden Artikel- und Verweisstichwörter sind alphabetisch geordnet. Jeder Artikel beginnt mit der deutschen Bezeichnung. Ihr folgt die Eigenbezeichnung des jeweiligen Volkes und dieser die russische Version. Dabei ist zu beachten, daß die russische Bezeichnung in der philologisch – wissenschaftlichen Transkription wiedergegeben wird und folgende Buchstaben deshalb anders als im Deutschen ausgesprochen werden:

s stimmlos wie in ‚mu*ß*'
š stimmloses sch wie in ‚*Sch*ule'
z stimmhaftes s wie in ‚Rose'
ž stimmhaftes sch wie in ‚*J*ournal'
c wie deutsches z
č wie tsch in ‚Pei*tsch*e'
šč wie schtsch in ‚Chru*schtsch*ow'
ė ähnlich wie ä
' hinter einem Konsonanten bedeutet eine j – Erweichung

Die Angaben über die Gesamtzahl des jeweiligen Volkes basieren – soweit nicht anders vermerkt – auf den Ergebnissen der sowjetischen Volkszählung von 1979.

Da die Sowjetunion den Atheismus zur Staatsideologie erhoben hat und bis heute nur eine eingeschränkte Religionsausübung zuläßt, sind alle Angaben über Religions- und Konfessionszugehörigkeit nur mit Vorbehalt gültig. Der Leser sollte sie daher eher als einen Hinweis auf die geistesgeschichtliche Orientierung und die sozialkulturelle Prägung des jeweiligen Volkes oder einer Gruppe verstehen und weniger die religiöse Praxis vor Augen haben. Daß jedoch die Religion vor allem bei den islamischen Völkern eine die sowjetische Normalität weit überschreitende Bedeutung besitzt, davon kann sich jeder Tourist in Zentralasien oder auch im Kaukasus selbst überzeugen.

Am Ende jedes Artikels wird auf weiterführende Literatur – soweit sie in westlichen Sprachen vorliegt – verwiesen. Ein zusätzliches Quellen- und Literaturverzeichnis findet der Benutzer im Anhang, der außerdem ein Glossar umfaßt.

Alle Verweise (→) beziehen sich auf Artikelstichwörter.

Die in den einzelnen Artikeln erwähnten historischen, heute nicht mehr existenten Völker und Stämme wie beispielsweise Alanan, Chasaren, Bolgaren, Skythen und andere haben keine Stichwörter. Ihnen kann der Leser über das Register auf die Spur kommen.

Abkürzungen

ASSR	Autonome Sozialistische Sowjetrepublik
Bev.	Bevölkerung
Ders. / Dies.	Derselbe / Dieselbe(n)
EB.	Eigenbezeichnung
Jh.	Jahrhundert
Lit.	Literatur
qkm	Quadratkilometer
RSFSR	Russische Sozialistische Föderative Sowjetrepublik
SSR	Sozialistische Sowjetrepublik
UdSSR	Union der Sozialistischen Sowjetrepubliken
→	Verweis auf Artikelstichwort

Verzeichnis der Artikel

Abasinen
Abchasier
Adscharen
Adygejer
Afghanen
Agulier
Ainu
Airumer
Albaner
Aleuten
Altaier
Araber
Armenier
Aserbaidschaner
Assyrier
Awaren

Balkaren
Bartangen
Baschkiren
Batsen
Belutschen
Bergjuden
Berg-Tadschiken
Besermenen
Boiken
Bucharische Juden
Budugen
Bulgaren
Burjäten

Chakassen
Chalcha-Mongolen
Chanten
Chinalugen

Darginer
Deutsche
Dolganen
Dschemschiden
Dunganen

Enzen
Eskimo
Esten
Ewenen
Ewenken

Finnen

Gagausen
Georgier
Georgische Juden
Griechen

Hasaren
Huzulen

Inguschen
Iraner
Ischkaschimen
Ischoren
Itelmenen

Jagnobi
Jakuten
Jasgulemen
Jaswa-Permjaken
Juden
Jukagiren

Kabardiner
Kalmücken
Karäer
Karakalpaken
Karapapachen
Karatschaier
Karelier
Kasachen
Kaukasische Griechen
Keten
Kirgisen
Kistinen
Komi
Komi-Permjaken
Koreaner
Korjaken
Krimtataren
Krysen
Kumücken
Kurden

Laken
Lappen
Lasen
Lemken
Lesgier
Letten
Litauer
Liven

Mansen
Mari
Mes'cheten
Mingrelier
Moldauer
Mordwinen

Nanaier
Negidalzen
Nenzen
Nganasanen
Niwchen
Nogaier

Oroken
Orotschen
Osseten

Padaren
Polen

Roma
Rumänen
Ruschanen
Russen
Rutuler

Samagiren
Schahsewenen
Schoren
Schugnanen
Selkupen
Slowaken
Swanen

Tabasaraner
Tadschiken
Talischen

Tataren
Taten
Tofalaren
Tsachurier
Tschechen
Tscherkessen
Tschetschenen
Tschuktschen
Tschuwaschen
Türken
Turkmenen
Tuwinen

Udehe
Uden
Udmurten
Uiguren
Ukrainer
Ultschen
Ungarn
Urumer
Usbeken

Wachanen
Weißrussen
Wepsen
Woten

A

Abasinen EB.: Abasan Russ.: Abazincy

29 000
Die A. leben überwiegend in dem Karatschaiisch-Tscherkessischen Autonomen Gebiet, das zur Stawropoler Region, RSFSR, gehört.

Die A. gehören zu den Kaukasusvölkern. Ursprünglich siedelten sie direkt an der Schwarzmeerküste. Zwischen dem 14. und 16. Jh. zogen sie in ihre heutigen Siedlungsgebiete an den Flüssen Kuban, Kuma, Kleiner und Großer Selentschuk. Obwohl sehr früh in ihrer Geschichte christianisiert, wurden die A. unter dem Einfluß ihrer islamischen Nachbarn Muslime. Im Zuge der Eroberung des Nordkaukasus und Georgiens kamen sie zu Beginn des 19. Jh. unter russische Herrschaft.

Das Abasinische gehört zur Gruppe der nordwestkaukasischen Sprachen und ist fast identisch mit dem Abchasischen. Als Schrift dient seit 1938 das kyrillische Alphabet.

Die A. sind sunnitische Muslime.

Lit.: Akiner, S.: The Islamic Peoples of the Soviet Union. London/Boston/Melbourne/Henley 1983

Abchasier EB.: Apsua Russ.: Abchazy

91 000
Rund 91 % der A. leben als Titularnation in der Abchasischen ASSR (Hauptstadt: Suchumi), deren Territorium 8 600 qkm innerhalb der Georgischen SSR umfaßt.

Die A. gehören zu den autochthonen Völkern des Nordwest-Kaukasus. Bereits im 6. Jh. wurden sie von Byzanz aus christianisiert. Seit Beginn des 9. Jh. besaßen sie ein unabhängiges Königreich, das 978 mit Georgien vereint wurde. Im 15. Jh. kamen die A. unter den Einfluß der in ihr Gebiet eindringenden Osmanen und wurden zu einem großen Teil islamisiert. Im Zuge der russischen Expansion im Kaukasus wurde ihr Land 1810 russisches Protektorat, 1864 wurde es dem russischen Kaiserreich eingegliedert. In der Folgezeit gab es zahlreiche antirussische Erhebungen und bis zum

Ende des 19. Jh. Auswanderungswellen von A. in die Türkei. Nach der Oktoberrevolution wurde im Februar 1922 eine Abchasische SSR proklamiert, die jedoch 1930 diesen Status verlor und als ASSR der Georgischen SSR angeschlossen wurde.

Das Abchasische gehört zur Gruppe der nordwestkaukasischen Sprachen. Als Schrift dient seit 1954 das kyrillische Alphabet.

Die A. sind zum Teil sunnitische Muslime, zum Teil orthodoxe Christen.

Lit.: Akiner, S.: Islamic Peoples of the Soviet Union. London/Boston/Melbourne/Henley 1983; Sarkisyanz, E.: Geschichte der orientalischen Völker Rußlands bis 1917. Eine Ergänzung zur ostslawischen Geschichte Rußlands. München 1961; Benet, S.: Abkhasians. The long-living People of the Caucasus. New York/Chicago/San Francisco/Atlanta/Dallas/Montreal/Toronto/London/Sydney 1974

Achwach EB.: Atluatii Russ.: Achvachcy

→ Awaren

Adscharen EB.: Adzareli Russ.: Adžarcy

Genaue Anzahl unbekannt. Schätzung: 130–160 000.
Die A. leben überwiegend in der Adscharischen ASSR (3 000 qkm, Hauptstadt: Batumi), Georgische SSR.

Die A. sind ein georgisches Volk an der Südostküste des Schwarzen Meeres. Bereits im 4. Jh. christianisiert, wurden die A. im 10. Jh. dem Königreich Georgien eingegliedert. Seit der Mitte des 16. Jh. standen sie unter der Herrschaft der Türken, von denen sie islamisiert wurden. 1878 wurden die A. dem russischen Reich eingegliedert.

Nach der Oktoberrevolution wurde von den Bolschewiki gegen den Widerstand der A. im Juli 1921 die Adscharische ASSR im Rahmen der Georgischen SSR proklamiert.

Das Adscharische gehört zu den ostkaukasischen Sprachen. Literatursprache ist Georgisch.

Die A. sind sunnitische Muslime.

Lit.: Akiner, S.: Islamic Peoples of the Soviet Union. London/Boston/Melbourne/Henley 1983

Adygejer EB.: Adyge Russ.: Adygejcy

109 000
78,9 % der A. leben im Adygejischen Autonomen Gebiet (7 600 qkm, Hauptort: Majkop) der Krasnodarer Region in der RSFSR.

Die A. sind ein autochthones nordwestkaukasisches Volk, von dem es seit dem 10. Jh. Nachricht gibt. Sie wurden von Byzanz christianisiert. Im 13. Jh. wurden sie von den Mongolen unterworfen. Seit dem 16. Jh. zählte ihr Gebiet zum Machtbereich des Osmanischen Reiches und der → Krimtataren, unter deren Einfluß die A. islamisch wurden. In der Mitte des 19. Jh. kamen die auch als → Tscherkessen bezeichneten A. unter russische Herrschaft.

Nach der Oktoberrevolution wurden 1922 ein Adygejisch-Tscherkessisches sowie ein Tscherkessisches Autonomes Gebiet eingerichtet. 1928 wurde ersteres in Adygejisches Autonomes Gebiet umbenannt.

Das Adygejische gehört zu den nordwestkaukasischen Sprachen. Es ist seit 1918 Literatursprache. Als Schrift wird seit 1938 das kyrillische Alphabet benutzt.

Die A. sind sunnitische Muslime.

Lit.: Sarkisyanz, E.: Geschichte der orientalischen Völker Rußlands bis 1917. Eine Ergänzung zur ostslawischen Geschichte Rußlands. München 1961; Akiner, S.: Islamic Peoples of the Soviet Union. London/Boston/ Melbourne/Henley 1983

Afghanen EB.: Puschtu Russ.: Afgancy

Genaue Anzahl unbekannt. 1970: 4 100
Die A. leben in verschiedenen Gebieten der zentralasiatischen Sowjetrepubliken. Es handelt sich bei ihnen um Einwanderer aus Afghanistan.

Die A. sind überwiegend sunnitische Muslime.

Agulier EB.: Agul Russ.: Agulcy

12 000
Die A. leben zu 95 % in den Rajonen Aguldere und Kurachdere im südlichen Teil der Dagestanischen ASSR, die zur RSFSR gehört.

Die A., ein kaukasisches Berghirtenvolk, wurden im Zuge der arabischen Eroberung Dagestans bereits im 8. Jh. islamisiert. Bis zum 19. Jh. stand ihr schwer zugängliches Gebiet unter wechselnden Herrschaften. Anfang des 19. Jh. kamen sie mit der Eroberung Dagestans durch die Russen unter deren Oberhohheit.

Das Agulische gehört zu der nordöstlichen Gruppe der kaukasischen Sprachen. Als Literatursprache dient das nahe verwandte Lesgische.

Die A. sind sunnitische Muslime.

Lit.: Akiner, S.: Islamic Peoples of the Soviet Union. London/Boston/Melbourne/Henley 1983

Ainu EB.: Ainu Russ.: Ajnu, Kurilcy

Genaue Anzahl unbekannt. 1926: 32
Die A. leben im Süden der Halbinsel Sachalin und auf den Kurilen.

Die A. sind ein paläoasiatisches Jägervolk, über dessen Ursprünge wenig bekannt ist. Sie haben sich seit dem Beginn des 20. Jh. stark den → Niwchen und → Itelmenen assimiliert, so daß sie heute nahezu gänzlich in diesen Völkerschaften aufgegangen sind.

Das Ainu ist eine isoliert stehende paläoasiatische Sprache.

Die A. sind schamanische Animisten.

Lit.: Wirz, P.: Die Ainu. Sterbende Menschen im fernen Osten. München/Basel 1955

Airumer EB.: Ajrym Russ.: Ajrumy

Genaue Anzahl unbekannt.
Die A. leben im Westen der Aserbaidschanischen SSR.

Die A. sind ehemalige Halbnomaden, eine Untergruppe der → Aserbaidschaner, von denen sie sich nur durch einige stark lokal geprägte kulturelle Eigenheiten und eine traditionellere Lebensweise unterscheiden.

Ak-Nogaier EB.: Ak Nogai Russ.: Belye Nogajcy

→ Nogaier

Albaner Eb: Skipetar Russ.: Albancy

Genaue Anzahl unbekannt. 1970: 4 400
Die A. leben fast ausschließlich im Gebiet Saporoschje der Ukrainischen SSR.

Die in der Sowjetunion lebenden A. sind die Nachkommen von Einwanderern, die in der ersten Hälfte des 19. Jh. Albanien verlassen hatten, um der dort von der türkischen Verwaltung betriebenen Zwangsislamisierung zu entgehen. Über die Dobrutscha kamen sie ins russische Reich, wo sie sich in den 1860er Jahren an der Küste des Asowschen Meeres niederließen und drei Dörfer gründeten.

Das Albanische ist eine isoliert stehende indoeuropäische Sprache, die möglicherweise auf das ausgestorbene Illyrische zurückgeht. Die A. in der Sowjetunion sind weitgehend russifiziert.

Die A. sind orthodoxe Christen.

Aleuten EB.: Unangan Russ.: Aleuty

1 000
Die A. leben auf den Kommandeur-Inseln in der Bering-See, die zum Gebiet Kamtschatka (Hauptort: Petropawlowsk-Kamtschatskij) der RSFSR gehören.

Die den → Eskimo nahe verwandten A. lebten ursprünglich ausschließlich auf der Aleuten – Inselkette und an der Westküste Alaskas, wo sie vor allem der Jagd auf Meeressäuger nachgingen. Durch die Expedition Berings und Stellers wurden sie in der Mitte des 18. Jh. „entdeckt". Als ihre Gebiete von der Russisch-amerikanischen Handelskompanie in Besitz genommen wurden, kamen sie unter russische Herrschaft. Die Handelskompanie siedelte 1825/26 A. von den Nahe-Inseln auf den Kommandeur-Inseln an, um sie als Pelztierjäger für die Gesellschaft verfügbar zu machen. Seit 1932 sind die Kommandeur-Inseln ein Rajon des Gebietes Kamtschatka.

Das Aleutische gehört zu den paläosibirischen Sprachen. Die A. der UdSSR sind inzwischen weitgehend russifiziert.

Die A. sind teils schamanische Animisten, teils orthodoxe Christen.

Lit.: Black, L.T.: Atka. An Ethnohistory of the Western Aleutians. Kingston,

Ont. 1984; Jochelson, W.: History, Ethnology and Anthropology of the Aleut. New York 1966; Hrdlicka, A.: The Aleutian and Commander Islands and their Inhabitants. Philadelphia 1945

Alili EB.: Ali Ili Russ.: Ali ėli

→ Turkmenen

Aljutoren EB.: Aljutor Russ.: Aljutorcy

→ Korjaken

Altaier EB.: Altaj-Kischi Russ.: Altajcy

60 100

Die A. leben zu 83 % im Gorno-Altaiischen Autonomen Gebiet (92 600 qkm, Hauptort: Gorno-Altajsk) der Altaier Region der RSFSR.

Die A. sind ein türksprachiges Volk im Altai-Gebirge und den unmittelbar anschließenden Landschaften, das sich aus zwei Stammesgruppen zusammensetzt. Eine nördliche Gruppe bilden die Tubalaren, Kumanden und Tschelkanen, eine südliche die Altaier, Telengiten, Teleuten, Telesen und Majmalaren. Sie gehören zu den autochthonen sibirischen Völkern, die bis zur Mitte des 18. Jh. teils eigenständig, zumeist aber unter der Herrschaft mongolischer und anderer Khane lebten. Im Zuge der Eroberung Sibiriens kamen sie im 18. Jh. unter russische Herrschaft.

Nach der Oktoberrevolution wurde im Juni 1922 im Rahmen der RSFSR ein Oirotisches Autonomes Gebiet eingerichtet (die Bezeichnungen Oiroten, oirotisch wurden gewählt, weil die A. zuletzt Untertanen der Oirotisch-Dsungarischen Khane gewesen waren). 1948 wurde ihr Territorium in Gorno-Altaiisches Autonomes Gebiet umbenannt.

Die nördlichen Dialekte des Altaiischen gehören zur ujgurischen, die südlichen zur kiptschakisch-kirgisischen Gruppe der Türksprachen. Die Literatursprache basiert auf dem altaiischen Dialekt. Als Schrift dient seit 1927 das kyrillische Alphabet.

Die A. sind teils sunnitische Muslime, teils orthodoxe Christen, aber auch Lamaisten und schamanische Animisten.

Lit.: Akiner, S.: The Islamic Peoples of the Soviet Union. London/Boston 1983; Schmidt, W.: Die asiatischen Hintervölker Alt – Türken der Altai und Abacan – Tataren. Freiburg 1944

Anatri: EB.: Anatri Russ.: Anatri

→ Tschuwaschen

Andi EB.: Kwannal Russ.: Andijcy

→ Awaren

Apuken EB.: Apuka Russ.: Apukincy

→ Korjaken

Araber EB.: Arab Russ.: Araby

Genaue Anzahl unbekannt. 1959:8 000
Die A. leben überwiegend in den Gebieten Buchara und Samarkand der Usbekischen SSR.

Die A. in der Sowjetunion sind die Nachkommen arabischer Gruppen, die zu verschiedenen Zeiten seit dem 8. Jh. aus Zentralarabien und Mesopotamien über Nordafghanistan in das Gebiet am Amur-Darja eingewandert sind. Im 19. Jh. lebten hier rund 30 000 A. als Hirtennomaden. Ein Teil der heute in den zentralasiatischen Republiken leben A. befindet sich in einem Assimilierungsprozeß an → Tadschiken und → Usbeken.

Das Arabische der sowjetischen A. existiert in zwei Dialekten. Es ist ein tadschikisch und usbekisch beeinflußtes irakisches Arabisch. Tadschikisch und Usbekisch dienen als Literatursprache.

Die A. sind sunnitische Muslime.

Lit.: Akiner, S.: Islamic Peoples of the Soviet Union. London/Boston/Melbourne/Henley 1983

Aramäer EB.: Suraji Russ.: Assirijcy

→Assyrier

Armenier EB.: Haik Russ.: Armjane

4,141 Millionen (1,58 % d. gesamten Bev. d. UdSSR)
65,6 % der A. leben als Titularnation in der Armenischen SSR (29 800 qkm, Hauptstadt: Eriwan), 3 % in dem zur Aserbaidschanischen SSR gehörenden Autonomen Gebiet Nagorny Karabach.

Die A. sind ein indoeuropäisches Volk, das seit rund 3 000 Jahren im Transkaukasus und den anschließenden Gebieten ansässig ist. Die lange Geschichte der A. ist gekennzeichnet von sich rasch ablösenden Herrscherdynastien, wechselnden Staatsbildungen und fruchtbarer Assimilierung kultureller Einflüsse ihrer sie oft beherrschenden Nachbarn. Zu Beginn des 4. Jh. bereits christianisiert, stellte ihr Volk einen Puffer zwischen Byzanz und der orientalischen Welt dar. Vom Ende des 9. bis zum Beginn des 11. Jh. konnte sich ein unabhängiges armenisches Königreich behaupten, bevor dessen feudale Zersplitterung auch dazu beitrug, daß in den nachfolgenden Jahrhunderten Byzantiner, Mongolen, Perser und Türken über die A. herrschten, deren Siedlungsgebiete sich einst vom Kaspischen Meer bis weit nach Kleinasien hinein erstreckten. Im Zuge der russischen Eroberung des Kaukasus kamen 1828/29 die zentralen Teile Armeniens unter die Herrschaft der Zaren. In diese nun russischen Gebiete des Transkaukasus wanderten schon bald etwa 100 000 A. aus Persien und der Türkei ein. Hier stärkten fehlende Autonomie sowie Russifizierungsversuche am Ende des 19. Jh. eine armenische Nationalbewegung, die der russischen Verwaltung Widerstand leistete. Durch russisches Zutun kam es bald zu blutigen Auseinandersetzungen zwischen armenischen Nationalisten und → Aserbaidschanern, wobei letztere Überfälle auf A. in Baku verübten und danach armenische Partisanen die Bevölkerung einiger aserbaidschanischer Dörfer massakrierten. Der Genozid an der armenischen Bevölkerung des türkischen Reiches 1915 brachte die A. endgültig an die Seite der Russen.

Nach der Oktoberrevolution und aus dem gemeinsamen Kampf von A., → Georgiern und → Aserbaidschanern gegen türkische Angriffe entwickelte sich seit dem Februar 1918 eine Transkaukasische Föderation, die jedoch im Mai durch die Unabhängigkeitserklärungen dieser Republiken schon wieder zerbrach. So entstand eine unabhängige armenische Republik, in der sich sowjetische Kräfte immer mehr durchsetzen konnten, weil sich die nationale Regierung in erfolglosen Grenzkriegen mit Aserbaidschanern, Georgiern und Türken aufrieb. Im Dezember 1920 waren die Bolschewiki bereits Herr der Lage und konnten die Sozialistische Republik Armenien proklamieren. 1921 erfolgte eine sowjetisch-türkische Verständigung über die Grenzfrage. Kars und das Gebiet um den Ararat wurden nun endgültig der Türkei zugeschlagen. Außerdem wurde festgelegt, daß Nachitschewan ein Teil Aserbaidschans werden sollte. Ein Jahr später wurde Armenien mit den beiden anderen Republiken zur Transkaukasischen Sozialistischen Föderativen Sowjetrepublik zusammengeschlossen. 1923 wurde Nachitschewan und 1924 Nagorny Karabach tatsächlich Aserbaidschan eingegliedert. Nach Auflösung der Transkaukasischen Föderation erhielt Armenien im Dezember 1936 den Status einer SSR.

Die Sowjetisierung Armeniens bedeutete zunächst eine Armenisierung, die nahezu alle Bereiche des Landes erfaßte. Es war der einfachste Weg, die A. für das Sowjetsystem zu gewinnen. So waren die zwanziger Jahre von einer weitgehenden Autonomie im Innern gekennzeichnet, die dem religiösen Leben, der kulturellen Tradition und nationalen Selbstentfaltung der A. viel Raum ließ. Dies änderte sich allerdings in den 30er Jahren, als mit Zwangskollektivierung und politischen Säuberungen der stalinistische Terror auch die A. erreichte.

Die wichtigsten wirtschaftspolitischen Ziele der sowjetarmenischen Führung waren – nach einer Bodenreform – die Verbesserung der landwirtschaftlichen Produktion, die bis in die 30er Jahre fast ausschließlich in privater Hand blieb.

Ausbau und Wachstum der Industrie standen bis zum Beginn der 30er Jahre weit hinter der Agrarpoduktion zurück, da dieser Sektor praktisch neu geschaffen werden mußte. Erst dann setzte eine forcierte Industrialisierung ein. Branchen der Leicht- und Nahrungsmittelindustrie sowie Zement- und Chemiewerke wurden zu den wichtigsten Produktionszweigen. Die Förderung von Kupfer gehörte auch dazu.

Die moderne Armenische SSR ist heute zwar ein kleiner, aber teilweise hochentwickelter Industriestandort. Elektroenergiegewinnung, Metallurgie, Maschinenbau, Elektronik und die Herstellung hochwertiger Nahrungs- und Genußmittel bilden das Fundament ihrer Volkswirtschaft. In der Landwirtschft dominiert vor allem der Anbau von Obst, Gemüse und Tabak.

1987 hatte die Armenische SSR 3,4 Millionen Einwohner. Mit 88 % bilden die A. die größte Bevölkerungsgruppe vor den Aserbaidschanern mit 5 % und den Russen und → Kurden mit je 2 % Bevölkerungsanteil. Ihnen folgen Georgier und kleinere Gruppen anderer Nationalitäten.

Das Armenische ist eine eigenständige indoeuropäische Sprache. Literatursprache ist es seit dem Beginn des 5. Jh. und somit die älteste Literatursprache, die heute noch in der UdSSR existiert. Als Schrift wird das eigene, bereits im Jahre 406 geschaffene und bis heute nur wenig veränderte Alphabet benutzt.

Die A. sind überwiegend armenisch-gregorianische Christen.

Lit.: Land, D. M.; Walker, C. J.: Die Armenier. Oldenburg 1985; Sarkisyanz, M.: A Modern History of Transcaucasian Armenia, Social, Cultural and Political. Leiden 1977; Bauer, E.; Schmidheiny, J.: Armenien, Geschichte und Gegenwart. Luzern 1977; Matossian, M K.: The Impact of Soviet Policies in Armenia. Leiden 1962

Artschin EB.: Arischischuw Russ.: Arčincy

→ Awaren

Aserbaidschaner EB.: Aserbaidschan Russ.: Azerbajdžancy

5,5 Millionen (2,09 % d. gesamten Bev. d. UdSSR)
86 % der A. leben als Titularnation in der Aserbaidschanischen SSR (86 600 qkm, Hauptstadt: Baku).

Die A. als ein Volk sind eine moderne Erscheinung – ein türksprachiges Volk, in dem türkische, iranische, kaukasische und andere Völkerschaften aufgegangen sind. Die ursprünglich iranischsprachige Bevölkerung dieses Teiles des Transkaukasus vermischte sich seit dem 7. Jh. mit immer wieder eindringenden Türkstämmen, so daß die gesamte Region im 11. Jh. weitgehend türkisiert war. Im

8. Jh. wurde Aserbaidschan von den Arabern erobert, die den größten Teil des Landes unter die Kontrolle der Kalifen brachten. Damit verbunden war die nun einsetzende Islamisierung der mehrheitlich schon christlichen Bevölkerung. Mongolische Eindringlinge, persische Herrscher und die Osmanen teilten sich in den folgenden Jahrhunderten die Vorherrschaft über die A. In den letzten Regierungsjahren Peters I. mischten sich auch russische Truppen in den Kampf um Einfluß und Macht in dieser Region ein. Mit dem Niedergang der persischen Hegemonie konnte sich seit der Mitte des 18. Jh. Rußland immer weiter durchsetzen und das in die Khanate Kuba, Baku, Schemacha, Gandscha, Karabach, Nachitschewan, Scheka, Talysch u. a. aufgeteilte Aserbaidschan nach und nach unter seine Kontrolle bringen. Dies geschah durch die Errichtung von Protektoraten über einzelne Khanate, die dann bis 1844 teils gewaltsam aufgelöst wurden, nachdem ihre Territorien schon 1828 dem russischen Reich eingegliedert worden waren.

Unter den russischen Zaren wurde Schritt für Schritt das russische Verwaltungssystem eingeführt, gleichzeitig wurden aber die einheimischen Beys als Stützen der Herrschaft gesellschaftlich aufgewertet und ökonomisch gefördert. Mit Hilfe von ausländischem Kapital wurde in der zweiten Hälfte des 19. Jh. die Erdölförderung um Baku intensiv vorangetrieben und damit ein industrielles Zentrum ersten Rangs in dem im übrigen rein agrarischen Land geschaffen. Hierher zogen nun auf der Suche nach Arbeit und Verdienstmöglichkeiten → Russen, → Armenier und Angehörige anderer Nationalitäten, die Baku rasch einen multinationalen Charakter verliehen und es zu Beginn des 20. Jh. zum Schauplatz sozialer Auseinandersetzungen und von Nationalitätenkämpfen werden ließen. In letztere waren – teilweise bewußt von den russischen Behörden provoziert – vor allem A. und Armenier verwickelt.

Nach der Oktoberrevolution rangen pantürkisch-islamisch beeinflußte aserbaidschanische Nationalisten mit den Bolschewiki um die Herrschaft über das Land, ohne zu einer raschen Entscheidung zu kommen. Im November 1917 schlossen sich die A. mit Georgien und Armenien zu einem Transkaukasischen Kommissariat zusammen, das im April 1918 die gegen die Türkei gerichtete Transkaukasische Demokratische Föderative Republik ausrief. Diese zerbrach jedoch schon einen Monat später an den sich gegenseitig ausschließenden Einzelinteressen der drei Völker. Am 28. Mai 1918 wurde daher von einem Muslimischen Nationalrat die unabhängige Aserbaidschanische Republik ausgerufen, die auf Hilfe von außen setzte. Vom Sommer 1918 bis zum November 1919 lösten sich zunächst türkische/deutsche, dann britische und schließlich französische und amerikanische Interventionstruppen als Besatzungsmächte ab. Nach ihrem Abzug konnten die Bolschewiki, ohne viel Gegenwehr der nationalen Streitkräfte überwinden zu müssen, Aserbaidschan besetzen. Sie proklamierten im April 1920 die Aserbaidschanische SSR, die 1922 mit Armenien und Georgien zur Transkaukasischen Sozialistischen Föderativen Sowjetrepublik vereint wurde. Im Juli 1923 wurde Aserbaidschan das überwiegend armenisch besiedelte Nagorny Karabach als Autonomes Gebiet (4 400 qkm, Hauptort: Stepanakert) angegliedert. Nachitschewan war schon im Februar 1923 als Autonome Region den A. zugeschlagen worden. 1924 erhielt es den Status einer ASSR (5 500 qkm, Hauptstadt: Nachitschewan). Es blieb auch aserbaidschanisch als nach der Auflösung der Föderation im Dezember 1936 die Aserbaidschanische SSR entstand.

Die Sowjetisierung Aserbaidschans begann mit der Konfiszierung des Großgrundbesitzes und der politischen Entmachtung der Beys, die jedoch mit einem Teil der islamischen Geistlichkeit bis zum Beginn der 30er Jahre ihre gesellschaftliche Führungsrolle erhalten konnten. Im Zuge der Entkulakisierung und der seit 1929 gegen heftigen Widerstand vor allem des halbnomadisch lebenden Teils der Bevölkerung durchgeführten Zwangskollektivierung wurde jedoch die traditionelle patriarchalische Gesellschaftsstruktur der A. weitgehend zerstört. Diese radikalen sozialökonomischen Veränderungen waren mit verantwortlich dafür, daß der Zuwachs im wenig entwickelten landwirtschaftlichen Sektor weit hinter der industriellen Entwicklung zurückblieb, wo die Erweiterung der Erdölförderung und der Aufbau entsprechender Zuliefer- und Verarbeitungsbetriebe den Schwerpunkt bildeten. In der Wirtschaft der heutigen Aserbaidschanischen SSR dominiert nach wie vor die Erdöl- und Erdgasgewinnung, die allerdings nur noch von regionaler Bedeutung ist. Für die gesamte sowjetische Erdöl- und Erdgasgewinnung wichtig ist jedoch die hier entstandene Ausrüstungs- und Zulieferindustrie. Daneben bestimmen Elektrizitätsgewinnung,

Aluminiumhütten und chemische Betriebe das Profil der aserbaidschanischen Wirtschaft. In der Landwirtschaft nehmen der Anbau von Baumwolle, Tabak und Wein wichtige Plätze ein. Dahinter rangieren die Herstellung von Seide, die Viehhaltung sowie der Anbau von Tee und Zitrusfrüchten.

1987 hatte die Aserbaidschanische SSR 6,8 Millionen Einwohner. Mit 78 % bilden die A. vor Armeniern und Russen mit je 8 % die größte Bevölkerungsgruppe. Ihnen folgen → Lesgier, → Juden, → Tataren, → Ukrainer und zahlreiche kleinere Gruppen anderer Nationalitäten.

Das Aserbaidschanische gehört zur südwestlichen (oghusischen) Gruppe der Türksprachen. Es ist seit dem 14. Jh. Literatursprache. Als Schrift wird seit 1939 das kyrillische Alphabet benutzt.

Die A. sind in ihrer überwiegenden Mehrheit schiitische Muslime.

Lit.: Sarkisyanz, E.: Geschichte der orientalischen Völker Rußlands bis 1917. Eine Ergänzung zur ostslawischen Geschichte Rußlands. München 1961; Minorski, V.: Studies in Caucasian History. London 1953; Akiner, S.: Islamic Peoples of the Soviet Union. London/Boston/Melbourne/Henley 1983; Swiętochowski, T.: Russian Azerbaijan, 1905 – 1920. The Shaping of National Identity in a Muslim Community. Cambridge/London/New York/New Rochelle/Melbourne/Sydney 1985

Assyrier (Aramäer): EB.: Suraji Russ.: Assirijcy

25 000

Die A. leben überwiegend in den kaukasischen Republiken, in Moskau und Leningrad.

Die in der UdSSR lebenden A. stammen aus der Gegend um den Urmia-See im Iran. Von dort wanderten die ersten im 19. Jh. in das russische Reich aus. Eine zweite Welle A. verließ nach dem II. Weltkrieg das iranische Herkunftsgebiet, um sich in der UdSSR niederzulassen.

Das Assyrische gehört zum westliche Zweig der semitischen Sprachen. Es ist in der UdSSR keine anerkannte Literatursprache.

Die A. sind meist nestorianische und jakobitische Christen.

Lit.: Naby, E.: The Iranian Frontier Nationalities: The Kurds, the Assyrians, the Baluchis, and the Turkmens. In: Soviet Asian Ethnic Frontiers. Ed. by

W.O. McCagg. Jr., B.D. Silver. New York/Oxford/Toronto/Sydney/ Frankfurt/Paris 1979, S. 83 – 114

Atschikulak-Nogaier EB.: Atschikulak Nogai Russ.: Ačikulakcy

→ Nogaier

Awam EB.: Nja Russ.: Avamskie Tavgijcy

→ Nganasanen

Awaren EB.: Maarulal Russ.: Avarcy

483 000

86,7 % der A. leben in der zur RSFSR gehörenden Dagestanischen ASSR. Von den genannten 483 000 dürften allerdings nur etwa 200 000 A. im eigentlichen Sinn sein. Denn zu ihnen zählen noch eine ganze Reihe nahe verwandter kleinerer Völkerschaften, die bei früheren Erhebungen nicht zu den A. gerechnet wurden: Die andische Gruppe der Andi, Botlich, Godoberi, Karata, Achwach, Tschamalal, Bagulal, Tindi, die didoische Gruppe der Dido, Chwarschi, Kaputschi, Hunsal sowie Bescheta, Ginuch und Artschin.

Die A. gehören zu den autochthonen Kaukasusvölkern. Durch arabische Eroberer wurden sie bis zum 11. Jh. weitgehend islamisiert. Mit dem Eindringen der Mongolen im 13. Jh. kamen die A. unter die Herrschaft der Goldenen Horde. Nach dem Niedergang der Mongolen bildeten die A. ein im 17. und 18. Jh. mächtiges Khanat um Chunsach, das eine aus arabischen Wurzeln blühende Kultur kennzeichnete. 1803 wurde das awarische Khanat russisches Protektorat. Endgültig dem russischen Reich eingegliedert wurden die A. 1864, nachdem sie sich in zahlreichen Aufständen vergeblich gegen die Oberherrschaft der Zaren gewehrt hatten. Die Dagestanische ASSR, in der die A. seit Errichtung der Sowjetmacht leben, wurde im Januar 1921 proklamiert.

Das Awarische gehört zu der awarisch-didoisch-andischen Untergruppe der nordostkaukasischen Sprachen. Als Schrift dient seit 1938 das kyrillische Alphabet.

Die A. sind sunnitische Muslime.

Lit.: Sarkisyanz, E.: Geschichte der orientalischen Völker Rußlands bis 1917. Eine Ergänzung zur ostslawischen Geschichte Rußlands. München 1961; Akiner, S.: Islamic Peoples of the Soviet Union. London/Boston/ Melbourne/Henley 1983

B

Bagulal EB.: Bagulal Russ.: Bagulaly

→ Awaren

Balkaren EB.: Malkarli Russ.: Balkarcy

66 300
Die B. leben zu 76,9 % in der Kabardinisch-Balkarischen ASSR (12 500 qkm, Hauptstadt: Naltschik) der RSFSR.

Die B. sind seit dem 14. Jh. – möglicherweise auch schon länger – im Nordkaukasus ansässig. Über ihren ethnischen Ursprung ist sehr wenig bekannt. Sie sind türksprachig und wahrscheinlich Abkömmlinge verschiedener, inzwischen längst vermischter Völker. Im 18. Jh. wurden die B. unter dem Einfluß der → Nogaier und → Krimtataren islamisch. 1827 kamen sie unter russische Herrschaft. Nach Etablierung der Sowjetmacht wurde 1921 ein Balkarischer Kreis als Teil der 1924 wieder aufgelösten Gorskaja ASSR eingerichtet. Im Januar 1922 wurde dieser Kreis mit dem Gebiet der → Kabardiner zum Kabardinisch-Balkarischen Autonomen Gebiet zusammengelegt, das im Dezember 1936 den Status einer ASSR erhielt. 1944 wurden die B. wegen angeblicher Kollaboration mit der deutschen Besatzungsmacht nach Kasachstan und Kirgisien deportiert. 1957 konnten sie nach ihrer Rehabilitierung in ihr Heimatgebiet zurückkehren.

Das Balkarische gehört zur kiptschakischen Gruppe der westlichen Türksprachen. Als Schrift dient seit 1936 das kyrillische Alphabet.

Die B. sind sunnitische Muslime.

Lit.: Akiner, S.: The Islamic Peoples of the Soviet Union. London/Boston/ Melbourne/Henley 1983

Barguten EB.: Bargut Burjat Russ.: Bargu – Burjaty

→ Burjäten

Bartangen EB.: Bartangidsch Russ.: Bartangcy

Genaue Anzahl unbekennt. 1960: 4 000
Die B. leben am Fluß Bartang im Gorno-Badachschanischen Autonomen Gebiet (Hauptort: Chorog) der Tadschikischen SSR.

Die B. gehören zu den Pamir-Völkern. Sie sind iranischer, also indoeuropäischer Herkunft. Mit der Annexion des Pamirgebiets kamen sie um die Wende des 19. zum 20. Jh. unter russische Herrschaft. Die B. leben vorwiegend von der Landwirtschaft. Wegen ihrer zunehmenden Assimilierung an die → Berg-Tadschiken werden sie heute zu den → Tadschiken gezählt.

Das Bartangische gehört zu den Pamirsprachen der östlichen Gruppe der iranischen Sprachen. Literatursprache ist Tadschikisch.

Die B. sind sunnitische Muslime.

Lit.: Akiner, S.: Islamic Peoples of the Soviet Union. London/Boston/ Melbourne/Henley 1983

Baschkiren EB.: Baschkurt Russ.: Baškiry

1,371 Millionen
68,2 % der B. leben als Titularnation in der Baschkirischen ASSR (143 600 qkm, Hauptstadt: Ufa) der RSFSR.

Die B. sind aus der Vermischung finnougrischer (autochthoner) und türkischer Stämme hervorgegangen. An der Wende vom 9. zum 10. Jh. waren die B. bereits als nomadisierende Viehzüchter und Wildbeuter in dem Gebiet zwischen Wolga, Kama und Ural ansässig. Die zu Beginn des 13. Jh. nach Westen vordringenden Monolen unterwarfen sich auch die B., deren Herren sie bis in die Mitte des 16. Jh. blieben. Mit der Eroberung der mongolischen Khanate an der Wolga durch Iwan IV. wurden die B. Untertanen der russischen Zaren, die jedoch bis weit hinein ins 18. Jh. immer wieder baschkirische Unruhen und Aufstände niederschlagen mußten. Nach der Revolution von 1917 und während des Bürgerkrieges war Baschkirien Schauplatz heftiger Kämpfe zwischen ‚Roten' und ‚Weißen', bis sich im Frühjahr 1919 erstere endgültig durchgesetzt hatten. Im März 1919 wurde von ihnen die Baschkirische ASSR als erste ASSR der RSFSR proklamiert.

Das Baschkirische gehört zur kiptschakischen Gruppe der westlichen Türksprachen. Als Schrift dient seit 1940 das kyrillische Alphabet.

Die B. sind überwiegend sunnitische Muslime.

Lit.: Akiner, S.: Islamic Peoples of the Soviet Union. London/Boston/Melbourne/Henley 1983; Donnelly, A.S.: The Russian Conquest of Bashkiria 1552 – 1740. A Case Study in Imperialism. New Haven/London 1968; Kappeler, A.: Rußlands erste Nationalitäten. Das Zarenreich und die Völker der Mittleren Wolga vom 16. bis 19. Jahrhundert. Köln/Wien 1982; Spuler, B.: Die Wolga – Tataren und Baschkiren unter russischer Herrschaft. In: Der Islam. Zeitschrift für Geschichte und Kulur des islamischen Orients, 29 (1949/50), S. 142 – 216

Batsen EB.: Batsaw Russ.: Tušiny

Genaue Anzahl unbekannt.

Die B. leben überwiegend im Rajon Achmeta der Georgischen SSR.

Die B. sind ein autochthones Kaukasusvolk, das sich den verwandten → Georgiern weitgehend assimiliert hat und heute zu diesen gezählt wird.

Das Batsische gehört zur nordöstlichen (veinachischen) Gruppe der Kaukasussprachen. Literatursprache der B. ist das Georgische.

Die B. sind orthodoxe Christen.

Bay EB.: Bay Russ.: –

→ Enzen

Belorussen EB.: Bjelarus Russ.: Belorusy

→ Weißrussen

Beltiren EB.: Beltir Russ.: Beltiry

→ Chakassen

Belutschen EB.: Balutsch Russ.: Beludži

19 000

Die B. leben fast ausschließlich im Gebiet Mary der Turkmenischen SSR.

Die B. in der UdSSR sind größtenteils Nachkommen von Einwanderern, die Ende des 19. und vor allem in den zwanziger Jahren des 20. Jh. aus dem britischen Belutschistan, Afghanistan und Iran kommend sich in diesen Gebieten niedergelassen haben.

Das Belutschische gehört zur nordwestlichen Gruppe der iranischen Sprachen. Als Literatursprache dient Turkmenisch oder Tadschikisch.

Die B. sind schiitische und sunnitische Muslime.

Lit.: Akiner, S.: Islamic Peoples of the Soviet Union. London/Boston/Melbourne/Henley 1983; Naby, E.: The Iranian Frontier Nationalities: The Kurds, The Assyrians, the Baluchis, and the Turkmens. In: Soviet Asian Frontiers. Ed. by W.O. McCagg Jr., B.D. Silver. New York/Oxford/Toronto/Sydney/Frankfurt/Paris 1979, S. 83 – 114

Bergjuden EB.: – Russ.: Gorskie Evrei

Genaue Anzahl unbekannt (1988: ca. 40 000)

Die B. leben hauptsächlich in der Dagestanischen ASSR, RSFSR, aber auch in der Aserbaidschanischen SSR und im nördlich Kaukasus.

Die Vorfahren der B. kamen im 5. und 6. Jh. aus Medien-Atropatene, dem heutigen Iranisch-Aserbaidschan, in ihre jetzigen Siedlungsgebiete. Als Sprache hatten sie das Tatische, ein iranisches Idiom angenommen. Daher werden sie oft auch als Taten bezeichnet, obwohl die eigentlichen → Taten, die ebenfalls im östlichen

Kaukasus leben und die gleiche Sprache sprechen, sich zum Islam bekennen. Die B. betrieben hauptsächlich Landwirtschaft, daneben einige Handwerke wie Färberei, Gerberei, Kürschnerei. Nach der Oktoberrevolution wurden sie in Kolchosen und Kooperativen zusammengefaßt. Der Zionismus fand unter den B. viele Anhänger. Ca. 10 000 sind seit 1970 nach Israel ausgewandert.

Das Tatische gehört zur südwestliche Gruppe der iranischen Sprachen.

Lit.: Mountain Jews (Tats). In: Encyclopaedia Judaica, Bd. 12. Jerusalem 1971, Sp. 478 – 481

Berg-Tadschiken (Galtscha) EB.: Todschik Russ.: Gornye Tadziki

Genaue Anzahl unbekannt.
Die B-T. leben im Darwas- und Karategin-Gebirge östlich von Duschanbe in der Tadschikischen SSR.

Die B.-T. sind die Nachfahren von → Tadschiken, die im 15. Jh. vor eindringenden → Usbeken ins Gebirge ausgewichen waren. Sie haben seither eine eigene, von der der übrigen Tadschiken abweichende Kultur und eine Lebensweise entwickelt, die den Bedingungen in ihren Siedlungsgebieten entsprach. Bis zum Ende des 19. Jh. standen die B.-T. meist unter der Herrschaft der Emire von Buchara und Kokand. Dann kam ihr Gebiet unter russische Herrschaft. Sie leben als Bergbauern. Die B.-T. werden heute (wieder) zu den Tadschiken gezählt.

Die B.-T. sprechen einen tadschikischen Dialekt.

Die B.-T. sind ismailitische Muslime.

Bescheta EB.: Beschtlas Suko Russ.: Božetincy

→ Awaren

Besermenen EB.: Besermen Russ.: Besermjane

Anzahl unbekannt. 1926: 10 000
Die B. leben in den Rajonen Balesino und Glasow im Norden der Udmurtischen ASSR, RSFSR.

Die B. stammen wahrscheinlich von Wolga-Bulgaren ab, die sich im Lauf der Zeit fast gänzlich an die → Udmurten assimiliert und deren Sprache übernommen haben. Von den Udmurten, zu denen sie heute gezählt werden, unterscheiden sie sich nur durch spezifische traditionelle Eigenheiten ihres Kulturlebens.

Die B. sind teils orthodoxe Christen, teils schamanische Animisten und sunnitische Muslime.

Boiken EB.: Verchovyncy, Bojky Russ.: Bojki

Anzahl unbekannt.

Zusammen mit → Huzulen und → Lemken wurden sie bis zum II. Weltkrieg in Deutschland und Österreich als Karpato-Ruthenen bezeichnet.

Die B. leben in der Bergregion der Gebiete Lwow, Iwano-Frankowsk und Transkarpatien der Ukrainischen SSR.

Die B. sind eine vielleicht seit dem 10. Jh. in den Karpaten ansässige ethnographische Gruppe der → Ukrainer. Seit dem 14. Jh. gehörten ihre Gebiete zu Polen. Mit der ersten polnischen Teilung kamen die B. 1772 unter österreichische Herrschaft. Von 1919 bis 1938/39 gehörte je ein Teil ihrer Gebietes zur Tschechoslowakei und Polen. 1945 wurde dieses mit Ostgalizien und der Karpatoukraine der UdSSR eingegliedert. Die B. werden zu den Ukrainern gezählt.

Das Bojkische ist ein ukrainischer Dialekt.

Die B. sind orthodoxe Christen.

Lit.: Magocsi, P. R.: The Shaping of a National Identity. Subcarpathian Rus', 1848 – 1948. Cambridge, Mass./London 1978

Botlich EB.: Botlich Russ.: Botlichcy

→ Awaren

Bucharische Juden EB.: Jachudi Russ.: Bucharskie Evrei, Sredneaziatskie Evrei

Genaue Anzahl unbekannt.

Die B. J. leben überwiegend in der Usbekischen SSR, wo sie sich in den Städten Samarkand, Taschkent und Buchara konzentrieren.

Die Vorfahren der B. J. sind wahrscheinlich aus Babylonien nach dem östlichen Iran und Westafghanistan eingewandert. Von dort gelangten sie im 13. und 14. Jh. in ihre heutigen Siedlungsgebiete. Die B. J. sind seit altersher Stadtbewohner und befaßten sich mit Handel und bestimmten Handwerken, vor allem Färberei und Teppichweberei. Nach der Oktoberrevolution und der Errichtung der Sowjetmacht in Zentralasien mußten sich die B. J. auf Fabrikarbeit, teilweise auch auf Kollektivlandwirtschaft umstellen. Schon im 19. Jh. hatten B. J. eine Gemeinde in Jerusalem gegründet. In den 70er Jahren des 20. Jh. wanderten von den damals ca. 60 000 B. J. 15 000 aus, die meisten nach Israel.

Die Sprache der B. J. ist ein tadschikischer Dialekt, mit hebräischen Buchstaben geschrieben.

Lit.: Bukhara. In: Encyclopaedia Judaica, Bd. 4. Jerusalem 1971, Sp. 1470 – 1475

Budugen EB.: Budug Russ.: Buduchi

Genaue Anzahl unbekannt. 1960: 1 000

Die B. leben überwiegend im Rajon Konagkent der Aserbaidschanischen SSR.

Die B. gehören zur Gruppe der sogenannten → Schachdagen, die zu den autochthonen Völkern des Kaukasus zählen. Sie haben sich weitgehend an die → Aserbaidschaner assimiliert, zu denen sie heute gezählt werden.

Das Budugische gehört zur lesgischen Gruppe der dagestanischen Sprachen. Literatursprache ist Aserbaidschanisch.

Die B. sind sunnitische und schiitische Muslime.

Bulgaren EB.: Bulgar Russ.: Bolgary

361 000

Die B. leben in den Gebieten Odessa, Saporoschje, in geringerer Zahl auch in denen von Kirowograd und Nikolajew der Ukrainischen SSR. Kleinere Gruppen auch in der Kasachischen SSR und im nördlichen Kaukaus.

Die Einwanderung von B. in das russische Reich setzte in der zweiten Hälfte des 18. Jh. als Folge der Türkenkriege ein. 68 % der B. bekennen sich noch zu ihrer Muttersprache.

Das Bulgarische gehört zur Gruppe der südslawischen Sprachen.

Die B. sind orthodoxe Christen.

Burjäten EB.: Burjat Russ.: Burjaty

353 000

58,6 % der B. leben als Titularnation in der Burjätischen ASSR (351 300 qkm, Hauptstadt.: Ulan – Ude) der RSFSR, größere Gruppen vor allem im Burjätischen Autonomen Kreis Aginskoe im Gebiet Tschita sowie im Burjätischen Autonomen Kreis Ust-Ordynskij im Gebiet Irkutsk. Beide gehören zur RSFSR.

Das Volk der B. ist durch den Zusammenschluß der nordmongolischen Stämme der Barguten, Chora, Echiriten, Chongodoren, Tabunuten und der Assimilierung einiger weiterer Mongolen sowie ewenkischer Gruppen (→ Ewenken) am Endes des 17. Jh. entstanden. Die B. saßen nachweislich bereits zu Beginn des 13. Jh. in den Gebieten um den Baikalsee. Im Zuge der Eroberung Sibiriens wurden sie nach heftiger Gegenwehr in der Mitte des 17. Jh. von den Russen unterworfen. Nach dem Bürgerkrieg wurden auf ihrem Territorium 1922 zwei autonome burjätische Gebiete eingerichtet, die im Mai 1923 zu einer Burjätisch-Mongolischen ASSR zusammengefaßt wurden. Diese wurde im Juli 1958 in Burjätische ASSR umbenannt.

Das Burjätische gehört zu den mongolischen Sprachen. Als Schrift dient seit 1939 das kyrillische Alphabet.

Die B. bekennen sich überwiegend zum Lamaismus oder Schamanismus.

Lit.: Bawden, C.R.: The Modern History of Mongolia. London 1968; Sarkisyanz, E.: Geschichte der orientalischen Völker Rußlands bis 1917. München 1961

C

Chakassen EB.: Chaas Russ.: Chakasy

71 000
80,5 % der C. leben in dem Chakassischen Autonomen Gebiet (61 900 qkm, Hauptort: Abakan) der Krasnojarsker Region in der RSFSR.

Die C. sind ein Mischvolk. Ihre Vorfahren waren Jenissej-Kirgisen, → Keten, Samojeden, → Schoren, → Tuwinen und Abkömmlinge türkischer Stämme, die sich zudem im 13. Jh. mit ihren mongolischen Eroberern vermischten. Aufgeteilt in die fünf Territorialgruppen der Katscha, Kysyl, Sagaier, Beltiren und Koibalen sind sie seit dem 17. Jh. im Gebiet zwischen Ost- und West-Sajangebirge als Viehzüchter ansässig. Im 17. Jh. kamen sie unter russische Herrschaft. Nach dem Ende des Bürgerkriegs wurde ihr Territorium zum Chakassischen Nationalen Kreis proklamiert, der nach einigen Reorganisationen im Oktober 1930 den Status eines Autonomen Gebiets erhielt.

Das Chakassische gehört zur uigurischen Gruppe der östlichen Türksprachen. Als Schrift dient seit 1939 das kyrillische Alphabet.

Die C. sind orthodoxe Christen und Animisten.

Lit.: Akiner, S.: Islamic Peoples of the Soviet Union. London/Boston/Melbourne/Henley 1983; Sarkisyanz, E.: Geschichte der orientalischen Völker Rußlands bis 1917. München 1961

Chalcha-Mongolen EB.: Chalcha Russ.: Mongoly

3 200
Die C.-M. leben in der Nachbarschaft der → Burjäten, denen sie sich weitgehend assimiliert haben.

Die C.-M. sind Mongolen aus der eigentlichen Mongolei. Sie stehen seit Jahrhunderten in enger Wechselbeziehung mit den sich kaum von ihnen unterscheidenden Burjäten.

Die C.-M. sind Buddhisten.

Lit.: Bawden, C.R.: The Modern History of Mongolia. London 1968; Rupen, R.A.: Mongols of the Twentieth Century. Bloomington/ The Hague 1964

Chanten (Ostjaken) EB.: Handa Russ.: Chanty

21 000
53,6 % der C. leben im Chantisch-Mansischen Autonomen Kreis (Hauptort: Chanty-Mansijsk) des Gebiets Tjumen, die übrigen im Gebiet Tomsk, RSFSR.

Die C. gehören zu den finnougrischen Völkern. Wahrscheinlich sind sie jedoch anderen ethnischen Ursprungs und haben lediglich Sprache und Kultur der Ugrier angenommen. In frühen russischen Chroniken werden die C. unter den Völkern genannt, die westlich des Urals an der Petschora ansässig waren. Seit dem 14. Jh. sind sie in ihren heutigen Gebieten am mittleren und unteren Ob und seinen Nebenflüssen als Fischer, Jäger und Rentierzüchter nachgewiesen. Kontakte mit Russen hatten die C. bereits im 11. Jh.. Dem russischen Herrschaftsbereich wurden sie seit dem Beginn des 16. Jh. nach und nach eingegliedert. Ihr dagegen immer wieder aufkeimender Widerstand hielt bis ins 17. Jh. hinein an. Christianisiert wurden die C. erst zu Beginn des 18. Jh.

Das Chantische gehört zur ob-ugrischen Gruppe des ugrischen Zweigs der ugrisch-altaiischen Sprachfamilie. Seit 1930 ist es Literatursprache. Seit 1933 wird als Schrift das kyrillische Alphabet benutzt.

Die C. sind schamanische Animisten und orthodoxe Christen.

Lit.: Vuorela, T.: The Finno – Ugric Peoples. Bloomington/ The Hague 1964; Kappeler, A.: Rußlands erste Nationalitäten. Das Zarenreich und die Völker der Mittleren Wolga vom 16. bis 19. Jahrhundert. Köln/Wien 1982

Chewsuren EB.: Chewsuri Russ.: Chevsury

→ Georgier

Chinalugen EB.: Ketsch Russ.: Chinalugi

Genaue Anzahl unbekannt. 1967: ca. 1 000
Die C. leben im Rajon Konagkent der Aserbaidschanischen SSR.

Die C. gehören zur Gruppe der sogenannten Schachdagen, die zu den autochthonen Völkern des Kaukasus zählen. Sie haben sich weitgehend an die → Aserbaidschaner assimiliert, zu denen sie heute gerechnet werden.

Das Chinalugische gehört zur lesgischen Gruppe der dagestanischen Sprachen. Literatursprache ist Aserbaidschanisch.

Die C. sind sunnitische Muslime.

Chomuten EB.: Chomut Russ.: Chomuty

→ Kalmücken

Chongodoren EB.: Chongodor Russ.: Chongodory

→ Burjäten

Chora EB.: Chora Russ.: Chorincy

→ Burjäten

Chwarschi EB.: Kedaes Hikwa Russ.: Chvarši

→ Awaren

D

Darginer EB.: Dargan Russ.: Dargincy

287 000

86 % der D. leben in den zentralen Rajonen der Dagestanischen ASSR (50 300 qkm, Hauptst.: Machatschkala) der RSFSR.

Die D. sind ein autochthones kaukasisches Volk, das bereits während der arabischen Eroberung des Kaukasus im 8. Jh. islamisiert wurde. Seit dem 15. Jh. standen die D. zum Teil unter der Herrschaft der ihnen verwandten, benachbarten Kaitaken, die wie das kleine Volk der Kubatschen inzwischen zu den D. gezählt werden. Unter russische Herrschaft kamen die D. zu Beginn des 19. Jh..

Seit 1921 gehört ihr Gebiet zu der im gleichen Jahr proklamierten Dagestanischen ASSR.

Das Darginische gehört zur darginisch-lakischen Untergruppe der nordostkaukasischen Sprachen. Schrift ist seit 1938 das kyrillische Alphabet.

Die D. sind überwiegend sunnitische Muslime.

Lit.: Akiner, S.: Islamic Peoples of the Soviet Union. London/ Boston/ Melbourne/Henley 1983; Sarkisyanz, E.: Geschichte der orientalischen Völker Rußlands bis 1917. München 1961

Derpenten EB.: Derbet Russ.: Dėrpėty

→ Kalmücken

Deutsche EB.: – Russ.: Nemcy

1,9 Millionen
Eine größere Anzahl von D. lebt in der Kasachischen SSR. Die übrigen sind praktisch über die gesamte UdSSR zerstreut.

Die D. in der UdSSR sind fast ausschließlich Nachfahren der seit der zweiten Hälfte des 18. Jh. ins russische Reich eingewanderten Siedler, die überwiegend aus Hessen, Nordbayern, der Pfalz und dem Rheinland stammten. Die erste große Welle von Einwanderern erreichte nach entsprechenden Aufruf-Manifesten Katharinas II. von 1762 und 1763 noch im gleichen Jahrzehnt das Wolga-Gebiet um Saratow. In den folgenden Jahrzehnten wurden weitere D. aus Danzig und Westpreußen in die neu eroberten Gebiete zwischen dem Dnjepr, dem südlichen Bug und der Schwarzmeerküste gerufen. Ihnen folgten Württemberger, Elsässer und andere. Mit der russischen Eroberung des Nordkaukasus entstanden auch hier deutsche Kolonistendörfer und Niederlassungen. Nach dem Erwerb Bessarabiens 1812 durch Rußland wurden D. auch zwischen Dnjestr und Pruth angesiedelt. Die D. genossen zunächst eine recht weitgehende Autonomie, die nach und nach jedoch eingeschränkt bzw. in den Reformen, die Rußland seit 1860 modernisierten, aufgehoben wurde.

Nach der Oktoberrevolution wurde im Oktober 1918 das Siedlungsgebiet der D. an der Wolga zur deutschen Arbeiterkommune erklärt, die im Februar 1924 den Status einer ASSR der Wolgadeutschen (1929: 27 152 qkm, Hauptstadt: Engels) erhielt. 1939 zählte diese ASSR rund 600 000 Einwohner, von denen 2/3 D. waren. Daneben gab es zu Beginn der 30er Jahre 16 nationale Kreise für die in den verschiedensten Teilen der UdSSR lebenden D. Acht davon lagen allein in der Ukraine. Sie wurden alle 1939 wieder aufgelöst.

Nach einer kurzen Blütezeit bei weitgehender Autonomie in den 20er Jahren gehörten die D. dann zu den ersten Opfern von Terror und stalinistischen Zwangsmaßnahmen, die mit Zwangskollektivierung, Verhaftungen und ersten Deportationen zu Beginn der 30er Jahre einsetzten. Sie nahmen bis 1939 zu, verbunden mit einer immer weiter voranschreitenden Einschränkung der nationalen Autonomierechte, wie sie fast alle Minderheiten und nichtrussische Nationalitäten in unterschiedlicher Intensität erleiden mußten. Allerdings scheinen die D. auch für den im Deutschen Reich immer bedrohlichere Dimensionen annehmenden und von Moskau mißtrauisch beobachteten Nationalsozialismus gebüßt zu haben. Nach dem deutschen Überfall auf die Sowjetunion im Sommer 1941 wurden von den damals rund 1,5 Millionen D. bis 1946 ca. 1 Million in mehreren Phasen nach Westsibirien, Kasachstan, Kirgisien, Tadschikistan und in das Altai-Gebiet deportiert, wobei ungefähr 300 000 umgekommen sein dürften. Etwa 100 000 wurden in den besonders harten Dienst der sogenannten Arbeitsarmee (Trudarmija) überstellt, die bis 1947 bestand. Die nationalen Territorien der D. wurden alle aufgelöst. Verschont blieben zunächst die in der Ukraine und an der Schwarzmeerküste siedelnden D., die unter die Verwaltung der im Sommer 1941 rasch vordringenden deutschen und rumänischen Armeen bzw. der diesen folgenden Besatzungsbehörden kamen. Ihre Hoffnungen, unter der deutschen Besatzungsmacht ein unbeschwerteres Leben führen zu können, erfüllten sich jedoch nicht. Unter anderem wurden als Maßnahmen zur „volkstumsmäßigen Festigung" vor allem die zerstreut siedelnden D. in Stützpunkten und Neuansiedlungen zusammengelegt, die männliche Bevölkerung wurde zu Hilfsdiensten und zum Einsatz in einem polizeiähnlichen „Selbstschutz" herangezogen. Einzelne Gruppen wurden auch bald als „Administrativumsiedler" ins Reich verbracht bzw. im Warthegau und anderen unter deutscher Besatzung stehenden polnischen Gebieten angesiedelt. Mit dem Rückzug der

Wehrmacht bewegten sich ab 1943 auch die als „Volksdeutsche" geführten Rußlanddeutschen in mehreren großen und kleinen Trecks nach Westen, wo sie meist außerhalb des eigentlichen Reichsgebietes in Sammel- und Auffanglager auf die Verteilung und Zuweisung ihrer künftigen Wohngebiete warteten. Hier wurden die meisten Anfang 1945 von den schnell vorstoßenden sowjetischen Armeen überrascht und – wie ihre Landsleute einige Jahre vorher – nach Sibirien und Zentralasien verschleppt. Dasselbe Schicksal ereilte auch einen Teil der bereits im Reich lebenden D. im Zuge von Repatriierungsmaßnahmen. Die Deportierten wurden bis 1956 zur Zwangsarbeit in Sondersiedlungen festgehalten. Auch nach deren Auflösung nach Adenauers Moskaubesuch und infolge der nach Stalins Tod eingetretenen innenpolitischen Veränderungen durften die D. jedoch nicht mehr in ihre ehemaligen Siedlungsgebiete zurückkehren. 1964 teilrehabilitiert, besitzen die D. jedoch erst seit November 1972 wieder alle Rechte, die die sowjetische Verfassung ihren Bürgern gewährt – mit der Ausnahme nationaler Sonderrechte.

Seit der 1955 erfolgten Aufnahme von diplomatischen Beziehungen zwischen der Bundesrepublik und der Sowjetunion konnten im Rahmen der Familienzusammenführung – anfangs nur sehr wenige – ab 1970 aber zehntausende und seit der Mitte der 80er Jahre hunderttausende von D. in die Bundesrepublik sowie in weit geringerer Anzahl in die DDR aussiedeln.

Die D. in der Sowjetunion sind überwiegend evangelische Christen unterschiedlicher Denomination.

Lit.: Pinkus, B.; Fleischhauer, I.: Die Deutschen in der Sowjetunion. Geschichte einer nationalen Minderheit im 20. Jahrhundert. Bearb. und hrg. v. K.-H. Ruffmann. Baden-Baden 1987; Kappeler, A.; Meissner, B.; Simon, G. (Hrsg.): Die Deutschen im Russischen Reich und im Sowjetstaat. Köln 1987; Drotleff, K. (Hrsg.): Laßt sie selber sprechen. Berichte rußlanddeutscher Aussiedler. Hannover[7] 1985; Eisfeld, A.: Die Deutschen in Rußland und in der Sowjetunion. Stuttgart 1983

Dido EB.: Tses Russ.: Didoicy

→ Awaren

Digor-Osseten EB.: Digoron Russ.: Digorcy

→ Osseten

Dolganen EB.: Dulgaan Russ.: Dolgany

5 100
84,3 % der D. leben im Taimyrischen Autonomen Kreis (Hauptort: Dudynka), der auch die Bezeichnung Dolgano-Nenzischer Kreis trägt , der Krasnojarsker Region, RSFSR.

Über den ethnischen Ursprung der D. ist wenig bekannt. Möglicherweise sind sie → Ewenken, die sich seit dem 17. Jh. an die → Jakuten assimiliert haben. Einzelne Züge ihrer Kultur weisen aber auch auf nenzische Einflüsse (→ Nenzen) hin. In ihren Legenden finden sich außerdem Spuren, die auf eine paläoasiatische Herkunft schließen lassen. Auch daß sie zu Beginn des 17. Jh. an der unteren Lena nomadisierten, könnte ein Indiz dafür sein. Die D. kamen wie ihre Nachbarn im Zuge der Eroberung Sibiriens am Anfang des 17. Jh. unter russische Herrschaft. Sie leben als Jäger und Rentierzüchter im Osten der Taimyr-Halbinsel.

Die D. sprechen einen jakutischen Dialekt. Literatursprache ist neben Russisch Jakutisch.

Die D. sind schamanische Animisten.

Lit.: Akiner, S.: Islamic Peoples of the Soviet Union. London/Boston/ Melborn/Henley 1983

Dschawachen EB.: Dschawachi Russ.: Džavachi

→ Georgier

Dscheken EB.: Dschek Russ.: Džeki

→ Krysen

Dschemschiden EB.: - Russ.: Džemšidy

Genaue Anzahl unbekannt. 1958: Auf ca. 1 000 geschätzt.
Die D. leben überwiegend im Gebiet Mary der Turkmenischen SSR.

Die D. sind tadschikisierte Mongolen oder Türken. In ihrem heutigen Gebiet wurden sie in der Mitte des 18. Jh. vom persischen Schah Nadir als Grenzwächter gegen die → Turkmenen angesiedelt. Ursprünglich stammen sie aus Afghanistan. Die D. werden heute zu den → Tadschiken gezählt.

Die D. sind sunnitische Muslime.

Dunganen (Hui) EB.: Lao Chui Chui Russ.: Dungane

52 000

Die D. leben vor allem im Tschu-Tal in Kasachstan, in Teilen Kirgisiens sowie im Fergana-Tal in Usbekistan.

Die D. sind ihrem Ursprung nach entweder Chinesen, die durch den Kontakt mit islamischen Türkvölkern und iranischen Völkern Muslime wurden, oder aber einst von den Mongolen nach China verschleppte Araber, Iraner und türksprachige Gruppen, die sich den Chinesen assimiliert haben, aber Muslime blieben. Als Überlebende der gegen die Mandschu-Regierung gerichteten „Muslimen – Aufstände" in den Provinzen Shensi, Kansu und Hsinkiang in den 60er und 70er Jahren des 19. Jh. flüchteten sie in ihre heutigen Wohngebiete in Zentralasien. Die D. sind überwiegend landwirtschaftlich tätig, vor allem im Reis-, Obst- und Baumwollanbau.

Das Dunganische besteht aus zwei Dialekten und gehört zur nordchinesischen Sprachgruppe.

Die D. sind sunnitische Muslime.

Lit.: Akiner, S.: Islamic Peoples of the Soviet Union. London/Boston/Melbourne/Henley 1983; Hayit, B.: Turkestan zwischen Rußland und China. Eine ethnographische, kulturelle und politsche Darstellung zur Geschichte der nationalen Staaten und des nationalen Kampfes Turkestans im Zeitalter der russischen und chinesischen Expansion vom 18. bis ins 20. Jahrhundert. Amsterdam 1971

E

Echiriten EB.: Echirit Russ.: Ėchirity

→ Burjäten

Enzen (Jenissej – Samojeden) EB.: Enete Russ.: Ėncy

500 (?)
Die E. leben am Unterlauf des Jenissej im Taimyrischen Autonomen Kreis (Hauptort: Dudynka) der Krasnojarsker Region, RSFSR.

Die in vier Clans der Maddu, Bay, Muggadi und Jutschi gegliederten E. bilden die kleinste samojedische Gruppe. Ihre Bevölkerungszahl ist seit dem 17. Jh., nachdem sie unter russische Herrschaft gekommen waren, durch Assimilierung an die → Nenzen, → Selkupen und → Dolganen kontinuierlich zurückgegangen.

Das Enzische gehört zur samojedischen Gruppe der uralisch-altaiischen Sprachfamilie. Literatursprache sind Nenzisch und Russisch.

Die E. sind schamanische Animisten.

Lit.: Hajdú, P. : The Samoyed Peoples and Languages. Bloomington/ The Hague 1963

Ersja EB.: Ersja Russ.: Ėrzja

→ Mordwinen

Ersari EB.: Ersari Russ.: Ėrsari

→ Turkmenen

Eskimo EB.: Yugyt, Yupigut Russ.: Ėskimosy

1 500
Die E. leben an der Küste der Tschuktschen-Halbinsel.

Unter russische Herrschaft gerieten die E. mit der Eroberung der Tschuktschen-Halbinsel in der Mitte des 17. Jh.. Sie leben heute in engem Kontakt mit den → Tschuktschen, denen sie sich zum Teil assimiliert haben.

Die Eskimosprache ist eine selbständige paläoasiatische Sprache. Literatursprache sind Tschuktschisch und Russisch.

Die E. sind schamanische Animisten.

Esten EB.: Eestlased Russ.: Ėstoncy

1,02 Millionen

92,9 % der E. leben als Titularnation in der Estnischen SSR (45 100 qkm, Hauptstadt: Tallinn [deutsch: Reval]).

Die E. sind als direkte Nachkommen der bereits in vor- und frühgeschichtlicher Zeit den gesamten Nordosten Europas besiedelnden finnischen Stämme in ihrem heutigen Siedlungsgebiet ansässig. Seit dem 7. Jh. standen sie unter schwedisch-wikingischem Einfluß. Die kriegerische Eroberung und Missionierung der E. erfolgte im Verlauf des 13. Jh. dann durch die Dänen und durch den livländischen Zweig des Deutschen Ordens; 1346 verkaufte der dänische König Waldemar IV. seine nordestnischen Besitzungen an den Orden. Im Verlauf der Kämpfe zwischen Rußland, Schweden und Polen-Litauen um das livländische Ordensgebiet gelangten die nördlichen Landschaften des estnischen Gebiets 1584 als „Herzogthum Ehsten" an Schweden, später auch Livland (1621) mit seiner estnisch besiedelten Nordhälfte. 1710 mußten sich die Provinzen Estland und Livland Peter dem Großen unterwerfen, behielten aber eine weitgehende Verwaltungsautonomie, die ihren deutsch-protestantischen Charakter bewahrte.

Seit der Mitte des 19. Jh. machte sich – zeitgleich mit einer verstärkten Russifizierungspolitik – eine nationale Bewegung unter den E. bemerkbar, die sich zunächst in Anlehnung an die Russen gegen die deutschbaltische Oberschicht richtete. Finnische Einflüsse prägten die nationale Bewegung der E.. Neben Zeitschriften spielten in der estnischen nationalen Bewegung Vereine wie die beiden 1865 gegründeten Gesangvereine „Vanemuine" in Dorpat und „Estonia" in Reval eine wichtige Rolle. Die sozialökonomischen Voraussetzungen für die Entstehung einer nationalbewußten estnischen Führungsschicht waren die Mitte des 19. Jh. durchgeführten Agrareformen und die Entwicklung eines estnischen städtischen Bildungsbürgertums. Der Protest gegen die doppelte nationale Unterdrückung durch die russische Regierung und die deutsche Oberschicht kulminierte in der Revolution von 1905, in deren Verlauf die E. die Vereinigung des estnisch besiedelten Gebiets mit weitgehender Autonomie und estnischer Verwaltungssprache fordeten.

Nach der Februarrevolution 1917 in Rußland gelang es den E., von der russischen Provisorischen Regierung die adminstrative Vereinigung des estnisch besiedelten Gebiets und seine Unterstellung unter einen estnischen Gouvernementskommissar zu erreichen. Dem Gouvernementskommissar trat ein frei gewählter Landesrat (Maapäev) zur Seite, der in seiner Sitzung am 7. September erstmalig die Möglichkeit eines Ausscheidens aus dem russischen Staatsverband erwog. Die Oktoberrevolution in Rußland verstärkte diese Tendenz mit dem Ziel einer völligen Unabhängigkeit. Der Landesrat übertrug am 19.1.1918 die höchste Gewalt einem „Rettungskomitee", das die kurze Frist zwischen der Räumung Revals von den Bolschewiki und dem Einmarsch der Deutschen nutzte, um in der Nacht vom 24. auf den 25. Februar 1918 in einem feierlichen Manifest Estland zum selbständigen Freistaat zu proklamieren.

Im November 1918 annullierte Sowjetrußland den Brester Friedensvertrag, in dem es auf die ehemaligen baltischen Provinzen des Zarenreiches hatte verzichten müssen, und eröffnete eine Offensive gegen Estland, Lettland und Litauen. Einer sich rasch formierenden estnischen Armee gelang es mit Hilfe deutschbaltischer und vor allem finnischer Freiwilliger bis zum 24. Februar 1919, das gesamte Land wieder freizukämpfen. Bereits im April fanden die Wahlen zur Konstituierenden Versammlung statt, die – noch vor der Verabschiedung einer Verfassung – eine radikale Enteignung des (fast ausschließlich in deutschbaltischen Händen befindlichen) Großgrundbesitzes beschloß. Im Februar 1920 wurde der für Estland sehr günstige Dorpater Frieden unterzeichnet, in dem Sowjetrußland einen Gebietsstreifen am Ostufer der Narowa und das sogenannte Petschur-Gebiet an Estland abtrat. Damit wuchs die russische Minderheit in dem neuen Staat auf 8,2 % und war weit zahlreicher als die deutsche (1,7 %).

Die Behandlung der Minderheiten in Estland galt als vorbildlich.

Auch mit den Nachbarstaaten bestanden keine Unstimmigkeiten. Die stärksten politischen Gruppierungen waren der „Bund der Landwirte", geführt vom mehrmaligen „Staatsältesten" (= Ministerpräsident und gleichzeitig Staatsoberhaupt) Päts auf der Rechten, die Volkspartei in der Mitte und die Sozialdemokratie auf der Linken. Ein kommunistischer Aufstandsversuch in Reval am 1. Dezember 1924 konnte rasch niedergeworfen werden, doch trugen die Vielzahl der Parteien und die häufigen Regierungswechsel zur Krise des parlamentarischen Systems zu Beginn der 30er Jahre bei, die hauptsächlich durch die wirtschafltichen Schwierigkeiten infolge der Weltwirtschaftkrise ausgelöst worden war. Am 24. Januar 1934 trat eine neue Verfassung in Kraft, die die politsche Macht in die Hände eines Staatspräsidenten übergeben sollte. Eine antiparlamentarische und antiliberale Bewegung von rechts erzielte große Erfolge bei den darauffolgenden Kommunalwahlen, und so entschloß sich Päts zur Verhängung des Ausnahmezustands und regierte von nun an auf dem Dekreteweg. Die bürgerlichen Freiheiten wurden eingeschränkt, aber das autoritäre Päts-Regime in Estland zeigte bei weitem nicht solche nationalistische und minderheitenfeindliche Züge wie die gleichzeitige Ulmanis-Diktatur im benachbarten Lettland.

Wie Lettland und Litauen verlor auch Estland infolge des Hitler-Stalin-Pakts vom August 1939 seine Unabhängigkeit und wurde 1940 der Sowjetunion eingegliedert, der es nach zwischenzeitlicher deutscher Besetzung im II. Weltkrieg seither als Unionsrepublik angehört. Die Gesamtzahl der 1940/41 und seit 1945 in sowjetische Lager deportierten E. wird auf ca. 140 000 geschätzt. Eine starke Immigration von → Russen haben den Anteil der E. an der Gesamtbevölkerung der Estnischen SSR herabgedrückt und den der Russen gesteigert. Gegen die Überfremdung und Fremdbestimmung durch Moskauer Zentralbehörden wendet sich in letzter Zeit die mächtige estnische „Volksfront", deren Forderungen nach weitgehender Autonomie, Eindämmung der Immigration und Wiederbelebung der nationalen Traditionen von der neuen estnischen Partei- und Staatsführung voll unterstützt werden. Das führte im Dezember 1988 zu der als sensationell empfundenen estnischen „Souveränitätserkärung", die vom Obersten Sowjet in Moskau allerdings als klarer Verfassungsbruch zurückgewiesen wurde.

1987 hatte die Estnische SSR 1,55 Millionen Einwohner. Mit 65 % bilden die E. die größte Bevölkerungsgruppe vor den Russen mit 28 %. Ihnen folgen mit 3 % → Ukrainer und mit 2 % → Weißrussen sowie kleinere Gruppen anderer Nationalitäten.

Das Estnische bildet zusammen mit dem Livischen und Wotischen die Südwestgruppe der ostseefinnischen Sprachen der finnougrischen Sprachfamilie. Als Schrift wird das lateinische Alphabet benutzt. Das Estnische ist seit kurzem offizielle Staatssprache der Estnischen SSR.

Die E. sind überwiegend lutherisch-protestantische Christen.

Lit.: Raun, T. U.: Estonia and the Estonians. Hoover Inst. Press 1987; Wittram, R.: Baltische Geschichte. Die Ostseelande Livland, Estland, Kurland 1180–1918. Grundzüge und Durchblicke. Darmstadt 1973; Rauch, G. v.: Geschichte der baltischen Staaten. Stuttgart 1970; Uustalu, E.: The History of Estonian People. London 1952; Kruus, H.: Grundriß der Geschichte des estnischen Volkes. Tartu 1932; ders.: Histoire de l'Estonie. Paris 1935

Ewenen (Lamuten) EB.: Ewen Russ.: Eveny

12 000

Die E. leben vor allem an der Nordküste des Ochotskischen Meeres, auf der Halbinsel Kamtschatka und östlich der Lena in den nördlichen Rajonen der Jakutischen ASSR, RSFSR.

Die kulturell und sprachlich den → Ewenken nahe verwandten E. sind entweder tungusischen (ewenkischen) Ursprungs oder tungusierte Nachkommen eines nicht mehr existierenden paläoasiatischen Volkes. → Jukagiren gehörten ebenfalls zu ihren Vorfahren. In kleinen Ansiedlungen über weite Gebiete Ostsibiriens zerstreut haben sich die E. in Lebens- und Wirtschaftsweise → Jakuten, Ewenken, → Korjaken oder → Tschuktschen, unter denen sie leben, angepaßt. Wie ihre Nachbarn waren sie im 17. Jh. unter russische Herrschaft geraten.

Das Ewenische, das in zahlreiche Einzeldialekte zerfällt, gehört zu den mandschu-tungusischen Sprachen der uralisch-altaiischen Sprachfamilie. Literatursprachen sind Jakutisch und Russisch.

Die E. sind schamanische Animisten und orthodoxe Christen.

Lit.: Sarkisyanz, E.: Geschichte der orientalischen Völker Rußlands bis 1917. Eine Ergänzung zur ostslawischen Geschichte Rußlands. München 1961

Ewenken (Tungusen) EB.: Ewenk Russ.: Ėvenki

27 000

11,6 % der E. leben im Ewenkischen Autonomen Kreis (Hauptort: Tura) der Krasnojarsker Region, RSFSR. Der größte Teil der E. lebt zerstreut in den übrigen Gebieten Sibiriens vom Ob bis zur Küste des Ochotskischen Meeres.

Die E. oder Tungusen sind das am weitesten verbreitete Taiga- und Tundra-Volk Ostsibiriens. Ihre Vorfahren kamen ursprünglich aus dem Transbaikalgebiet und der Mandschurei. Als die Russen im 17. Jh. im Zuge der Eroberung Sibiriens auf E. stießen, war ein Teil von ihnen den → Burjäten tributpflichtig, an deren Lebensweise als Pferde- und Viehzüchter sich die südlichen E. angepaßt haben. Die vielleicht schon vor 2 000 Jahren Taiga und Tundra besiedelnden nördlichen E. sind dagegen Jäger und Rentierzüchter. Viele E. haben sich im Lauf der Zeit ihren Nachbarvölkern wie Burjäten, → Jakuten und → Russen assimiliert, bzw. sind in ihnen aufgegangen. Das Volk der E. besteht aus zahlreichen unterschiedlichen Territorialgruppen, die jeweils eigene Bezeichnungen trugen.

Das aus drei Dialekten bestehende Ewenkische gehört zu den mandschu-tungusischen Sprachen der uralisch-altaiischen Sprachfamilie. Es ist seit 1928 Literatursprache. Als Schrift wird das kyrillische Alphabet benutzt.

Die E. sind schamanische Animisten und orthodoxe Christen.

Lit.: Sarkisyanz, E.: Geschichte der orientalischen Völker Rußlands bis 1917. Eine Ergänzung zur ostslawischen Geschichte Rußlands. München 1961; Rupen, R.A.: Mongols of the Twentieth Century. Bloomington/ The Hague 1964

F

Farsen EB.: Farsi Russ.: Persy

→ Iraner

Finnen EB.: Suomi Russ.: Finny

77 000
Die F. leben überwiegend im Gebiet Leningrad und in der Karelischen ASSR, die beide zur RSFSR gehören.

Die F. sind in Karelien seit fast 2 000 Jahren ansässig, wo sie seit dem Mittelalter unter der Herrschaft der schwedischen Könige bzw. im Grenzgebiet zwischen schwedischer und russischer Einflußsphäre lebten. Die um Leningrad ansässigen F. sind Nachkommen von Einwanderern, die im 17. Jh. diese Gebiete besiedelten, als Ingermanland unter schwedischer Herrschaft stand. Seit Peter I. gehören diese Gebiete zu Rußland. Der nördliche Teil des heutigen Gebiets Leningrad war von 1809 bis 1940 finnisches Territorium.

Das Finnische gehört zur nördlichen Gruppe der ostseefinnischen Sprachen der uralischen (finnougrischen) Sprachfamilie.

Die F. sind evangelische Christen.

Lit.: Vuorela, T.: The Finno – Ugric Peoples. Bloomington/The Hague 1964; Jutikkala, F., Pirinen K.: Geschichte Finnlands. Stuttgart 1964

G

Gagausen EB.: Gagaus Russ.: Gagauzy

173 000
Die meisten G. leben im Süden der Moldauischen SSR, wo sie 3,3 % der Bevölkerung umfassen. Außerdem leben sie auch im angrenzenden Gebiet Odessa der Ukrainischen SSR.

Die G. sind Nachkommen von Flüchtlingen aus Bulgarien, die im Verlaufe der Türkenkriege des 18. und 19. Jh. nach Rußland kamen. Ihre Abstammung ist nicht ganz geklärt. Entweder handelt es sich um Nachkommen von Ogusen und Kumanen (Polowzern), die von den Bulgaren das orthodoxe Christentum übernahmen, oder um Bulgaren, die sich mit Resten von Türkstämmen vermischten, aber ihr orthodoxes Bekenntnis beibehielten. Die Sprache der Gagausen gehört zur ogusischen Gruppe der Türksprachen.

Die G. sind orthodoxe Christen.

Lit.: Grulich, R.: Die Gagausen. In: Glaube in der 2. Welt 12 (1984) 12, S. 15–16

Gaputen EB.: Gaput Russ.: Gaputlincy

→ Krysen

Georgier EB.: Kartveli Russ.: Gruziny

3,571 Millionen (1,36 % d. gesamten Bev. d. UdSSR)
96,1 % der G. leben als Titularnation in der Georgischen SSR (69 700 qkm, Hauptstadt: Tiflis).

Das Volk der G. ist aus der Vereinigung der autochthonen Kaukasischen (kartvelischen) Stämme und Gruppen der Kartlier, Kachetier, Gudamakaren, Mes'chier, Dschawachen, Ingiloi, Tuscha, Chewsuren, Pschawelier, Mochewi, Mtuilier, Imerelier, Ratschwelier, Letschchumelier, Gurier und Adscharen hervorgegangen. Aus den Überlieferungen der Antike geht hervor, daß die Vorfahren der modernen G. bereits einige Jahrhunderte v. Chr. im Kaukasus ansässig waren. Ihre Christianisierung erfolgte seit dem 4. Jh. von Armenien aus. Bis zum Ende des 10. Jh. standen die G. weitgehend unter dem Einfluß von Byzanz und Persien, die um die Hegemonie im Transkaukasus kämpften und nach heftigen Auseinandersetzungen die Region in zwei Einflußsphären teilten. Die Perser mußten im 8. Jh. den eindringenden Arabern weichen, die Ostgeorgien unter die Kontrolle der Kalifen brachten. Der Niedergang der Macht der Kalifen und eine Schwächeperiode des byzantinischen Reiches ermöglichten dann die Vereinigung fast ganz Georgiens unter der einheimischen Bagratiden-Dynastie. Im 12. Jh. konnte diese außerdem den größten Teil Armeniens unter ihre Herrschaft bringen. Dieses georgische Reich konnte sich mit wechselndem Erfolg – und seit dem 13. Jh. den Mongolen tributpflichtig – bis ins 15. Jh. hinein behaupten. Der inzwischen hoch entwickelte Feudalismus der G. führte dann zu einer Aufsplitterung des Reiches in Teilstaaten, deren Fürsten rasch zu Vasallen der ihren Einfluß auf Transkaukasien wieder ausdehnenden Perser und des aufsteigenden Osmanenreiches wurden. Seit dem Ende des 16. Jh. traten auch schon die russischen Zaren als Schutzherren vor allem der Königreiche Kachetien, Imerelien und Kartlien auf. Nach der kurzen Blüte eines ganz Ostgeorgien umfassenden transkaukasischen Königreiches unter Irakli II. in der zweiten Hälfte des 18. Jh. begann seit 1801 die schrittweise Annexion der Königreiche und Fürstentümer durch Rußland, das – meist auf die Bitte einzelner Herrscher – über die einzelnen Territorien zunächst Protektorate errichtete. Nach zahlreichen Aufständen wurden diese annektiert und so bis 1878 alle georgischen Gebiete dem russischen Reich eingegliedert. Beeinflußt von der kritischen russischen Intelligenz formierte sich gegen Ende des 19. Jh. eine schmale georgische Nationalbewegung, die im Widerstand gegen Russifizierungsversuch in die Rolle einer politischen Opposition hineinwuchs. Aus ihren Reihen entstanden eine georgische sozialdemokratische Gruppe – zu der auch Stalin gehörte -, in der später die Menschewiki dominierten, die auch die Unterstützung von Teilen der Landbevölkerung gewinnen konnten.

Auch nach der Oktoberrevolution blieben die Menschewiki die bestimmende politische Kraft in Georgien. Unter ihrer Führung erklärten die G. bereits im November 1917 ihre Unabhängigkeit von Rußland und bildeten mit Armenien und Aserbaidschan ein gegen die Türkei gerichtetes Transkaukasisches Kommissariat, das im April 1918 die Transkaukasische Demokratische Föderative Republik proklamierte. Diese zerbrach jedoch bald an internen Meinungsverschiedenheiten, und am 26. Mai 1918 erklärte sich Georgien zu einer unabhängigen Republik. Es folgten nun unter dem Schutz einer deutschen, später einer britischen Protektoratsmacht fast drei Jahre der Unabhängigkeit, die im Mai 1920 auch von Sowjetrußland anerkannt wurde. Nachdem die Bolschewiki jedoch den russischen Bürgerkrieg gewonnen hatten, eroberten ihre Truppen auch Georgien und proklamierten am 25. Februar 1921 die Georgische SSR. Gegen den Widerstand auch georgischer Bolschewiki wurde diese im Dezember 1922 mit Armenien und Aserbaidschan zur Transkaukasischen Sozialistischen Föderativen Sowjetrepublik zusammengeschlossen. Nach deren Auflösung erhielt Georgien im Dezember 1936 den Status einer SSR.

Die Sowjetisierung Georgiens stieß auf erheblichen Wiederstand. Erst nachdem sie im Sommer 1924 einen mehrwöchigen Aufstand der G. niedergeschlagen hatten, waren die Bolschewiki endgültig Herr der Lage. Eine breit angelegte Bildungskampagne und eine zielstrebig vorangestriebene Industrialisierung kennzeichneten die Entwicklung bis zum Ende der 20er Jahre. Mit Erfolg wurde auch die Anbaufläche für Tee, Tabak und Zitrusfrüchte als Schwerpunkt der landwirtschaftlichen Produktion erweitert. Ab 1929 wurden die überwiegend auf kleinen Höfen wirtschaftenden Privatbauern zwangskollektiviert. Damit setzte die Periode stalinistischer Zwangsmaßnahmen auch in Georgien ein, dessen Industrialisierung mit den Schwerpunkten Montan- und Maschinenbauindustrie sowie Energiegewinnung seit 1932 mit Brachialgewalt forciert wurde. Den Höhepunkt bildeten ab 1937 Säuberungen, denen fast die gesamte georgische Intelligenz- und Führungsschicht zum Opfer fiel.

Die Wirtschaft der modernen Georgischen SSR wird durch metallurgische Betriebe und hochentwickelte Branchen des Spezialmaschinenbaus – vor allem auch für den landwirtschaftlichen Bereich – bestimmt. In der Schwerindustrie dominieren der Abbau von Kupfer, Mangan und Steinkohle. Georgiens Landwirtschaft liefert ca. 95 % der gesamten sowjetischen Teeproduktion. Daneben ist der Weinanbau und die Produktion von Obst, Gemüse und Zitrusfrüchten von überregionaler Bedeutung, wobei sich die Erträge der privaten Landwirtschaft auf teilweise über 50 % der gesamten Ernte belaufen.

1987 hatte die Georgische SSR 5,3 Millionen Einwohner. Mit 69 % bilden die G. die größte Bevölkerungsgruppe vor → Armeniern und Russen mit 9 % und 7 %. Ihnen folgen → Aserbaidschaner, → Osseten und kleinere Gruppen anderer Nationalitäten.

Das Georgische gehört zum südwestlichen Zweig der kaukasischen Sprachen. Als Schrift dient das seit dem 5. Jh. gebräuchliche georgische Mchedruli – Alphabet.

Die G. sind mehrheitlich orthodoxe Christen.

Lit.: Sarkisyanz, E.: Geschichte der orientalischen Völker Rußlands bis 1917. Eine Ergänzung zur ostslawischen Geschichte Rußlands. München 1961; Lang, M. D.: A Modern History of Georgia. London 1962; Allen, W. E. D.: A History of the Modern Georgian People. From the Beginning down to the Russian Conquest in the Nineteenth Century. London[2] 1971

Georgische Juden EB.: – Russ.: Gruzinskie Evrei

Genaue Anzahl unbekannt. 1970: ca. 55 000
Die G. J. stammen aus dem Vorderen Orient, möglicherweise sind sie schon im 7. Jh. v. Chr. zur Zeit der assyrischen Eroberung Palästinas eingewandert; erhaltene Grabsteine bezeugen die Anwesenheit von Juden im 4. und 5. Jh. n. Chr. Die G. J. haben seit langem die georgische Sprache angenommen, das Hebräische aber als Kultsprache bewahrt. Sie gelten als besonders orthodox, waren in ihrer Religionsausübung auch weniger behindert als die Juden im europäischen Teil der UdSSR. Sie waren meistens im Kleinhandel und Handwerk tätig und wurden nach 1920 in Kooperative überführt. Von den 1970 gezählten ca. 55 000 G. J. wanderten mehr als zwei Drittel nach Israel aus.

Lit.: Georgia. In: Encyclopaedia Judaica, Bd. 7, Jerusalem 1971, Sp. 423–428

Giljaken EB.: Niwch Russ.: Giljaki

→ Niwchen

Ginuch EB.: Ginuch Russ.: Ginuch

→ Awaren

Godoberi EB.: Godoberi Russ.: Godoberincy

→ Awaren

Göklen EB.: Göklen Russ.: Goklan

→ Turkmenen

Golden EB.: Nani Russ.: Gol'dy

→ Nanaier

Griechen EB.: Romei, Ellines Russ.: Greki

343 800
Ungefähr 104 000 G. lebten nach der Volkszählung von 1959 in der ukrainischen SSR, hauptsächlich im Donezgebiet. S. auch → Kaukasische Griechen, → Urumer.

Griechische Siedlungen an der nördlichen Schwarzmeerküste entstanden noch vor dem 18. Jh. (auf die antike Besiedlung wird hier nicht eingegangen). Eine intensivere Einwanderung von G. setzte in der zweiten Hälfte des 18. Jh. ein, ausgelöst durch die verschiedenen russisch-türkischen Kriege. Auf der Krim wurden G. in Wehrdörfern angesiedelt. Das 1794 gegründete Odessa zog viele griechische Kaufleute an; in den 20er Jahren des 19. Jh. beteiligten sich die Schwarzmeergriechen am griechischen nationalen Befreiungskampf. Während des griechischen Bürgerkrieges 1946–1949 wurden zehntausende griechischer Kinder von den griechischen Kommunisten nach der UdSSR verschleppt.

Griechisch ist die älteste aller heute noch gesprochenen indoeuropäischen Sprachen. 56,8 % der in der UdSSR lebenden G. geben Russisch als ihre Muttersprache an.

Die G. sind orthodoxe Christen.

Gudamakaren EB.: – Russ.: Gudamakarcy

→ Georgier

Gurier EB.: Guruli Russ.: Gurijcy

→ Georgier

H

Hasaren EB.: Chasara, Berberi Russ.: Chezarejcy

Genaue Anzahl unbekannt. 1958 auf ca. 500 geschätzt

Die H. leben im Gebiet Mary der Turkmenischen SSR. Sie werden zu den → Turkmenen gezählt.

Die H. sind wahrscheinlich ursprünglich Mongolen oder Türken gewesen, die sich iranisiert haben.

Die H. sind überwiegend sunnitische Muslime.

Lit.: Akiner, S.: Islamic Peoples of the Soviet Union. London/Boston/Melbourne/Henley 1983

Hui EB.: Lao Chui Chui Russ.: Dungane

→ Dunganen

Hunsal EB.: Chunami Russ.: Chunzaly

→ Awaren

Huzulen EB.: Huzuly, Werchovynzy Russ.: Guculy

Anzahl unbekannt.

Zusammen mit → Lemken und → Boiken wurden sie bis zum II. Weltkrieg in Deutschland und Österreich als Karpato-Ruthenen bezeichnet. Die H. leben in den Gebieten Uschgorod, Iwano-Frankowsk und Czernowitz der Ukrainischen SSR.

Die H. sind eine vielleicht seit dem 10. Jh. in den Karpaten ansässige ethnographische Gruppe der → Ukrainer. Seit dem 14. Jh. gehörte der Norden ihres Territoriums zu Polen, der südliche Teil zu Ungarn. Nach der ersten polnischen Teilung 1772 lebten alle H. unter österreichischer Herrschaft. Von 1919 bis 1939/1940 war ihr Territorium zwischen Polen, der Tschechoslowakei und Rumänien aufgeteilt. 1945 wurden die H. mit dem ehemaligen Ostgalizien, der Karpaten-Ukraine und der Nordbukowina der UdSSR eingegliedert. Die H. werden zu den Ukrainern gezählt.

Das Huzulische ist ein ukrainischer Dialekt.

Die H. sind orthodoxe Christen.

Lit.: Magocsi, P. R.: The Shaping of a National Identity. Subcarpathian Rus', 1848–1948. Cambridge, Mass./London 1978; Senkiv. I.: Die Hirtenkultur der Huzulen. Eine volkskundliche Studie. Marburg/L. 1981

I

Imerelier EB.: Imereli Russ.: Imerelincy

→ Georgier

Ingiloi EB.: Ingiloj Russ.: Ingilojcy

Im 17. Jh. islamisierte → Georgier.

Ingrier EB.: Ingry Russ.: Ižorcy

→ Ischoren

Inguschen EB.: Galgai Russ.: Inguši

186 200
72,6 % der I. leben in der Tschetscheno-Inguschischen ASSR (19 300 qkm, Hauptstadt: Grosny), RSFSR.

Die I. bildeten ursprünglich einen Teil der → Tschetschenen, von denen sie sich abgespaltet haben, nach dem sie zu Beginn des 19. Jh. unter russische Herrschaft gekommen waren.

Nach der Oktoberrevolution wurde das Gebiet der I. ein Teil der 1921 formierten Gorskaja (Berg) ASSR. Nach deren Auflösung wurde im Juli 1924 ein Inguschisches Autonomes Gebiet eingerichtet, das 1934 mit dem der Tschetschenen zusammengelegt wurde und im Dezember 1936 den Status einer ASSR erhielt. Wegen angeblicher Kollaboration mit der deutschen Besatzungsmacht wurde deren gesamte Bevölkerung 1944 nach Zentralasien deportiert und die ASSR aufgelöst. Nach ihrer Rehabilitierung 1957 konnten die I. wieder in ihre restituierte, aber territorial etwas verkleinerte Republik zurückkehren.

Das Inguschische gehört zur nordöstlichen (veinachischen) Gruppe der kaukasischen Sprachen. Es ist seit 1923 Literatursprache. Als Schrift wird seit 1938 das kyrillische Alphabet benutzt.

Die I. sind sunnitische Muslime.

Lit.: Akiner, S.: Islamic Peoples of the Soviet Union. London/Boston/

Melbourne/Henley 1983; Bennigsen, A., Wimbush, S. E.: Muslims of the Soviet Empire. A Guide. London 1985

Iraner EB.: Irani, Farsi Russ.: Irancy, Persy

31 000
Die I. leben überwiegend in der Turkmenischen und in der Usbekischen SSR.

Die I. der Sowjetunion setzen sich aus zwei Gruppen zusammen: Aus Iranern und Farsen. Iraner waren schon immer als Kaufleute, Soldaten oder Gelehrte in den islamischen Staaten Zentralasiens präsent, wanderten in wechselnder Zahl ein und ließen sich hier nieder. Die Farsen sind dagegen die Nachkommen iranischer Sklaven und Gefangenen, die im 18. Jh. nach Buchara verschleppt worden waren. Bis 1926 wurden beide Gruppen getrennt gezählt. Inzwischen werden beide als Perser oder Iraner erfaßt.

Die Mehrzahl der sowjetischen I. spricht Usbekisch, Turkmenisch oder Tadschikisch.

Die I. sind schiitische Muslime.

Lit.: Akiner, S.: Islamic Peoples of the Soviet Union. London/Boston/Melbourne/Henley 1983

Iron-Osseten EB.: Iron Russ.: Ironcy

→ Osseten

Ischkaschimen EB.: Schikoschumi Russ.: Iskasimcy

Genaue Anzahl unbekannt. 1960: 500
Die I. leben am Wachan-Darja im Gorno-Badachschanischen Autonomen Gebiet (Hauptort: Chorog) der Tadschikischen SSR.

Die I. sind das kleinste Volk unter den Pamir-Völkern. Sie sind iranischer, also indoeuropäischer Herkunft. Mit der Annexion des Pamirgebiets um die Wende vom 19. zum 20. Jh. kamen sie unter russische Herrschaft. Die I. leben von der Landwirtschaft. Wegen ihrer zunehmenden Assimilierung an die → Berg-Tadschiken werden sie heute zu den → Tadschiken gezählt.

Das Ischkaschimische gehört zu den Pamirsprachen der östlichen Gruppe der iranischen Sprachen. Literatursprache ist Tadschikisch

Die I. sind ismailitische Muslime.

Lit.: Akiner, S.: Islamic Peoples of the Soviet Union. London/Boston/Melbourne/Henley 1983

Ischoren (Ingrier) EB.: Ingry, Inkeriot Russ.: Ižorcy

748

Die I. leben in den Rajonen Lomonosow und Kingisepp des Gebiets Leningrad, RSFSR.

Die I. waren offenbar um 1100 über die karelische Landenge nach Süden vorgedrungen, hatten sich zunächst südlich der Newa am Fluß Ischora niedergelassen und sich von dort aus in westliche Richtung verbreitet, wobei sie zu Nachbarn der → Woten wurden. Wie diese gerieten sie früh unter slawischen Einfluß, wurden von Nowgorod aus christianisiert und gehörten zum wotische Fünftel, dem nördlichen Verwaltungsbezirk der Stadtrepublik. Mit der Unterwerfung Nowgorods durch Iwan III. Ende des 15. Jh. kamen sie unter die unmittelbare Herrschaft Moskaus, unter der sie – bis auf eine kurzfristige schwedische Besetzung zu Beginn des 17. Jh. - bis heute blieben.

Das Ischorische gehört zur nördlichen Gruppe der ostseefinnischen Sprachen. Es wird heute nur noch von wenigen gesprochen, denn die I. haben sich vor allem in den Städten schon sehr früh russifiziert. Literatursprache ist das Russische.

Die I. sind orthodoxe Christen.

Lit.: Haarmann, H.: Die finnisch-ugrischen Sprachen. Soziologische und politische Aspekte ihrer Entwicklung. Hamburg 1974; Matley, I. M.: The Dispersal of the Ingrian Finns. In: Slavic Review 38 (1979), S. 1 – 16; Amburger, E.: Ingermanland. Eine junge Provinz Rußlands im Wirkungsbereich der Residenz und Weltstadt St. Petersburg – Leningrad. Köln/Wien 1980

Itelmenen (Kamtschadalen) EB.: Itel'men Russ.: Itel'meny

1 400
Die I. leben im Korjakischen Autonomen Kreis des Gebiets Kamtschatka, RSFSR.

Die I. bildeten ursprünglich ein zahlreiches Volk, das auf der gesamten Halbinsel Kamtschatka und den Kurilen-Inseln ansässig war, wo sie vor allem von Fischerei und der Jagd auf Meeressäuger lebten. Nach der Eroberung der Kamtschatka um die Wende des 17. zum 18. Jh. kamen sie unter russische Herrschaft. Im 18. und 19. Jh. wurden viele I. Opfer eingeschleppter Epidemien, so daß ihre Anzahl immer weiter zurückging. „Verluste" gab es auch durch Russifizierung und Vermischung mit der zugezogenen russischen Bevölkerung.

Das Itelmenische gehört zur tschuktschischen Gruppe der paläoasiatischen Sprachen. Literatursprache ist Russisch.

Die I. sind schamanische Animisten.

Itkanen EB.: Itkan Russ.: Itkancy

→ Korjaken

J

Jagnobi EB.: Jagnob Russ.: Jagnobcy

Genaue Anzahl unbekannt. 1966: 2 000
Die J. leben am Fluß Jagnob im Gorno-Badachschanischen Autonomen Gebiet (Hauptort: Chorog) der Tadschikischen SSR.

Die in ihrer Lebensweise den → Berg-Tadschiken und Pamirvölkern nahe verwandten J. sind wahrscheinlich direkte Nachfahren der Sogden. Darauf weisen jedenfalls die Eigenarten ihrer Sprache hin. In ihr haben sich Reste der nicht mehr existierenden Sprache der Sogden erhalten, die unter den Vorfahren der heutigen ostiranischen Völker waren. Inzwischen werden die J. zu den → Tadschiken gezählt.

Das Jagnobische gehört zur östlichen Gruppe der iranischen Sprachen. Literatursprache ist Tadschikisch.

Die J. sind sunnitische Muslime.

Lit.: Akiner, S.: Islamic Peoples of the Soviet Union. London/Boston/ Melbourne /Henley 1983

Jakuten EB.: Sacha Russ.: Jakuty

328 000

95,7 % der J. leben als Titularnation in der Jakutischen ASSR (3 103 200 qkm, Hauptstadt: Jakutsk)

Stammesentwicklung und Herkunft der J. sind bis heute nicht ganz aufgeklärt. Dieses türksprachige Volk stammt aller Wahrscheinlichkeit nach sowohl von mongolischen wie von Türkstämmen ab. Eine noch ältere, vor dem Entstehen dieser Völker liegende Herkunft ist auch nicht auszuschließen. Im Laufe ihrer Geschichte haben sich die J. außerdem mit anderen, vor allem an der Lena ansässigen Völkern vermischt bzw. sich deren Lebenweise angepaßt. Die urspünglich vor allem in den Gebieten um den Baikalsee lebenden Rinder- und Pferdenomaden sind seit dem 13. Jh. nachdrängenden Mongolen in mehreren Wellen die Lena entlang in den Norden Sibiriens ausgewichen. Damit einher ging der Verlust einiger entwickelter Kulturtechniken wie die einer eigenen Schrift. Der größere Teil der J. ließ sich zu beiden Seiten der mittleren, ein kleinerer Teil auch an der unteren Lena nieder. Im 17. Jh. war die Stammesentwicklung der auf ihrer Wanderung zahlreiche andersethnische Gruppen aufnehmenden J. abgeschlossen. Indem sie sich den in ihren neuen Territorien vorgefundenen Lebensweisen anpaßten, sind die nördlichen J. Jäger, Fischer und Rentierzüchter geworden, während bei den südlichen nach wie vor Rinder- und Pferdezucht die entscheidende Rolle spielten. In der ersten Hälfte des 17. Jh. wurden die J. von den Russen unterworfen, wobei ihren Stammesführern gewisse Autonomierechte eingeräumt blieben, die erst in der zweiten Hälfte des 19. Jh. zugunsten einer direkten Kontrolle durch die zarische Verwaltung eingeschränkt und schließlich abgeschafft wurden. Die Christianisierung der J. erfolgte seit dem Beginn des 18. Jh.; sie konnte jedoch die traditionelle schamanische

Religion nie ganz verdrängen. Ein sich im ersten Jahrzehnt des 20. Jh. als Reaktion auf die immer stärker werdenden russischen Kultureinflüsse manifestierender jakutischer Nationalismus eröffnete das erste Kapitel der modernen Geschichte der J. und leitete mit ersten Ansätzen in Literatur und Wissenschaft eine Erneuerung der jakutischen Kultur ein.

Nach der Oktoberrevolution wurde im April 1922 die Jakutische ASSR proklamiert, deren riesiges Territorium an Fläche nur von der RSFSR übertroffenen wird, zu der sie gehört. Ein sehr großer Teil der natürlichen Ressourcen Sibiriens, u. a. die größten Braunkohlevorkommen der UdSSR, liegen in der von nur 852 000 Menschen beohnten ASSR,

Das Jakutische gehört zur uigurischen Gruppe der östlichen Türksprachen. Es ist seit 1905 Literatursprache. Seit 1931 wird als Schrift das kyrillische Alphabet benutzt.

Die J. sind orthodoxe Christen und schamanische Animisten.

Lit.: Sarkisyanz, E.: Geschichte der orientalischen Völker Rußlands bis 1917. Eine Ergänzung zur ostslawischen Geschichte Rußlands. München 1961; Akiner, S.: Islamic Peoples of the Soviet Union. London/Boston/Melbourne/Henley 1983; Okladnikov, A. P.: Yakutia before its Incorporation into the Russian State. Ed. by H.N. Michael. Montreal/London1970

Jasgulemen EB.: Sgamik Russ.: Jazgulemcy

Genaue Anzahl unbekannt. 1960: 2 000

Die J. leben am Fluß Jasgulem im Gorno-Badachschanischen Autonomen Gebiet (Hauptort: Chorog) der Tadschikischen SSR.

Die J. gehören zu den Pamirvölkern. Sie sind iranischer, also indoeuropäischer Herkunft. Sie leben vorwiegend von der Landwirtschaft. Mit der Annexion des Pamirgebietes kamen sie um die Wende vom 19. zum 20. Jh. unter russische Herrschaft. Durch ihre zunehmende Assimilierung an die → Berg-Tadschiken werden sie heute zu den → Tadschiken gezählt.

Das Jasgulemische gehört zu den Pamirsprachen der östlichen Gruppe der iranischen Sprachen.

Die J. sind ismailitische Muslime.

Lit.: Akiner, S.: Islamic Peoples of the Soviet Union. London/Boston/Melbourne/Henley 1983

Jaswa-Permjaken EB.: Komi Mort Russ.: Jaz'vinskie Permjaki

Anzahl unbekannt. 1959: 4 000
Die J.-P. leben am Jaswa-Fluß im Rajon Krasnowischewsk im Gebiet Perm, RSFSR.

Die J.-P. sind eine territoriale Sondergruppe der → Komi, von denen sie sich lediglich durch einen eigenen Dialekt unterscheiden. Sie werden heute zu diesen gezählt.

Das Jaswa-Permjakische ist ein Dialekt des Komi-Syrjänischen, das zur permischen Gruppe der finnougrischen Sprachen gehört.

Die J.-P. sind orthodoxe Christen, zum Teil auch Altgläubige.

Jenissej-Ostjaken EB.: Ket Russ.: Enisejskie Ostjaki

→ Keten

Jomuden EB.: Jomud Russ.: Jomuty

→ Turkmenen

Juden EB.: – Russ.: Evrei

1,811 Millionen (0,69 % d. gesamten Bev. d. UdSSR)
Nur 10 166 J. leben im Jüdischen Autonomen Gebiet (Hauptort: Birobidschan) der Chabarowsker Region, RSFSR, im Fernen Osten an der Grenze zur Volksrepublik China. Der größte Teil der J. lebt im europäischen Teil der UdSSR, vor allem in den großen Städten. Kleinere Gruppen (→ Bergjuden, → Bucharische Juden, → Georgische Juden) leben in Georgien, im östliche Kaukasusgebiet und in Zentralasien.

Bereits zur Zeit der Kiewer Rus hatten sich J. auf dem Territorium der heutigen UdSSR niedergelassen, hauptsächlich in den griechischen Kolonien am Nordufer des Schwarzen Meeres und im Reich der Chasaren, eines Türkvolkes im nordpontischen Raum, dessen Oberschicht die jüdische Religion angenommen hatte. Von dorther hatten sich J. auch in der Stadt Kiew angesiedelt. Im Großfürstentum Moskau traten sie aber nur sporadisch auf, die ständige Niederlassung war ihnen verboten. Seit dem 15. Jh. wurde das polnisch-litauische Reich zum wichtigsten Zentrum der Judenheit, da viele J. aus Mitteleuropa, von Privilegien polnischer Herrscher angezogen, die wirtschaftlichen Möglichkeiten nutzten, die ihnen der wirtschaftlich zurückgebliebene Osten bot. Der Verfall der polnischen Königsmacht und die Konflikte Polens mit seinen östlichen Nachbarn (Kosaken, Großfürstentum Moskau) wirkten sich auch für die Ostjuden (Aschkenasim) verhängnisvoll aus. Obwohl der jüdische Handel in den südlichen Grenzgebieten Rußlands eine positive Rolle hätte spielen können, wurden J. auch unter Peter dem Großen und seinen Nachfolgern vom Russischen Reich ferngehalten, bis die erste Teilung Polens 1772 einen nennenswerten Zuwachs jüdischer Bevölkerung brachte, der durch die zweite und dritte Teilung Polens (1793 und 1795) sich noch erheblich vergrößerte. In den 90er Jahren des 18. Jh. wurde der jüdische Ansiedlungsrayon festgelegt, dessen Ostgrenze im wesentlichen mit der des polnisch-litauischen Reiches von 1772 übereinstimmte, aber auch Neurußland (die Gebiete an der nördlichen Schwarzmeerküste) umfaßte. Außerhalb dieses Rayons war J. nur unter gewissen Bedingungen ein meistens befristeter Aufenthalt erlaubt. Innerhalb des Rayons wurde immer wieder versucht, den J. die Ansiedlung auf dem Lande zu verwehren oder sie rückgängig zu machen mit der Folge, daß der größte Teil der jüdischen Bevölkerung, die im Jahre 1880 im ganzen Reich (einschließlich des Königreichs Polen) auf ca. vier Millionen angewachsen war, in den größeren Städten oder in kleinen städtisch-dörflichen Ansiedlungen (Schtetl) zusammengepfercht leben mußte. In vielen kleinen und mittleren Städten bildeten J. die Mehrheit der Bevölkerung. In den 80er Jahren des 19. Jh. setzte die große Auswanderungswelle nach Mitteleuropa und Nordamerika ein, ausgelöst durch zunehmende Armut und die sich häufenden Pogrome. Der I. Weltkrieg brachte die faktische Aufhebung des Ansiedlungsrayons, die rechtliche Aufhebung erfolgte nach der Februarrevolution von 1917.

Nach der Oktoberrevolution wurde die jüdische Religion, das wichtigste Merkmal der jüdischen Identität, wie die der anderen Völker auch, zur Privatsache erklärt, was die gläubigen J. besonders hart treffen mußte. In der UdSSR wurden die J. als Nationalität anerkannt und eine weltliche jüdische Kultur mit jiddischer Sprache staatlich gefördert, der Unterricht in hebräischer Sprache und deren öffentlicher Gebrauch aber verboten. Dennoch gaben immer mehr J. die jiddische Sprache zugunsten des Russischen auf, ein Vorgang, der im übrigen Osteuropa seine Parallelen findet. Im Jahre 1979 bekannten sich nur noch 14,2 % aller sowjetischen J. zur jiddischen Muttersprache. 1934 wurde in Ostsibirien ein autonomes jüdisches Gebiet geschaffen, nach dem Hauptort auch Birobidschan genannt, das aber von wesentlich mehr Nichtjuden als J. besiedelt wurde und aus klimatischen Gründen keine wirtschaftliche Bedeutung erlangen konnte.

Während der ersten beiden Jahrzehnte der Sowjetmacht traten in der ökonomischen Struktur der J. entscheidende Veränderungen ein. Sie hatten nunmehr Zugang zu allen Berufen, die großen Städte Moskau und Leningrad standen ihnen offen, die traditionellen Beschäftigungen in Handel und Handwerk waren nicht mehr gefragt. Dafür wuchs der Anteil der J. an Facharbeitern, in den technischen und akademischen Berufen, auch landwirtschaftliche Kolonien wurden gegründet. Nach dem Abschluß des deutsch-sowjetischen Nichtangriffspakt 1939 konnte die UdSSR auf Grund des geheimen Zusatzprotokolls sich Ostpolen, Litauen, Lettland, Bessarabien und die Nordbukowina einverleiben, Gebiete mit einer zahlreichen jüdischen Bevölkerung (ca. 1 900 000), die zum größten Teil noch in den traditionellen jüdischen Lebensformen verwurzelt war. Teile dieser Bevölkerung wurde als bourgeoise oder kapitalistische Elemente ins Innere des Landes deportiert (genauere Zahlen sind nicht bekannt). Die Verluste der sowjetischen Judenheit durch den Holocaust können nur geschätzt werden, zumal die meisten Zahlenangaben hierzu auf Statistiken vor den Grenzverschiebungen seit 1939 beruhen. Auf dieser Basis wird für die vor dem September 1939 in der UdSSR lebende jüdische Bevölkerung ein Verlust von 700 000 geschätzt, für die in den Grenzen vom Juni 1941 lebende sind ca. 2 Millionen berechnet worden. Von den 500 000 in den sowjetischen Streitkräften dienenden J. sind wahrscheinlich 200 000 gefallen. Nach der Zahl der militärischen Auszeichnungen nahmen die J. unter den Völkern der UdSSR den vierten Platz ein.

Nachdem die UdSSR in der UNO noch die Schaffung des Staates Israel befürwortete hatte, begannen im Herbst 1948 die „schwarzen Jahre“ der sowjetischen Judenheit; die Kampagne gegen den „Kosmopolitismus“ trug unübersehbar antisemitische Züge. Nach

Stalins Tod wurden die Repressionsmaßnahmen gestoppt, die Diskriminierungen im beruflichen Bereich aber wurden fortgesetzt, auch die Religionsausübung wurde wieder erschwert. In begrenztem Umfang wurde aber in den 70er Jahren die Auswanderung von J. gestattet; von dieser Möglichkeit machten 1971–1984 200 000 Personen Gebrauch.

Lit.: Gitelman, Z.: A Century of Ambivalence. The Jews of Russia and the Soviet Union, 1881 to the Present. New York 1988; Schwarz, S. M.: The Jews in the Soviet Union. Syracuse 1951; Haustein, U.: Die Judenheit auf dem Boden des Russischen Reiches. In: Glaube in der 2. Welt, 16. Jg. (1988) 1, S. 15 – 26

Jukagiren EB.: Odul Russ.: Jukagiry

900

Die J. leben im Gebiet Magadan und im Nordosten der Jakutischen ASSR, RSFSR.

Die J. sind paläoasiatischer Herkunft. Bis zum 17. Jh. waren sie ein zahlreiches Volk, das – in verschiedene Stämme geteilt – in den Gebieten zwischen der unteren Lena im Westen und der Anadyr-Mündung im Osten von Fischfang und Jagd lebte. Nach zähem und langem Widerstand wurden sie Ende des 17. Jh. von den Russen unterworfen. Seit dem 18. Jh. nahm ihre Zahl – bedingt durch Pokken- und andere Epidemien sowie durch Assimilierung an ihre Nachbarvölker – stetig ab. Heute existieren die J. noch in zwei Territorialgruppen, die sich sprachlich stark unterscheiden, an der oberen Kolyma sowie in der Tundra zwischen der Indigirka und der unteren Kolyma.

Das Jukagirische ist eine paläoasiatische Sprache. Literatursprache ist Russisch und Jakutisch.

Die J. sind schamanische Animisten.

Lit.: Jochelson, V. I.: The Yukaghir and the Yukaghirized Tungus. New York 1975

Jurak-Samojeden EB.: Nenez Russ.: Juraki

→ Nenzen

Jutschi EB.: Jutschi Russ.: –

→ Enzen

K

Kabardiner EB.: Keberdei Russ.: Kabardincy

322 000

94,4 % der K. leben in der Kabardino – Balkarischen ASSR (12 500 qkm, Hauptstadt: Naltschik), RSFSR.

Die K. gehören zu der Gruppe der → Tscherkessen bzw. → Adygejer, die zu den autochthonen Stämmen des Nordkaukasus zählen und ursprünglich als Halbnomaden im Kubangebiet lebten. Im 13. Jh. kamen diese Stämme unter die Herrschaft der Mongolen der Goldenen Horde. In deren Auflösungsphase trennten sich die K. wahrscheinlich zu Beginn des 15. Jh. von den übrigen Tscherkessen und zogen in das Terekbecken, wo sie sich mit Teilen der im Mongolensturm untergegangen (iranischen) Alanen vermischten. Sie errangen eine gewisse Vormachtstellung gegenüber ihren nichttscherkessischen Nachbarstämmen, gerieten selbst jedoch zu Beginn des 16. Jh. unter die Tributherrschaft der → Krimtataren. Seit dem 6. Jh. teilweise christianisiert, wurden die K. nun von den Krimtataren islamisiert. Gegen diese suchten sie bei den Russen Hilfe und wurden so seit der zweiten Hälfte des 16. Jh. Verbündete der Moskauer Zaren. Im 18. Jh. war das Gebiet der K., die Kabarda, Streitobjekt der expandierenden Reiche von Persern, Türken und Russen. 1774 wurden die K. dem russischen Reich eingegliedert, das ihnen im Innern eine gewisse Autonomie ließ, die jedoch bis zum Beginn des 19. Jh. trotz heftigen Widerstands nach und nach eingeschränkt wurde

Nach der Oktoberrevolution wurde im September 1921 die Kabarda zum Kabardinischen Autonomen Gebiet erklärt, das im Januar 1922 mit dem Nationalen Kreis der → Balkaren zusammengelegt und zum Kabardino-Balkarischen Autonomen Gebiet umgewandelt wurde. Dieses erhielt im Dezember 1936 den Status einer

ASSR, die nach der Deportation der Balkaren 1944 in Kabardinische ASSR umbenannt wurde. Als 1957 die Balkaren in ihre Heimat zurückkehren durften, erhielt die Republik wieder ihre ehemalige Bezeichnung.

Das Kabardinische gehört zu den nordostkaukasischen Sprachen. Es ist seit der Mitte des 19. Jh. Literatursprache. Als Schrift wird seit 1936 das kyrillische Alphabet benutzt.

Die K. sind sunnitische Muslime

Lit.: Akiner, S.: Islamic Peoples of the Soviet Union. London/Boston/Melbourne/Henley 1983; Bennigsen, A.; Wimbush, S. E.: Muslims of the Soviet Empire. A Guide. London 1985; Sarkisyanz, E.: Geschichte der orientalischen Völker Rußlands bis 1917. Ein Ergänzung zur ostslawischen Geschichte Rußlands. München 1961

Kachetier EB.: Kacheli Russ.: Kachatincy

→ Georgier

Kaitaken EB.: Kajtak Russ.: Kara-Kajtaki

→ Darginer

Kalmes EB.: Kalmes Russ.: Kalmez

→ Udmurten

Kalmücken (Oiraten) EB.: Chalmg Russ.: Kalmyki

147 000
83 % der K. leben als Titularnation in der Kalmückischen ASSR, (75 900 qkm, Hauptstadt: Elista), RSFSR.

Die K. sind die Nachkommen westmongolischer, oiratischer, Stämme, die um die Jahrtausendwende in den Gebieten zwischen Altai- und Tienschan-Gebirge nomadisierten. Sie bildeten dort seit dem Ende des 14. Jh. ein mächtiges Oiratenreich, das Ende des 15. Jh. unter die Herrschaft der → Chalcha-Mongolen kam. Erneuert wurde das Oiratenreich, dessen größte Stämme die Torguten, Chomuten und Derpenten waren, im 17. Jh. unter der Führung der

Khane des Dzungaren-Stammes. Vor dem Zugriff des expandierenden chinesischen Mandschu-Reiches wich ein großer Teil der K. nach Westen in die Steppengebiete nördlich des Kaspischen Meeres aus, wo sie sich Gruppen der zwischen Ural und unterer Wolga nomadisierenden Türkvölker unterwarfen und assimilierten. Im 18. Jh. waren K. schließlich bis in die Kosakengebiete an Don und Kuban vorgedrungen. Seit dem Beginn des 18. Jh. schlossen sie Bündnisse mit den russischen Zaren, die trotz immer wieder aufflammender Gegenwehr allmählich zu Oberherren der K. wurden. Um der Eingliederung in das russische Reich zu entgehen, zog die große Masse der K. 1771 in einem großen Treck nach Osten, wo sie sich unter dem Schutz der chinesischen Kaiser wieder in der Dzungarei niederließen. Die zurückgebliebenen kamen endgültig unter russische Herrschaft, wobei sie ihr Nomadenleben nach und nach aufgeben und sich teilweise in die Kosakenkolonien eingliedern lassen mußten.

Nach der Oktoberrevolution kämpften viele K. in den Verbänden der antisowjetischen „weißen" russischen Generäle. Nicht wenige folgten dann ihren Generälen nach der Niederlage 1920 in die Emigration.

Im November 1920 wurde an der unteren Wolga ein Autonomes Gebiet der K. gebildet, das im Oktober 1935 den Status einer ASSR erhielt. Diese wurde im Dezember 1943 aufgelöst und die kalmükkische Bevölkerung wegen Kollaboration mit der deutschen Besatzungsmacht – was nur sehr bedingt der Wahrheit entsprach – nach Sibirien deportiert. Erst im Januar 1957 wurde wieder ein Kalmükkisches Autonomes Gebiet eingerichtet; ein Jahr später bekam es auch den Status einer ASSR zurück.

Das Kalmückische gehört zu der westliche Gruppe der mongolischen Sprachen. Es ist seit dem 17. Jh. Literatursprache. Als Schrift wird seit 1938 das kyrillische Alphabet benutzt.

Die K. sind lamaistische Buddhisten.

Lit.: Rubel, P. G.: The Kalmyk Mongols. A Study in Continuity and Change. Bloomington/ The Hague 1967; Loewenthal, R.: The Fate of the Kalmuks and of the Kalmuk ASSR: A Case Study in the Treatment of Minorities in the Soviet Union. Washington, D. C. 1952; Kappeler, A.: Rußlands erste Nationalitäten. Das Zarenreich und die Völker der Mittleren Wolga vom 16. bis 19. Jahrhundert. Köln/Wien 1982

Kamenen EB.: Kamen Russ.: Kamency

→ Korjaken

Kamtschadalen EB.: Kamtschadal Russ.: Kamčadaly

→ Itelmenen

Kaputschi EB.: Kaputschias Suko Russ.: Kapučincy

→ Awaren

Karäer (Karaiten, Karaimen) EB.: Karaim Russ.: Karaimy

3 300

Die K. leben auf der Krim, die zur Ukrainischen SSR gehört, sowie in der Litauischen SSR.

Ursprünglich waren die K. eine im 8. Jh. in Vorderasien entstandene jüdische Sekte, die nur das Alte Testament anerkannte, den Talmud aber ablehnte. Sie hatte später in Byzanz ihr Zentrum und wanderte von dort nach der Krim und Südrußland aus, wo sie maßgeblichen Anteil an der Bekehrung der Oberschicht des Türkvolks der Chasaren zum jüdischen Glauben hatte. Die heutigen K. sind höchstwahrscheinlich Nachkommen von Chasaren und Kumanen. Anfang des 15. Jh. soll der litauische Großfürst Witold einige hundert karäischen Familien in Litauen angesiedelt haben, doch gibt es Zeugnisse schon für ihre frühere Anwesenheit in litauischen Gebieten.

Die Sprache der K. gehört zur kiptschakischen Gruppe der Türksprachen. Die K. haben eine reiche theologische Literatur hervorgebracht, die in hebräischer Sprache geschrieben wurde, zeitweilig auch in Arabisch. Der karäischen Sprache bedienten sich 1970 noch 585 Sprecher.

Lit.: Karaites. In: Encyclopaedia Judaica, Bd. 10, Jerusalem 1971, Sp. 761 – 785

Karagassen EB.: Tofa Russ.: Karagasy

→ Tofalaren

Karagen EB.: Karaga Russ.: Karagincy

→ Korjaken

Karaimen EB.: Karaim Russ.: Karaimy

→ Karäer

Karaiten EB.: Karaim Russ.: Karaimy

→ Karäer

Karakalpaken EB.: Karakalpak Russ.: Karakalpaki

303 000
93,1 % der K. leben als Titularnation in der Karakalpakischen ASSR (165 600 qkm, Hauptstadt: Nukus), die zur Usbekischen SSR gehört.

Die K. sind aus der Vermischung autochthoner, am Aralsee lebender iranischsprachiger Völkerschaften mit seit dem 6. Jh. immer wieder eindringenden Türkvölkern hervorgegangen. Nach dem Niedergang der mongolischen Goldenen Horde, unter deren Herrschaft sie seit dem 13. Jh. standen, lebten sie in freien Stammesverbänden als Halbnomaden am unteren Syr-Darja. Im 17. Jh. kamen sie teils unter die Herrschaft der → Kasachen, teils auch unter die des Khanats von Buchara. Von Kasachen und einfallenden (mongolischen) Dzungaren bedrängt, wich eine Gruppe der K. in das Fergana-Tal aus, wo sie sich den → Usbeken anschlossen. Der größte Teil der K. zog aber in das Amur-Darja-Delta an den Aralsee. Hier kamen sie zu Beginn des 19. Jh. unter die Herrschaft des Khans von Chiwa. Die rechts des Amur-Darja siedelnden K. gerieten 1873 durch die Annexion ihres Gebietes unter russische Herrschaft, während der Rest unter der Gewalt des bis 1920 als russisches Protektorat weiterexistierenden Khanats von Chiwa blieb.

Nach der Oktoberrevolution wurde 1920 das Khanat Chiwa durch die Choresmische Sowjetische Volksrepublik ersetzt, die 1924 aufgelöst wurde. Aus Teilen ihres Territoriums und mit dem seit 1918 zur Turkestanischen ASSR gehörenden Teils Karakalpakiens rechts des Amur-Darja wurde im gleichen Jahr ein Karakalpakisches Autonomes Gebiet im Rahmen der Kirgisischen ASSR gebildet, die zur RSFSR gehörte. 1932 erhielt das Autonome Gebiet der K. den Status einer ASSR, die im Dezember 1936 der Usbekischen SSR angeschlossen wurde.

Das Karakalpakische gehört zur kiptschakischen Gruppe der westlichen Türksprachen. Es ist seit 1924 Literatursprache. Seit 1957 dient als Schrift das kyrillische Alphabet.

Die K. sind sunnitische Muslime.

Lit.: Akiner, S.: Islamic Peoples of the Soviet Union. London/Boston/Melbourne/Henley 1983

Kara-Nogaier EB.: Kara Nogai Russ.: Černye Nogajcy

→ Nogaier

Karapapachen EB.: Karapapach Russ.: Karapapachi

Genaue Anzahl unbekannt. 1926: 6 300

Die K. sind eine kleine Gruppe ehemaliger turkmenischer Halbnomaden, die seit dem Ende des 19. Jh. an der georgischen und armenischen Grenze zur Türkei lebten. 1944 wurden die K. zusammen mit Türken und türkisierten Gruppen des Grenzgebietes – den sogenannten Mes'cheten – nach Zentralasien deportiert. Die K. sind weitgehend von den → Aserbaidschanern assimiliert worden, zu denen sie heute gezählt werden.

Die K. sprechen Aserbaidschanisch oder Türkisch.

Die K. sind Muslime unterschiedlicher Denomination.

Lit.: Bennigsen, A., Wimbush, S. E.: Muslims of the Soviet Empire. A Guide. London 1985

Karata EB.: Kirtle Russ.: Karatincy

→ Awaren

Karatschaier EB.: Karatschai Russ.: Karačaevcy

131 000
83,2 % der K. leben im Karatschaiisch-Tscherkessischen Autonomen Gebiet (Hauptort: Tscherkessk) der Stawropoler Region, RSFSR.

Die K. sind wie die mit ihnen nahe verwandten → Balkaren Nachkommen kiptschakischer Türkstämme. Sie sind bis zum 15. Jh. in den Nordkaukasus eingewandert und dort von → Tscherkessen und → Kabardinern in die Berge am oberen Kuban abgedrängt worden, wo sie sich mit Teilen der untergegangen Alanen sowie mit der ansässigen kaukasischen Bevölkerung vermischt und sich ihr assimiliert haben. Die vorwiegend von der Schafzucht lebenden K. waren meist von ihren mächtigeren Nachbarvölkern, von Tscherkessen, → Nogaiern und → Krimtataren abhängig, von denen sie im 17. Jh. islamisiert wurden. Zu Beginn des 19. Jh. kamen sie unter russische Herrschaft.

Nach der Oktoberrevolution wurde im Januar 1922 das Karatschaiisch-Tscherkessische Autonome Gebiet eingerichtet, das im April 1926 in einen Nationalen Kreis der Tscherkessen und ein Karatschaiisches Autonomes Gebiet geteilt wurde. Im März 1944 wurde die gesamte karatschaiische Bevölkerung wegen angeblicher Kollaboration mit der deutschen Besatzungsmacht nach Zentralasien deportiert und ihr Gebiet aufgelöst. Nach ihrer Rehabilitierung 1957 konnten die K. in ihre Heimat zurückkehren, wo das Karatschaiisch-Tscherkessische Autonome Gebiet restituiert wurde.

Das Karatschaiische gehört zur kiptschakischen Gruppe der westlichen Türksprachen. Es ist seit 1924 Literatursprache. Als Schrift wird seit 1936 das kyrillische Alphabet benutzt.

Die K. sind sunnitische Muslime.

Lit.: Akiner, S.: Islamic Peoples of the Soviet Union. London/Boston/Melbourne/Henley 1983; Bennigsen, A.; Wimbush, S. E.: Muslims of the Soviet Empire. A Guide. London 1985

Karelier EB.: Kar'jalaschet Russ.: Karely

138 000

Die K. leben in zwei getrennten, in sich geschlossenen Siedlungsgebieten innerhalb der RSFSR: Etwa 59 % der K. leben in der historischen Landschaft Karelien, ihrer Urheimat, als Titularnation der Karelischen ASSR (Hauptstadt: Petrosawodsk; 172 400 qkm/ 0,73 Mio. Einw.). Dort bilden sie allerdings eine deutliche Minderheit von 11,1 % unter der vorwiegend russischen Bevölkerung und siedeln fast ausschließlich im Westen der autonomen Republik, westlich der Eisenbahnlinie Petrosawodsk-Belomorsk. Die übrigen K. leben in den Gebieten Nowgorod und Kalinin, RSFSR, als Nachkommen einer in der ersten Hälfte des 17. Jh. dorthin ausgewanderten karelischen Bevölkerungsgruppe.

Die K. werden in einer russischen Urkunde aus dem Jahr 1143 erstmals erwähnt, als sie in den Machtbereich der Stadtrepublik Nowgorod gerieten. Ihr Siedlungsgebiet lag ursprünglich in der Umgebung des Saimasees und dehnte sich bis zum 12. Jh. auf Gebiete nördlich und westlich des Ladogasees, den nördlichen Teil des heutigen Karelien und das Gebiet zwischen Ladoga- und Onegasee aus; kleinere ostseefinnische Volksstämme in diesen Gebieten (→ Wepsen u. a.) wurden assimiliert. Mit den Russen lebten die K. in friedlicher Siedlungsgemeinschaft und nahmen von ihnen das orthodoxe Christentum an. 1478 kamen die K. mit Nowgorod unter die Herrschaft Moskaus, das aber im Frieden von Stolbova (1617) die nördlich und westlich des Ladogasees gelegenen Gebiete Kareliens an Schweden abtreten mußte. Die dort ansässige orthodoxe karelische Bevölkerung wanderte daraufhin zu einem großen Teil nach Süden, in russisches Gebiet, und so entstanden die karelischen Siedlungen am Oberlauf der Wolga in den Waldaj-Höhen und im Gebiet von Kaluga (während sich die im schwedischen Machtbereich verbleibenden K. zu einem großen Teil an die benachbarten Finnen assimilierten). Westkarelien gehörte seit 1811 zu dem (innerhalb des Russischen Reiches autonomen) Großfürstentum Finnland; doch nachdem Finnland 1917 seine Unabhängigkeit erklärt hatte, blieb Karelien bei Rußland.

Nach der Oktoberrevolution wurde im Juni 1920 eine Karelische Arbeitskommune als autonomes Gebiet innerhalb der RSFSR gegründet, die nach einem Aufstand der K. im Juli 1923 den Status einer ASSR erhielt. Erweitert um das von Finnland abgetretene Gebiet um Wyborg erfolgte im März 1940 die Umwandlung in eine Karelo – Finnische SSR. 1956 wurde diese nach Abtrennung des Gebiets um Wyborg wieder zu einer ASSR zurückgestuft und der RSFSR eingegliedert. Dort stellt die autochthone ostseefinnische Bevölkerung (K., → Finnen, Wepsen) heute jedoch nur noch ein Fünftel der Bevölkerung.

Als regionale Amtssprache fungiert neben dem Russischen das Finnische, während sich das Karelische, trotz diesbezüglicher Bemühungen in den 30er Jahren unsers Jh. nicht zu einer Schriftsprache entwickeln konnte. Es bleib eine schriftlose Volkssprache, die in ständigem Rückgang begriffen ist: Bei der Volkszählung von 1970 bezeichneten noch 77,7 % der K. in der Sowjetunion (113 482 von 146 081) Karelisch als ihre Muttersprache. 1979 nur noch 68,2 % (94 468 von 138 429). In den relativ geschlossenen karelischen Siedlungsgebieten ist der Prozentsatz der Muttersprachler zwar etwas höher aber auch dort rückläufig.

Das Karelische ist eine ostseefinnische Sprache, die dem Finnischen so nahesteht, daß sie in der westlichen Finnougristik häufig nur als ein finnischer Dialekt angesehen wird, während sowjetische und finnische Sprachwissenschaftler es als selbständige Sprache bezeichnen. Allerdings gibt es praktisch keine Literatur in dieser Sprache, sie ist als schriftlose Volkssprach anzusehen.

Die Karelier sind orthodoxe Christen.

Lit.: Haarmann, H.: Die finnisch-ugrischen Sprachen. Soziologische und politische Aspekte ihrer Entwicklung. Hamburg 1974 (Fenno-Ugrica 1); ders: Elemente einer Soziologie der kleinen Sprachen Europas, Bd. 3. Hamburg 1984; Vuorela, T.: The Finno-Ugric Peoples. Bloomington/The Hague 1964

Karpato-Ruthenen EB.: – Russ.: –

→ Boiken, Lemken, Huzulen

Kartlier EB.: Kartleli Russ.: Kartli

→ Georgier

Kasachen EB.: Kazak Russ.: Kazachi

6,565 Millionen (2,5 % d. gesamten Bev. d. UdSSR).
80 % der K. leben als Titularnation in der Kasachischen SSR (2 717 000 qkm, Hauptstadt: Alma-Ata).

Die K. sind aus dem Zusammenschluß und der Vermischung altai-türkischer, mongolischer und anderer Völkerschaften Zentralasiens entstanden. Im 15. Jh. zog eine große Gruppe von Nomaden, die sich von den → Usbeken abgespaltet hatten, an den Tschu-Fluß. Dort entstand unter ihrem Sultan Quasim (1495 – 1523) ein mächtiges Reich der K., wie diese von nun an genannt wurden, das schließlich das gesamte Steppengebiet vom Ural-Fluß bis zum Tschu und das Siebenstromland umfaßte. Mitte des 16. Jh. zerbrach auch die Einheit der K., so daß zu Beginn des 17. Jh. drei weitgehend selbständige Horden existierten, die nur noch durch kulturelle Beziehungen und Gemeinsamkeiten verbunden blieben. Durch Einfälle der mongolischen Dzungaren wurden sie in verheerende Kriege gezogen, die bis ins 18. Jh. hinein andauerten. Seit dem Beginn des 18. Jh. versuchten dabei immer wieder einzelne Sultane, russische Unterstützung zu erhalten. Einige leisteten sogar der Zarin Anna Treueide, ohne dadurch jedoch zu deren wirklichen Verbündeten zu werden. Teile der K. beteiligten sich allerdings auch an Partisanenkriege gegen die die russische Reichsgrenze immer weiter ausdehnenden Kosaken des Orenburger Heeres. Gleichzeitig blieben sie Einfällen und Übergriffen der Truppen Chiwas und Kokands ausgesetzt.

Die russische Eroberung der kasachischen Gebiet erfolgte seit 1822 systematisch. Sie zog sich, aufgehalten durch eine von 1837 bis 1847 anhaltende Aufstandwelle der K. über mehrere Jahrzehnte hin und war erst 1873 zu Ende, als das gesamte kasachische Territorium in russischer Hand war. Auch im 19. Jh. hatten die K. ihre nomadisierende Lebensweise beibehalten und sich einer effektiven Kontrolle durch die russischen Verwaltungsbehörden meist entzogen. Erst durch die von den Russen anfangs geförderte Islamisierung der sich bis dahin nur oberflächlich zu den Lehren des Propheten bekennenden breiten Masse der K., mittels administrativem Druck und unter dem Einsatz von Militär konnten diese allmählich pazifiziert und einigermaßen seßhaft gemacht werden. Allerdings blieben die kasachischen Gebiete bis zum Ende des russischen Zarenreiches ein ständiger Unruheherd, wobei die Unzufriedenheit mit der Religionspolitik (Christianisierungsversuche) und anderen Maßnahmen der russischen Verwaltung (Ansiedlung russischer Bauern) ständig wuchs und sich 1916 in einer Rebellion entlud.

Nach der Oktoberrevolution wurden Teile Kasachstans zum Schauplatz des russischen Bürgerkriegs, als sich Bolschewiki und antisowjetische russische wie nationalistische kasachische Kräfte heftige Kämpfe lieferten. Sieger blieben die Bolschewiki, die noch während des Bürgerkriegs die ersten regionalen Revolutionskomitees gebildet hatten. Im August 1920 wurde dann auf Moskauer Beschluß im Rahmen der RSFSR eine Kirgisische (damals synonym gebraucht für kasachisch) ASSR mit der Hauptstadt Orenburg proklamiert. 1925 wurde diese um einige Gebiete erweitert und in Kasachische ASSR umbenannt. Neue Hauptstadt wurde zunächst Ksyl-Orda am Syr-Darja, 1929 Alma-Ata. 1925 begann die Sowjetisierung Kasachstans. Die traditionelle Oberschicht der K., die Beys, sollte durch Enteignungen und administrative Maßnahmen in ihrer gesellschaftlichen Führungsrolle beschnitten und die bestehenden sozialökonomischen Strukturen durch Umverteilung und Nationalisierung verändert werden. Entsprechende Versuche scheiterten aber lange Zeit am Widerstand der Bevölkerung. Nicht weniger schwierig verlief die Kollektivierung, die erst 1938 als abgeschlossen betrachtet werden konnte und nur durch erhebliche Zugeständnisse bei der privaten Viehhaltung zustande gekommen war. Im Dezember 1936 erhielt Kasachstan den Status einer Sowjetrepublik.

Die moderne Kasachische SSR wurde seit dem II. Weltkrieg grundlegenden ökonomischen Veränderunge unterzogen: Die meisten Kolchosen wurden in Sowchosen umgewandelt. Durch Neulandgewinnung wurde der Getreideanbau zu einem wichtigen Bereich in der bis Anfang der 50er Jahre fast ausschließlich von der Viehhaltung geprägten Landwirtschaft. Die Kasachische SSR ist heute eines der bedeutendsten Getreideanbaugebiete der UdSSR. Daneben bestimmen die Erdgas- und Erdölförderung, die Elektrizitätsgewinnung und der Abbau von Nichteisenmetallen wie Wismut, Kadmium, Thallium, Zink und Kupfer, aber auch die Kohleförderung das Profil der kasachischen Volkswirtschaft.

1987 hatte die Kasachische SSR 16,2 Millionen Einwohner. Davon bilden die K. mit ca. 36 % nur die zweitgrößte Bevölkerungsgruppe hinter den → Russen mit 40,6 %. Allerdings zeigt die demographische Entwicklung seit den 50er Jahren einen stärkeren Zuwachs der kasachischen Bevölkerung, während der Anteil der Russen leicht, aber wie es scheint, kontinuierlich zurückgeht. Die nächstgrößten Gruppen stellen mit je 6,1 % → Deutsche und → Ukrainer. Ihnen folgen → Tataren, Usbeken, → Weißrussen, → Uiguren, → Koreaner sowie mehrere kleinere Gruppen anderer Nationalitäten.

Das Kasachische gehört zur kiptschakischen Gruppe der westlichen Türksprachen. Es ist neben Russisch Amtssprache. Als Schrift wird seit 1940 das kyrillische Alphabet benutzt.

Die K. sind sunnitische Muslime.

Lit.: Akiner, S.: Islamic Peoples of the Soviet Union. London/Boston/Melbourne/Henley 1983; Brill Olcott, M.: The Kazakhs. Stanford, Calif. 1987; Sarkisyanz, E.: Geschichte der orientalischen Völker Rußlands bis 1917. Eine Ergänzung zur ostslawischen Geschichte Rußlands. München 1961; Pander, K.: Sowjetischer Orient. Kunst und Kultur, Geschichte und Gegenwart der Völker Mittelasiens. Köln[4] 1986

Katscha EB.: Katscha Russ.: Kačincy

→ Chakassen

Kaukasische Griechen EB.: Romei, Ellines; bei den nicht Griechisch sprechenden: Urum Russ.: Greki

Im Kaukasus wurden 1959 178 000 G. gezählt (allgemeine Zahlenangaben → Griechen), davon lebten die meisten in der Georgischen SSR. Die Griechisch sprechenden bewohnen vorwiegend die Küstengebiete des Schwarzen Meeres, die → Urumer das Innere des Landes, z. T. in geschlossenen Siedlungen.

Seit dem 18. Jh. emigrierten viele G. aus Anatolien nach dem Kaukasus, wo ihnen ein georgischer König Asyl gewährt hatte. Sie waren anfänglich vor allem als Bergarbeiter tätig, in späteren Zeiten stellten sie sich auch auf Landwirtschaft (Tabakanbau) um. 1828–1829 wanderten aus dem Gebiet von Erzurum auch griechische Bauern in die Kaukasusländer aus, nach dem Krimkrieg und dem russisch-türkischen Krieg von 1877–78 kamen weitere Einwanderer hinzu.

Die Mehrzahl der K. G. bedient sich der griechischen Sprache, die Urumer sprechen einen türkischen Dialekt.

Die K. G. sind orthodoxe Christen.

Kereken EB.: Kerek Russ.: Kereki

→ Korjaken

Keten (Jenissej-Ostjaken) EB.: Ket Russ.: Kety

1 200

Die K. leben in den Rajonen Turuchansk und Jartsewo der Krasnojarsker Region, RSFSR.

Die K. sind ein paläoasiatisches Volk am mittleren und unteren Jenissej, das überwiegend von der Jagd lebt. Kulturell stehen sie den → Selkupen nahe, unterscheiden sich im übrigen aber von allen ihren Nachbarvölkern. Die Sprache der K. ist mit keiner anderen der Region verwandt und weist wie auch ein paar sehr archaische Elemente ihrer Kultur auf einen sehr weit zurückliegenden Ursprung ihres Volkes hin. In der ersten Hälfte des 17. Jh. kamen die einst viel zahlreicheren K., die bis in unsere Zeit hinein als die besten Jäger Sibiriens gelten, unter russische Herrschaft. Seitdem haben sich viele K. an ihre Nachbarvölker und die zugezogenen Russen assimiliert.

Das Ketische ist eine isoliert stehende, eigenständige paläoasiatische Sprache. Literatursprache ist Russisch.

Die K. sind schamanische Animisten.

Kirgisen EB.: Kirgis Russ.: Kirgizy

1,9 Millionen

88,5 % der K. leben als Titularnation in der Kirgisischen SSR (198 500 qkm, Hauptstadt: Frunse).

Über die Herkunft der K. bestehen bis heute zahlreiche Unklarheiten. Es steht fest, daß zu ihren Vorfahren türksprachige und mongolische Stämme zählten, die sehr wahrscheinlich gemeinsame

Vorfahren mit den Altaiern hatten. Ob die Jenissej-Kirgisen des 7. und 8. Jh. dazu gehörten, ist fraglich. Kompliziert wird diese Frage auch dadurch, daß sich seit dem 16. Jh. zahlreiche Gruppen und Stammesverbände im Süden Sibiriens, in Ostturkestan, im Pamir und Zentralasisen als K. bezeichneten. Im 9. und 10. Jh. sind die K. im Gebiet zwischen Jenissej und Orchon nachgewiesen. Vor eindringenden Tungusen wurden sie seit dem 10. Jh. nach Süden und in das Tienschan-Gebirge abgedrängt, wo sie seit dem 13.. Jh. unter mongolischer Herrschaft standen. Mit deren Niedergang schlossen sich die K. zeitweilig den → Kasachen an bzw. leisteten deren Khanen Gefolgschaft. Am Ende des 17. Jh. wurden die traditionell von der Vielzucht lebenden und inzwischen islamisierten K. Opfer der einfallenden → Kalmücken. In der Mitte des 18. Jh., als der größte Teil der K. im Tienschan-Gebirge und in der Dzungarei nomadisierten, kamen sie formell unter die Oberherrschaft des chinesischen Mandschu-Reiches, blieben aber weitgehend autonom. Zu Beginn des 19. Jh. wurden die Gebiete der K. vom Khanat von Kokand erobert, dessen Herrschaft sie seit 1830 unterstanden. Als die → Russen zu Beginn der 60er Jahre zur Eroberung Kokands ansetzten, unterwarfen sich ihnen zahlreiche K. freiwillig. Mit der 1876 vollzogenen Eingliederung des Khanats in das Zarenreich kamen die übrigen K. ebenfalls unter russische Herrschaft. Sie ließ zunächst die überkommene Wirtschafts- und Sozialstruktur der K. intakt. Tiefergreifende Veränderungen ergaben sich jedoch am Ende des 19. Jh., als die K. begannen, neben der Weidewirtschaft auch Ackerbau zu betreiben, um ihre Lebensmittelversorgung auf eine breitere Basis zu stellen. Dies war auch durch den ständigen Zuzug vor allem russischer und ukrainischer Kolonisten notwendig geworden, denen ein großer Teil des kirgisischen Weidelands zur Ansiedlung und Bebauung zugeteilt worden war. Russischer Kolonisationsdruck, aber auch islamisch-türkische Autonomiebestrebungen führten immer wieder zu Unruhen unter den K., die sich auch an den Aufständen von Andischan 1898 und der ganz Turkestan erfassenden Erhebung von 1916 beteiligten.

Nach der Oktoberrevolution gehörte das Territorium der K. zu der im April 1918 proklamierten ASSR Turkestan, in der sich die Bolschewiki erst im Laufe der Jahre 1919 und 1920 fest etablieren konnten. Ihre Herrschaft mußte sich immer wieder gegen die um

Autonomie ringenden Basmatschi-Rebellen behaupten, die bis zum Beginn der 30er Jahre ein ständige Bedrohung der Sowjetmacht in Zentralasien darstellten. Im Oktober 1924 wurde Kirgisien zum Kara-Kirgisischen Autonomen Gebiet der RSFSR erklärt, das im Mai 1925 in Kirgisisches Autonomes Gebiet umbenannt wurde und im Februar 1926 den Status einer ASSR erhielt. Die Hauptstadt Pischpek wurde nun in Frunse umbenannt.

Die Sowjetisierung Kirgisiens begann mit einer eingeschränkten Bodenreform zu Gunsten eines Teils der landlosen kirgisischen Bevölkerung. Sie wurde 1927 ausgeweitet und leitete in die Zwangskollektivierung der Landwirtschaft über, die — gegen den heftigen Widerstand der Betroffenen durchgeführt – 1933 zwei Drittel der bäuerlichen Betriebe erfaßt hatte. Politischer Widerstand gegen die Russifizierung weiter Bereiche der Verwaltung und des öffentlichen Lebens erhob sich seit 1925 immer wieder. Endgültig erstickt wurde er durch die Säuberungen der 30er Jahre. Zu den positiven Errungenschaften jener Zeit zählten die Alphabetisierung der Bevölkerung und die Verbesserung des Gesundheitswesens. Zur Erhöhung der landwirtschaftlichen Erträge wurde vor allem das Bewässerungssystem ausgebaut, um für die Viehhaltung Weideland zu gewinnen. Daneben wurde der kaum entwickelte Anbau von Getreide und Industrieplanzen vorangetrieben. Die Investitionen scheinen hier jedoch erst in den 40er Jahren zu Ertragssteigerungen geführt zu haben. Der Schwerpunkt der industriellen Entwicklung lag in der Verbesserung und Ausweitung der Kohle- und Erzförderung sowie im Aufbau einzelner Zweige der Leicht- und verarbeitenden Industrie.

Die Wirtschaft der heutigen Kirgisischen SSR wird von Betrieben der Nichteisenmetallurgie, der Elektrotechnik und verschiedener Branchen der Industriepflanzen verarbeitenden und Textilindustrie bestimmt. In der Landwirtschaft dominiert die Viehzucht, die Produktion von Wolle und von Industriepflanzen wie Baumwolle und Tabak.

Im Januar 1987 hatte die Kirgisische SSR 4, 1 Millionen Einwohner. Mit 48 % bilden die K. die größte Bevölkerungsgruppe, die allerdings nur eine relative Mehrheit besitzt vor den → Russen mit 26 % und den → Usbeken mit 12 %. Ihnen folgen → Ukrainer, →

Tataren und → Deutsche sowie kleinere Gruppen anderer Nationalitäten.

Das Kirgisische gehört zur zentralen (kirgisisch-kiptschakischen) Gruppe der Türksprachen. Es ist seit 1923 Literatursprache. Als Schrift wird seit 1940 das kyrillische Alphabet benutzt.

Die K. sind sunnitische Muslime.

Lit.: Akiner, S.: Islamic Peoples of the Soviet Union. London/Boston/Melbourne/Henley 1983; Bennigsen, A., Wimbush, S. E.: Muslims of the Soviet Empire. A Guide. London 1985; Wheeler, G.: The Modern History of Soviet Central Asia. London 1964; Rjasanzew, S. N.: Kirgisien. Leipzig 1955

Kistinen EB.: Kist Russ.: Kistiny

Genaue Anzahl unbekannt.
Die K. leben im Norden der Georgischen SSR.

Die K. sind eine kleine Stammesgruppe, die sich vom Volk der → Inguschen abgesetzt und sich weitgehend den → Georgiern assimiliert hat.

Das Kistinische gehört zur nordöstlichen (veinachischen) Gruppe der kaukasischen Sprachen.

Die K. sind orthodoxe Christen.

Lit.: Allen, W.E.D.: A History of the Georgian People. From the Beginning down to the Russian Conquest in the Nineteenth Century. London 1962

Koibalen EB.: Koibal Russ.: Kojbaly

→ Chakassen

Komi (Syrjänen) EB.: Komi Mort Russ.: Komi-Zyrjane

327 000
85,9 % der K. leben in der ASSR der Komi (415 900 qkm, Hauptstadt: Syktywkar), RSFSR.

Die K. saßen wie die → Udmurten ursprünglich im Gebiet um die Flüsse Kama und Wjatka. Im 10. Jh. besiedelten sie den südlichen Teil ihrer heutigen Gebiete, wo sie seitdem als Acker- und Waldbauern, aber auch als Jäger lebten. In jener Zeit beteiligten sie sich wohl auch am Handel zwischen Karelien und den westsibirischen Gebieten, der durch ihr Territorium lief. Im 11. Jh. zahlten die K. bereits Abgaben an Nowgorod. Seit dem 12. Jh. wurden sie nach und nach den nordostrussischen Fürstentümern eingegliedert. Ende des 14. Jh. begann ihre Christianisierung. Im 16. und 17. Jh. wichen Teile der K. vor russischen Kolonisten in die Gebiete an den Flüssen Ischma und Petschora aus, wo eine territoriale Untergruppe entstand.

Nach der Oktoberrevolution wurde 1921 ein Autonomes Gebiet der Komi eingerichtet, das 1936 den Status einer ASSR erhielt.

Die Sprache der K. gehört zur permischen Gruppe der finnougrischen Sprachen. Seit dem 14. Jh. existierte ein „altpermjakisches" Schrifttum mit einem eigenen Alphabet, die jedoch im 18. Jh. in Vergessenheit gerieten. Eine Erneuerung als Literatursprache erfolgte nach 1918. Als Schrift wird seit 1938 das kyrillische Alphabet benutzt.

Die K. sind orthodoxe Christen, zum Teil Animisten.

Lit.: Vuorela, T.: The Finno -Ugric Peoples. Bloomington/The Hague 1964

Komi-Permjaken EB.: Komi Mort Russ.: Komi- Permjaki

151 000
70,2 % der K.-P. leben im Komi-Permjakischen Autonomen Kreis (Hauptort: Kudymkar) im Gebiet Perm, RSFSR.

Die K.-P. sind eine eigenständige territoriale Gruppe der → Komi im Becken der Kama. Sie kamen im 14. Jh. unter russische Herrschaft. Seit der Mitte des 16. Jh. waren die meisten K.-P. Leibeigene der Kaufmannsfamilie Stroganow, der das Gebiet an der oberen Kama von Zar Iwan IV. überlassen worden war. Zu den K.-P. zählen auch die Sjusdiner Komi, die im Gebiet Kirow ansässig sind.

Das Komi-Permjakische gehört zur permischen Gruppe der finnougrischen Sprachen. Seit dem 14. Jh. existierte ein „altpermjakisches" Schrifttum mit einem eigenen Alphabet; beide sind im 18. Jh. in Vergessenheit geraten. Eine Erneuerung als Literatursprache erfolgte nach 1918. Als Schrift dient seit 1938 das kyrillische Alphabet.

Die K.-P. sind orthodoxe Christen, zum Teil Animisten.

Lit.: Vuorela, T.: The Finno-Ugric Peoples. Bloomington/The Hague 1964

Koreaner EB.: Koryosaram Russ.: Korejcy

389 000
K. leben überwiegend in den Gebieten Taschkent und Choresm der Usbekischen SSR sowie in den Gebieten Ksyl-Orda und Alma-Ata der Kasachischen SSR.

Die in der UdSSR lebenden K. sind die Nachkommen von Kolonisten, die in der zweiten Hälte des 19. Jh. vor allem in das Ussuri-Gebiet einwanderten, nachdem die russische Expansion in Fernost 1861 die koreanische Grenze erreicht hatte. Bis 1910 waren bereits ca. 5 000 K. russische Untertanen geworden, die sich rasch assimilierten und teilweise auch das Christentum annahmen. Weitere Einwanderungen erfolgten während der Revolutionsjahre nach 1917.

Nach der Oktoberrevolution wurden einige koreanische Dörfer um Poset zu einem Nationalen Bezirk zusammengefaßt, der jedoch nur für eine kurze Zeit bestand. Im Zuge der Kollektivierung kam es zu Beginn der 30er Jahre aufgrund ungleichmäßiger Landzuteilungen zu Auseinandersetzungen zwischen K. und → Russen. Diese, aber auch strategische Überlegungen veranlaßten 1937 Moskau, die K. nach Zentralasien umzusiedeln, wo sie vor allem in Usbekistan einen wichtigen Beitrag zur Entwicklung der Landwirtschaft leisteten.

Die K. der UdSSR sprechen einen nordkoreanischen Dialekt, der nicht als offizielle Literatursprache anerkannt ist. Als solche dient Russisch.

Die K. sind teils orthodoxe Christen, teils Buddhisten.

Lit.: Kolarz, W.: Rußland und seine asiatischen Völker. Frankfurt 1956

Korjaken EB.: Nymyllan, Tschautschu Russ.: Korjaki

7 900
Die K. leben überwiegend im Korjakischen Autonomen Kreis (Hauptort: Palana) im Gebiet Kamtschatka der RSFSR.

Die K. gliedern sich in die neun Territorialgruppen der Tschawtschuwenen, Kamenen, Parenen, Itkanen, Apuken, Kereken, Aljutoren, Karagen und Palanen. Sie sind zum Teil halbnomadische Rentierzüchter; die an der Küste lebenden gehen der Jagd auf Meeressäuger nach. Die K. wurden erst in der Mitte des 18. Jh. nach heftiger Gegenwehr von den russischen Behörden unterworfen. Ihre ursprüngliche Lebensweise haben sie – wie auch die → Tschuktschen – bis heute weitgehend erhalten können.

Das Korjakische gehört zur tschuktschischen Gruppe der paläoasiatischen Sprachen. Die auf dem tschawtschuwenischen Dialekt basierende und seit 1932 kodifizierte Literatursprache wird seit 1937 in kyrillischer Schrift geschrieben.

Die K. sind schamanische Animisten.

Krimtataren EB.: Kyrym Tatar Russ.: Krymskie Tatary

Genaue Anzahl unbekannt. Neuere Schätzungen reichen von 300 000 bis 500 000.

Die K. leben überwiegend in Usbekistan und Kirgisien, ganz wenige auch auf der Krim.

Die K. sind die Nachfahren der Krimhorde, die in der Auflösungsphase der Goldenen Horde unter der Dynastie der Giraj-Khane 1443 unabhängig wurde. 1475 wurde das Khanat der K. ein Vasallenstaat des türkischen Osmanenreiches. Unter dessen Oberhoheit blieben die K. bis 1774 bei weitgehender Autonomie im Inneren. Außenpolitisch waren sie jedoch vom Osmanischen Reich abhängig, das die K. vor allem bei Feldzügen gegen Polen und Rußland einsetzte. 1783 wurden die K. und ihr Territorium dem russischen Reich eingegliedert.

Nach der Oktoberrevolution scheiterte der Versuch der K., die Unabhängigkeit zu erlangen. Als sich nach dem russischen Bürgerkrieg die Bolschewiki auch auf der Krim durchgesetzt hatten, wurde im Oktober 1921 die ASSR der Krim im Rahmen der RSFSR proklamiert. 1941 wurde die Krim von deutschen Truppen erobert, die die Halbinsel bis zum Frühjahr 1944 besetzt hielten. Nach dem Abzug der Deutschen wurde die gesamte Bevölkerung der K. wegen angeblicher Kollaboration mit der Besatzungsmacht nach Sibirien und Zentralasien deportiert, was sehr viele von ihnen nicht überlebten. Erst 1967 wurden die K. offiziell rehabilitiert. Ihre ASSR war

1945 aufgelöst worden. Seither besitzen sie kein nationales Territorium mehr. Die K. werden nicht separat gezählt. Sie werden allgemein unter → Tataren erfaßt.

Das Krimtatarische gehört zur kiptschakischen Gruppe der westlichen Türksprachen. Es ist seit dem 18. Jh. Literatursprache. Als Schrift wird seit 1938 das kyrillische Alphabet benutzt.

Die K. sind sunnitische Muslime.

Lit.: Fisher, A.: The Crimean Tatars. Stanford, Calif. 1978; Conquest, R.: Stalins Völkermord. Wolgadeutsche/Krimtataren/Kaukasier. Wien 1974; Sheehy, A.: The Crimean Tatars and Volga Germans: Soviet Treatment of two National Minorities. London 1971; Simon, G.: Die nationale Bewegung der Krimtataren. In: Berichte des Bundesinstitut für ostwissenschaftliche und internationale Studien, 30, 31 (1975)

Krysen EB.: Krys Russ.: Kryzy

Genaue Anzahl unbekannt. 1926: 2 600
Die K. leben im Rajon Konagkent der Aserbaidschanischen SSR.

Die K. gehören zu der Gruppe der sogenannten Schachdagen, die zu den autochthonen Völkern des Kaukasus zählen. Zu den K. gehören auch die Dscheken und Gaputen. Alle drei haben sich weitgehend an die → Aserbaidschaner assimiliert, zu denen sie heute gezählt werden.

Die Sprache der K. gehört zu der lesgischen Gruppe der dagestanischen Sprachen. Literatursprache ist Aserbaidschanisch.

Die K. sind sunnitische Muslime.

Kubatschen EB.: Urbug Russ.: Kubačincy

→ Darginer

Kumanden EB.: Kumanda Russ.: Kumandincy

Anzahl unbekannt.
Die K. leben an den Flüssen Bija und Ischa in der Altaier Region und im Gorno-Altaiischen Autonomen Gebiet.
→ Altaier

Kumücken EB.: Kumuk Russ.: Kumyki

228 000
86,6 % der K. leben im Nordosten der Dagestanischen ASSR (50 300 qkm, Hauptstadt: Machatschkala) der RSFSR.

Die K. sind wahrscheinlich ein Mischvolk aus ursprünglich autochthonen kaukasischen (lakischen) und zugewanderten türkischen (kiptschakischen) Stämmen. Im 11. Jh. waren sie bereits islamisiert. Im 15. und 16. Jh. war ihr Reich unter der Schamchal-Dynastie sehr mächtig und regionale Vormacht. Zu Beginn des 19. Jh. wurden die K. unter russischen Einfluß gebracht und schließlich dem Zarenreich eingegliedert. Mit den Territorien der übrigen dagestanischen Völker wurde ihr Gebiet 1921 zur Dagestanischen ASSR zusammengelegt.

Das Kumückische gehört zur kiptschakischen Gruppe der westlichen Türksprachen. Als Schrift dient seit 1938 das kyrillische Alphabet.

Die K. sind sunnitsche Muslime.

Lit.: Sarkisyanz, E.: Geschichte der orientalischen Völker Rußlands bis 1917. München 1961; Akiner, S.: Islamic Peoples of the Soviet Union. London/Boston/Melbourne/Henley 1983

Kurden EB.: Kurmandsch Russ.: Kurdy

116 000
Die K. leben überwiegend in den kaukasischen und zentralasiatischen Sowjetrepubliken.

Über die Herkunft der K. ist wenig bekannt. Ihr Siedlungsgebiet, Kurdistan, war nie eine selbständige politsche Einheit, sondern stets abhängig von iranischen und türkischen Herrschern, denen die heute zu Iran, Irak, Türkei und Syrien gehörenden Gebiete unterstanden. Aus diesen zogen schon im 10. Jh. K. in den Transkaukasus und in die östlich des Kaspischen Meeres liegenden Steppen Turkmenistans. Eine große Einwanderungswelle kurdischer Hirtennomaden in diese Gebiete erfolgte im 17. Jh. zur Zeit der persischen Expansion unter Schah Abbas. Ein eigenes Gebiet erhielten die zerstreut siedelnden K. auch in der sowjetischen Ära nicht.

Das Kurdische gehört zur nordwestlichen Gruppe der iranischen

Sprachen. Es ist seit dem 11. Jh. Literatursprache. Als Schrift wird seit 1946 das kyrillische Alphabet benutzt.

Die K. sind überwiegend schiitische Muslime, einige sind Jesiden.

Lit.: Akiner, S.: Islamic Peoples of the Soviet Union. London/Boston/Melbourne/Henley 1983; Naby, E.: The Iranian Frontier Nationalities: The Kurds, the Assyrians, the Baluchis, and the Turkmens. In: Soviet Asian Ethnic Frontiers. Ed. by W. O. McCagg, Jr.; B. D. Silver. New York/Oxford/Toronto/Sydney/Frankfurt/Paris 1979, S. 83–114

Kuryk-Mari EB.: Kuryk Mari Russ.: Gornye Marijcy

→ Mari

Kysyl EB.: Kysyl Russ.: Kyzyl'cy

→ Chakassen

L

Laken EB.: Lak Russ.: Lakcy

100 000
83 % der L. leben in der Dagestanischen ASSR (50 300 qkm, Hauptstadt: Machatschkala), RSFSR.

Die L. gehören zu den autochthonen Völkern des Kaukasus. Sie waren zur Zeit der Mongoleninvasion zu Beginn des 13. Jh. schon größtenteils islamisiert. Am Rande des mongolischen Herrschaftsbereichs siedelnd konnten die L. im 14. und 15. Jh. unter der Dynastie der Schamchal eine gewisse lokale Vormachtstellung gegenüber ihren kumückischen und anderen Nachbarvölkern erreichen. Seit dem 17. Jh. und nachdem sich ihr bisheriges Herrschaftsgebilde, das Schamchalat, praktisch aufgelöst hatte, wurden die L. in die Auseinandersetzungen der nach der Vorherrschaft über Dagestan strebenden Perser, Türken und → Russen verwickelt. Unter russische Herrschaft kamen die L. zu Beginn des 19. Jhs.

Nach der Oktoberrevolution wurde das Gebiet der L. ein Teil der 1921 proklamierten Dagestanischen ASSR.

Das Lakische gehört zur dagestanischen Gruppe der nordkaukasischen Sprachen. Es ist seit Mitte des 19. Jh. Literatursprache. Als Schrift wird seit 1938 das kyrillische Alphabet benutzt.

Die L. sind sunnitische Muslime.

Lit.: Akiner, S.: Islamic Peoples of the Soviet Union. London/Boston/ Melbourne/Henley 1983

Lamuten EB.: Ewen Russ.: Lamuty

→ Ewenen

Lappen (Saamen) EB.: Saami Russ.: Lappi, Lopari

2 000

Die L. leben im Norden der Halbinsel Kola, die zur RSFSR gehört.

Die L. sind seit vorhistorischer Zeit schon an der Nordostküste Skandinaviens ansässig. Einige von ihnen kamen über das seit dem 13. Jh. seinen Machtbereich auch bis auf Kola ausdehnende Nowgorod unter russische Herrschaft.

Das Lappische gehört zur finnischen Gruppe der finnougrischen Sprachen. Literatursprache ist Russisch.

Die L. sind schamanische Animisten und orthodoxe Christen.

Lit.: Vuorela, T.: The Finno-Ugric Peoples. Bloomingotn/The Hague 1964

Lasen EB.: Lasi Russ.: Lazy, Čany

Genaue Anzahl unbekannt. 1926: 643

Die L. leben in der Adscharischen ASSR (3 000 qkm, Hauptstadt-Batumi) in der Georgischen SSR.

Die L. sind ein autochthones südkaukasisches Volk an der Südostküste des Schwarzen Meeres. Bereits im 10. Jh. christianisiert, wurden sie im 10. Jh. dem georgischen Königreich eingegliedert. Im 15. Jh. kamen sie unter türkische Herrschaft. Die in der UdSSR lebenden L. sind Nachkommen jenes Teils ihres Volkes, der 1878 mit der Eroberung von Batumi unter die Zarenkrone kam.

Das Lasische gehört zur sanischen Gruppe der südkaukasischen Sprachen.

Die L. sind sunnitische Muslime.

Lit.: Akiner, S.: Islamic Peoples of the Soviet Union. London/Boston/ Melbourne/Henley 1983; Allen, W.E.D.: A History of the Georgian People. From the Beginning down to the Russian Conquest in the Nineteenth Centry. London[2] 1972; Lang, D.M.: A. Modern History of Georgia. London 1962

Lemken EB.: Lemky Russ.: Lemki

Anzahl unbekant.

Zusammen mit → Huzulen und → Boiken wurden sie bis zum II. Weltkrieg in Deutschland und Österreich als Karpato-Ruthenen bezeichnet.

Die L. leben an der Grenze der Ukrainischen SSR zur Tschechoslowakei sowie im Gebiet Tarnopol der Ukrainischen SSR.

Die L. sind eine möglicherweise seit dem 10. Jh. in den Ostbeskiden zwischen Poprad und San ansässige ethnographische Gruppe der → Ukrainer. Bis 1919 gehörte der südliche Teil ihres Gebietes zu Ungarn, dann zur Tschechoslowakei. Der zu Polen gehörende nördliche Teil kam mit der ersten polnischen Teilung 1772 unter österreichische Herrschaft. 1918 wurde er wieder polnisch. Nachdem 1945 die polnische Grenze zur UdSSR neu gezogen worden war, wurden die L. in ihre heutigen Gebiete umgesiedelt. Die L. werden zu den → Ukrainern gezählt.

Das Lemkische ist ein ukrainischer Dialekt.

Die L. sind orthodoxe Christen.

Lit.: Magocsi, P. R.: The Shaping of a National Identity. Subcarpathian Rus', 1848–1948. Cambridge. Mass./London 1978

Lesgier EB.: Lesgi Russ.: Lezginy

383 000

Die L. leben zu fast 50 % in der Dagestanischen ASSR, RSFSR, die übrigen überwiegend in der Aserbaidschanischen SSR.

Die L. gehören zu den autochthonen Kaukasusvölkern. Im Zuge der arabischen Invasion des Kaukasus wurde ein Teil der L. islamisiert. In den folgenden Jahrhunderten standen die in freien Stammesverbänden organisierten L. unter dem Einfluß von → Armeniern und → Georgiern, deren Herrscher immer nur einzelne ihrer Stämme kontrollieren konnten. Auch die von Georgien ausgehenden Christianisierungsversuche erreichten nur wenige L. Ende des 14. Jh. unterwarfen sie sich den Mongolen, unter deren Herrschaft sie endgültig islamisiert wurden. Der mongolischen Herrschaft folgte im 16. Jh. die der Osmanen, die ihre Machtstellung aber immer wieder gegen persische Ansprüche verteidigen mußten. Zwischen Persern, → Russen und Türken konnten sich die lesgischen Stämme im 18. Jh. eine gewisse Selbständigkeit erkämpfen und diese durch wechselnde Koalitionen und Bündnisse für kurze Zeitspannen bewahren. 1812 kamen die L. unter die Herrschaft der inzwischen Dagestan kontrollierende Russen.

Nach der Oktoberrevolution wurde das Gebiet der L. teils der im Januar 1921 proklamierten Dagestanischen ASSR, teils der im April 1920 ausgerufenen Aserbaidschanischen SSR eingegliedert.

Das Lesgische gehört zu den nordöstlichen Kaukasussprachen. Es ist seit dem Ende des 19. Jh. Literatursprache. Als Schrift wird seit 1938 das kyrillische Alphabet benutzt.

Lit.: Akiner, S.: Islamic Peoples of the Soviet Union. London/Boston/Melbourne/Henley 1983

Letschchumelier EB.: Letschchumeli Russ.: Lečchumcy

→ Georgier

Letten EB.: Latvieši Russ.: Latyši

1,44 Millionen.
93,4 % der L. leben als Titularnation in der Lettischen SSR (Hauptstadt: Riga, 63 700 qkm).

Die L. begegnen uns zunächst als verschiedene Stämme, die im Laufe der ersten Jahrhunderte n. Chr. von Süden her auch über die Düna hinaus in ihre heutigen Wohngebiete vordringen, durch die

→ Liven jedoch noch von der Küste des Rigaschen Meerbusens getrennt sind: Die Lettgaller, die Semgaller und Selen sowie die Kuren. Das Kurische, Semgallische und Selische gingen bereits zwischen 1400 und 1600 im Lettischen (bzw. Litauischen) auf. Unter dem 1199 zum Bischof von Livland geweihten Bremer Domherren Albert v. Buxhoeveden begann mit Hilfe des Deutschen Ordens die Kolonisation des Lettenlandes, die die L. unter eine über 700-jährige deutsche Vorherrschaft brachte. Als der livländische Ordensstaat dem übermächtigen russischen Druck nicht mehr standhalten konnte, verbündete sich der Ordensmeister Gotthard Kettler mit Polen und sicherte sich das Ordensland südlich der Düna als erbliches polnisches Lehen (Herzogtum Kurland und Semgallen), während das „überdünische Livland" unmittelbar an Polen/Litauen gelangte (1561/62). Später kam dieses Gebiet dann mit Ausnahme seines südöstlichen Teils an Schweden. Die schwedische Herrschaft in Livland währte von 1621 bis 1710, als die Livländische Ritterschaft und die Stadt Riga sich Zar Peter dem Großen unterwarfen, wobei die Kapitulationsverträge eine Sonderstellung im russischen Reich garantierten. Unter im wesentlichen gleich günstigen Bedingungen unterwarf sich auch das Herzogtum Kurland der Zarin Katharina II., als 1795 der polnische Staat zu bestehen aufgehört hatte. Das katholisch gebliebene Lettgallen war mit der 1. Polnischen Teilung von 1772 ebenfalls an Rußland gefallen.

Die L. lebten bis ins 19. Jh. hinein fast ausschließlich auf dem flachen Land, in völliger wirtschaftlicher Abhängigkeit und in ihrer Bewegungsfreiheit stark eingeschränkt, als Leibeigene der deutschbaltischen Rittergutsbesitzer; die Städte waren vom deutschen Bürgertum geprägt. Erst die stufenweise Einführung der Freizügigkeit, vor allem aber die Agrarreformen und der Bauernlandverkauf änderten seit der Mitte des 19. Jh. die Situation: Es entstand eine kleine Schicht wohlhabender lettischer Großbauern, während die Masse der lettischen Landbevölkerung als Landlose auf den Bauernhöfen und den Rittergütern beschäftigt waren. Im Zuge der Industrialisierung kam es gegen Ende des 19. Jh. zu einem beträchtlichen Wachstum vor allem der Hafenstädte Riga und Libau und die L. stellten nach und nach auch in den Städten die Mehrheit der Bevölkerung. Neben einem starken lettischen Industrieproletariat entstand hier ein lettischer Mittelstand und ein zunächst kleines lettisches Bildungsbürgertum, von dem vor allem die Ansätze zum „nationalen Erwachen" der L. kamen.

Seit dem Regierungsantritt Zar Alexander III. (1881) kam es zu einer Russifizierung der baltischen Provinzen, die neben einigen Verbesserungen für die L. vor allem negative Folgen hatte. Gegen den doppelten Druck der nationalen Unterjochung durch den deutschbaltischen Großgrundbesitz und die russischen Regierungsbeamten revoltierten die L. im Verlauf der Revolution von 1905. Auf ihrem Höhepunkt im November/Dezember 1905, waren Gutsbesitzer und russisches Militär vom flachen Land praktisch vollständig vertrieben und durch eine revolutionäre Selbstverwaltung ersetzt. Die zentralen Forderungen der „Lettischen Revolution", zielten auf administrative Vereinigung des lettischen Gebiets, Einführung des Lettischen als Verwaltungs- und Schulsprache und weitgehende Selbstverwaltung.

Sofort nach dem Sturz der Zarenherrschaft 1917 tauchten diese Forderungen wieder auf; ein erster Erfolg war die Anerkennung eines demokratisch gewählten Landesrats als provisorisches Selbstverwaltungsgremium durch die russische Provisorische Regierung; die Forderung nach einer Vereinigung mit Lettgallen lehnte die Provisorische Regierung jedoch entschieden ab. Kurland war seit 1915 von deutschen Truppen besetzt.

Mit der Oktoberrevolution ging auch im lettischen Gebiet die Macht in die Hände der Räte über. Im Dezember 1917 proklamierte der zweite Kongreß der Vereinigten Räte Lettlands offiziell die Räteherrschaft, und ein militärischer Vormarsch der Roten Armee mit den lettischen Schützenregimentern an der Spitze brachte um die Jahreswende das gesamte lettische Gebiet unter die Kontrolle der Bolschewiki; doch die den lettischen roten Truppen anfangs von weiten Teilen der Bevölkerung entgegengebrachten Sympathien schmolzen angesichts zunehmender Terrormaßnahmen und einer allgemeinen Verschlechterung der Lebensumstände rasch dahin.

Am 18. November 1918 rief ein lettischer Volksrat in Riga die unabhängige Republik Lettland aus und ernannte Kārlis Ulmanis zum ersten Ministerpräsidenten. Dieser konnte sich in langwierigen und wechselhaften Kämpfen im Verlauf des „Freiheitskrieges" schließlich gegen die bolschewistischen Kräfte einerseits, die noch im Lande stehenden deutschen Truppen sowie die antibolschewistischen russischen Kontingente andererseits durchsetzen. Der lettisch-deutsche Kriegszustand wurde am 5. Juli 1920 und der lettisch-sowjetische am 1.8.1920 durch den Frieden von Riga beendet.

Am 1. Mai 1920 trat die verfassunggebende Versammlung zusammen und beschloß – bevor die Verfassung (verabschiedet im Februar 1922) in Kraft trat – am 16. September 1920 ein Agrargesetz, das die entschädigungslose Enteignung des Großgrundbesitzes und damit die wirtschaftliche Entmachtung des deutschen Adels bewirkte. Als die bedeutendste politische Kraft in Lettland erwiesen sich der Bauernbund und die sozialdemokratische Partei. Angesichts einer wachsenden antiparlamentarischen Stimmung, der von rechtsradikalen Gruppen drohenden Gefahr und einer gescheiterten Verfassungsreform wurde im Mai 1934 der Ausnahmezustand erklärt. In Nachahmung des faschistischen italienischen Systems wurde der Parlamentarismus durch ein autoritäres Regime unter dem Staatspräsidenten ersetzt. Ein lettischer Nationalismus richtete sich unter der Parole „Lettland den Letten" vor allem gegen die jüdische und die deutsche Minderheit (1935: 4,8 % bzw. 3,2 %).

Nachdem es die Aussiedlung der Deutschen veranlaßt hatte, gab das nationalsozialistische Deutschland Stalin praktisch freie Hand zur Annexion Lettlands, das im Hitler-Stalin-Pakt vom 23. August 1939 der Einflußsphäre der UdSSR zugesprochen worden war. Nach einem sowjetischen Ultimatum am 5.8.1940 wurde Lettland als Lettische SSR der Sowjetunion eingegliedert, 1941 von deutschen Truppen besetzt und 1944/45 von den Sowjets zurückerobert. Über 150 000 Letten sind unter Stalin deportiert worden, die Wirtschafts- und Gesellschaftsordnung wurde der sowjetischen angeglichen. Die Einrichtung gigantischer Industrieunternehmen führte unter anderem zu einer starken Immigration von Arbeitskräften aus Rußland. Damit sank der Anteil der L. sowohl an der Gesamtbevölkerung der Lettischen SSR als auch an der städtischen Bevölkerung. In der Hauptstadt Riga war bereits 1970 der russische Bevölkerungsanteil höher als der lettische. Gegen diese Überfremdung macht sich neuerdings ein wachsender Widerstand der L. bemerkbar. Kleinere, radikale Gruppen fordern darüber hinaus gestützt auf die Nichtanerkennung der Annexion Lettlands durch einen großen Teil des westlichen Auslands die Wiederherstellung der völligen Unabhängigkeit.

1987 hatte die Lettische SSR 2,6 Millionen Einwohner. Mit 54 % bilden die L. die größte Bevölkerungsgruppe vor den → Russen mit 33 % und den → Weißrussen mit 5 %. Ihnen folgen mit je 3 % → Polen und → Ukrainer.

Die L. repräsentieren gemeinsam mit den benachbarten Litauern den westlichen Zweig der baltischen Sprachgruppe. Die Ausbildung einer einheitlichen nationalen Schriftsprache begann in den 60er Jahren des 19. Jh. Als Schrift wird das lateinische Alphabet benutzt, das durch einige Buchstaben mit diakritischen Zeichen ergänzt ist. Lettisch ist seit Anfang 1989 Staatssprache.

Die L. sind zu 2/3 protestantische, zu gut einem Viertel (Lettgaller) katholische Christen.

Lit.: Wittram, R.: Baltische Geschichte. Die Ostseelande Livland, Estland, Kurland 1180–1918. Grundzüge und Durchblicke. Darmstadt 1973; Schwabe, A.: Histoire du peuple lettonie. Stockholm 1953; Spekke, A.: History of Latvia. An Outline. Stockholm 1951; Bilmanis, A.: A History of Latvia. Princeton 1951. Zur Sonderentwicklung Lettgallens: Acta Baltica XVII (1977)

Lettgaller EB.: Latgolīši Russ.: Latgaly

→ Letten

Litauer EB.: Lietuviai Russ.: Litovcy

2,85 Millionen (1,09 % d. gesamten Bev. d. UdSSR).
95,1 % der L. leben als Titularnation in der Litauischen SSR (65 200 qkm/Hauptstadt: Vilnius).

Die erste Erwähnung der L. findet sich in den Quedlinburger Annalen zum Jahre 1008; die vor 1116 im Kiewer Höhlenkloster entstandene sogenannte Nestorchronik nennt die beiden Hauptstämme der L., die Aukschtaiten (Hochlitauer) und die Schemaiten (Niederlitauer). Zu einer politischen Zusammenfassung der litauischen Kleinfürstentümer kam es unter Mindaugas, der sich 1253 taufen ließ und zum König gekrönt wurde. Mit seinem Tod 1263 zerfiel das Königreich, noch bevor das Christentum in Litauen hatte Fuß fassen können. Ein neues (heidnisches) Herrschergeschlecht führte dann seit Gediminas (1316–1341) eine gewaltige Ausdehnung des litauischen Herrschaftsgebiets herbei. Die Expansionsbestrebungen richteten sich nach Osten und Süden in slawische Gebiete. Die litauischen Herrscher schufen sich ein Reich, das von den Küsten des Balitkums bis fast nach Moskau im Osten und zum Schwarzen Meer im Süden reichte. Im so entstandenen Groß-Litauen bildeten die noch heidnischen L. gegenüber den zahlenmäßig und kulturell überlegenden (orthodoxen) Ostslawen eine herrschende Minderheit. Nach Übertritt zum katholischen Glauben und Krönung zum polnischen König begründete Großfürst Jagiello 1385 die über 400 Jahre andauernde Union mit Polen. Im 15./16. Jh. wurde die litauische Herrschaft im Osten durch das erstarkende Großfürstentum Moskau schrittweise zurückgedrängt, während innerhalb des polnisch-litauischen Großreiches der litauische Landesteil zunehmend zu einer polnischen Provinz herabsank. Adel und Klerus wurden polonisiert.

Mit der 3. polnischen Teilung 1795 kamen die litauischen Kerngebiete Schemaiten und Aukschtaiten an Rußland, Südwestlitauen (Suvalkija) zunächst an Preußen, später an das ebenfalls unter russischer Oberhoheit stehende „Zartum Polen". Die brutale Russifizierungspolitk der zarischen Regierung, aber auch die Vorherrschaft des Großgrundbesitzes sowie die Proletarisierung der Landbevölkerung bewogen zahlreiche L. zur Emigration, vor allem nach Amerika. So lebte bereits vor dem I. Weltkrieg etwa ein Drittel des litauischen Volkes in den USA und in Kanada. Die litauische katholische Kirche wurde zwar von der Russifizierungspolitik schwer bedrängt, konnte sich aber aus der Abhängigkeit von der polnischen Kirchenführung lösen: So wurde zunächst der niedere, dann auch der höhere Klerus zunehmend von Männern litauischer Herkunft besetzt, was zu einer starken wechselseitigen Identifizierung der Kirche und der nationalen Bestrebungen der Bevölkerung führte.

Die (Wieder-) Erweckung eines litauischen Nationalbewußtseins und einer nationalen Bewegung begann 1883. In der Revolution von 1905 traten die nationalen Bestrebungen offen zutage. Den Höhepunkt bildete der "Große Litauische Landtag" im Dezember 1905, auf dem rund 2 000 Delegierte eine national-territoriale Autonomie für alle litauischen Gebiete und die Einführung des Litauischen als Amtssprache forderten. Trotz des Scheiterns der Revolution kam es danach zu einigen Erleichterungen.

Im I. Weltkrieg geriet das gesamte von L. bewohnte Gebiet unter die Besatzungsmacht der deutschen Truppen. Das politische Schicksal Litauens blieb zunächst in der Schwebe, doch kamen die deutsche Heeresleitung und die Reichsregierung, um den polnischen Wünschen auf Wiederherstellung der polnisch-litauischen Union entgegenzutreten, den L. entgegen: Im Juni 1917 genehmigte der Oberbefehlshaber die Bildung eines litauischen Vertrauensrats, und im September konnte in Wilna eine Konferenz einen litauischen Landesrat („Taryba") als eine Art provisorische Regierung wählen. Mit der Unabhängigkeitserklärung der Taryba vom 16. Februar 1918 wurde die endgültige Loslösung von Rußland ebenso wie die Trennung von Polen unterstrichen. Im Juli 1918 wählte der Landesrat Herzog Wilhelm von Urach zum König von Litauen (als Mindaugas II.), und im November erließ er eine vorläufige Verfassung. Doch mit dem gleichzeitigen Zusammenbruch des deutschen Kaiserreichs trat eine völlig neue Lage ein. Gegen die vordringende Rote Armee formierten sich litauische Streitkräfte, die schließlich Sieger blieben. Im Friedensvertrag von Moskau bestätigte Sowjetrußland am 12. Juli 1920 die litauische Unabhängigkeit.

Am 1. August 1922 wurde die vorläufige Verfassung durch eine endgültige ersetzt, an die Stelle des Landesrates trat ein Parlament, in dem die Christlichen Demokraten bis 1926 eine eindeutige Mehrheit hatten. Die junge Republik hatte mit beträchtlichen außenpolitischen Schwierigkeiten zu kämpfen: Die historische litauische Hauptstadt Wilna und ein breiter Grenzstreifen wurden im Oktober 1920 durch einen polnischen Überraschungscoup entgegen internationalen Vereinbarungen besetzt und gehörten bis 1939 de facto zu Polen, weshalb die zweitgrößte litauische Stadt, Kaunas, als Regierungssitz und provisorische Hauptstadt dienen mußte. In einer ähnlichen Aktion hatten andererseits litauische Freischärler im Januar 1923 das durch den Versailler Vertrag von Deutschland abgetrennte Memelgebiet besetzt und Litauen angegliedert, bis es 1939 nach einem deutschen Ultimatum an das Reich zurückgegeben werden mußte.

Die Beziehungen zur Sowjetunion waren unproblematisch, doch führte der Abschluß eines Nichtangriffspaktes mit der Sowjetunion

1926 durch eine linke Regierungskoalition zu einem von den Rechtsparteien unterstützten Militärputsch, und eine bis dahin völlig unbedeutende völkische Partei („Tautininkai") wurde zur alles beherrschenden Staatspartei, die das Land bis 1940 mit einem autoritären Präsidialregime regierte.

Wie für die Nachbarstaaten läutete auch für Litauen der Hitler-Stalin-Pakt vom August 1939 das Ende der Unabhängigkeit ein. Im geheimen Zusatzprotokoll des deutsch-sowjetischen Grenz- und Freundschaftsvertrages vom 28. Sept. 1939 wurde es im Austausch gegen polnische Gebietsteile der sowjetischen Machtsphäre zugeteilt (mit Ausnahme des Bezirks Marijampole, der jedoch später von den Deutschen für 7,5 Millionen Golddollar ebenfalls der Sowjetunion ausgeliefert wurde). Infolgedessen konnte Molotow am 14. Juni 1940 ultimativ eine Neubildung der litauischen Regierung und die Zustimmung zur Stationierung sowjetischer Truppen in Litauen fordern; nach deren Einmarsch wurden im Juli manipulierte Wahlen durchgeführt, bei denen 99, 2 % für die kommunistische Einheitsliste votierten. Eine Abordnung dieser neuen Volksvertreter stellte am 3. August 1940 in Moskau den Antrag auf Eingliederung Litauens in die UdSSR, der natürlich angenommen wurde.

Zur Sicherung ihrer Herrschaft begannen die Sowjets, die führenden Köpfe der L. in Lager zu verschleppen. Über 38 000 L. wurden Opfer der großen Deportationswelle im Juni 1941, die durch den Einmarsch der deutschen Truppen gestoppt wurde. Nach dem Rückzug der deutschen Okkupationsmacht, die die Hoffnungen der L. auf Wiederherstellung ihrer Unabhängigkeit enttäuscht und die der Bevölkerung ebenfalls schwere Opfer gekostet hatte, liefen 1944/45 die Deportationen wieder an und erfaßten insgesamt ca. 300 000 L. Es folgte nun die Sowjetisierung des Landes, doch konnte im litauischen Volk die Erinnerung an die Zeit der Unabhängigkeit nicht ausgelöscht werden, wie die Ereignisse der 80er Jahre zeigen: Neben der von der gesamten litauischen Bevölkerung erhobenen Forderung nach weitgehender Autonomie innerhalb der Sowjetunion werden auch ganz offen Stimmen zugunsten der Wiederherstellung der völligen Unabhängigkeit laut. Einen moralischen Rückhalt dafür bietet die Haltung vieler westlicher Staaten, vor allem der USA, die die Annexion der baltischen Staaten durch die UdSSR bis heute nicht anerkennen.

Anders als in Estland und Lettland stellt in Litauen die einheimische Bevölkerung eine überwältigende Mehrheit: 1987 80 % der Gesamtbevölkerung der Litauischen SSR von 3,6 Millionen Einwohnern. Die größten Minderheiten bilden die → Russen mit 9 %, die → Polen mit 7 %, die → Weißrussen mit 2 % und die → Ukrainer mit 1 %. Ihnen folgen kleinere Gruppen anderer Nationalitäten.

Die L. sind wie die → Letten Angehörige des ostbaltischen Zweigs der indoeuropäischen Sprachfamilie. Die dialektale Ausgliederung der beiden Hauptdialekte des Litauischen, des Aukschtaitischen und des Schemaitischen, erfolgte im 15. Jh. Mit dem Eindringen der Reformation wurden in der Mitte des 16. Jh. die ersten Bücher in litauischer Sprache gedruckt. Als Schrift dient seit dem 18. Jh. das lateinische Alphabet mit diakritischen Zeichen. Litauisch ist offizielle Amtssprache in der Litauischen SSR.

Über 80 % der L. bekennen sich zum römischen Katholizismus, der seit der nationalen Wiedererweckung mit dem stark ausgeprägten litauischen Nationalgefühl eng verbunden ist.

Lit.: Hellmann, M.: Grundzüge der Geschichte Litauens. Darmstadt[3] 1986; Lithuania under the Soviets. Portrait of a Nation, 1940–1965. Ed. V. St. Vardys. New York/Washington/London 1965

Liven EB.: Liivi Russ.: Livy (lett.: Libieši)

Genaue Anzahl unbekannt. 1970: 1 500

L. gibt es heute nur noch in zwölf Fischerdörfern auf der Halbinsel Domäsnes, die zur Lettischen SSR gehört und durch eine ausgedehnte Waldzone vom Hinterland getrennt ist.

Früher hatten sie das gesamte Küstengebiet des nach ihnen benannten Livland rings um die Rigaer Bucht bewohnt. Im Jahre 1186 wurde der deutsche Mönch Meinhard zum Bischof der L. ernannt. 1201 wurde die Bischofsresidenz von Uexküll in das neugegründete Riga verlegt. Der 1202 gebildete Schwertbrüderorden konnte sich militärisch gegenüber den L. nicht durchsetzen. Dies gelang erst dem Deutschen Ritterorden, in dem die Rest des Schwertbrüderordens 1237 aufgingen. Seit 1561 gehörte Livland zum polnisch-litauischen Reich, von 1624 bis 1721 zu Schweden, danach zu Rußland. Im Lauf der Jahrhunderte wurden die L. von den → Letten assimiliert und konnten sich nur in dem oben genannten verkehrstechnisch unzugänglichen Küstengebiet in geringer Anzahl halten. Die dortige livische Restbevölkerung unterscheidet sich in Lebensart, Sitten und Kultur sowie ihrem Aussehen nach noch ziemlich deutlich von den Letten und bemüht sich bis heute, ihre Sprache und kulturelle Eigenart zu pflegen und an die jüngere Generation weiterzugeben.

Der Livische gehört zur südöstlichen Gruppe der ostseefinnischen Sprachen. Es wurde von der zweiten Hälfte des 19. Jh. an bis 1940 vereinzelt sogar als Schriftsprache gebraucht. Seither ist es eine schriftlose Volkssprache, die vom Aussterben bedroht ist. Als Literatursprache dient das (nicht verwandte) Lettische.

Die L. sind protestantische Christen.

Lit.: Haarmann, H.: Die finnisch-ugrischen Sprachen. Soziologische und politische Aspekte ihrer Entwicklung. Hamburg 1974 (Fenno-Ugrica 1.)

M

Madu EB.: Maddu Russ.: Maddu

→ Enzen

Majmalaren EB.: Majma-Kischi Russ.: Majmalarcy

Die M. leben am Fluß Majma im Gorno-Altaiischen Autonomen Gebiet.
→ Altaier

Mansen (Wogulen) EB.: Mansi Russ.: Mansi

8 000
81,6 % der M. leben im Chantisch-Mansischen Autonomen Kreis (Hauptort: Chanty-Mansijsk) des Gebiets Tjumen. Der Rest lebt im Gebiet Swerdlowsk, RSFSR.

Die M. sind wie die mit ihnen sprachlich und kulturell eng verwandten → Chanten ein ugrisches Volk. Wahrscheinlich haben beide die gleichen Vorfahren. Ursprünglich waren die M. westlich des Ural ansässig. Seit dem 14. Jh. leben sie als Fischer, Jäger und Rentierzüchter zwischen den Flüssen Tawda und Konda. Von den an der Tawda lebenden M. betreiben einige wenige auch Landwirtschaft. Wie die Chanten wurden die M. seit dem Ende des 15. Jh. nach und nach russische Untertanen.

Das Mansische gehört zur ob-ugrischen Gruppe der ugrisch-altaiischen Sprachfamilie. Es ist neben Russisch seit 1932 Literatursprache. Als Schrift wird seit 1939 das kyrillische Alphabet benutzt.

Die M. sind schamanische Animisten und orthodoxe Christen.

Lit.: Vuorela, T.: The Finno-Ugric Peoples. Bloomington/The Hague 1964; Kappeler, A.: Russlands erste Nationalitäten. Das Zarenreich und die Völker der Mittleren Wolga vom 16. bis 19. Jahrhundert. Köln/Wien 1982

Mari (Tscheremissen) EB.: Mari Russ.: Marijcy

622 000

Ungefähr 50 % der M. leben als Titularnation in der ASSR der Mari (23 200 qkm, Hauptstadt: Joskar-Ola), die übrigen in der Baschkirischen und Tatarischen ASSR, RSFSR.

Die finnougrischen M. sprechen zwei verwandte Sprachen, verteilen sich aber auf die drei Territorialgruppen der Kuryk-M., (Berg-M.), Olyk-M. (Wiesen-M.), Üpö-M. (Östliche M.). Wie die der → Mordwinen wird bereits in Darstellungen des 6. Jh. auch die Existenz der M. bezeugt. Erwähnt werden sie in den russischen Chroniken seit dem 12. Jh. Nachdem sie im 8. und 9. Jh. zunächst im Einflußbereich der Wolga-Bulgaren gesiedelt und seit dem 13. Jh. unter tatarischer Oberhoheit gestanden hatten, kamen die M. nach der Eroberung des Khanats von Kasan durch Iwan IV. unter russische Herrschaft, gegen die sie sich bis ins 17. Jh. hinein durch Aufstände wehrten. Ihr Widerstand gegen die Christianisierung hielt länger an und wurde bis zum Ende des 19. Jh. nicht aufgegeben. Nach der Oktoberrevolution wurde 1920 im Rahmen der RSFSR ein Tscheremissisches Autonomes Gebiet eingerichtet, das 1936 den Status einer ASSR erhielt.

Die Mari-Sprachen gehören zur wolgafinnischen Gruppe der finnougrischen Sprachfamilie. Beide Sprachen sind seit der 1. Hälfte des 19. Jh. Literatursprachen, die das kyrillische Alphabet benutzen.

Die M. sind überwiegend schamanische Animisten oder orthodoxe Christen.

Lit.: Vuorela, T.: The Finno-Ugric Peoples. Bloomington/The Hague 1964; Kappeler, A.: Rußlands erste Nationalitäten. Das Zarenreich und die Völker der Mittleren Wolga vom 16. bis 19. Jahrhundert. Köln/Wien 1982

Mes'chier EB.: Mes'chi Russ.: Meschi

→ Georgier

Mes'cheten

Anzahl unbekannt.

In den 50er Jahren entstandene Sammelbezeichnung für die türkisch-sprachigen → Georgier (Mes'chi), → Armenier (Chemschili), → Kurden und → Karapapachen, die an der Südwestgrenze Georgiens lebten. Sie wurden 1944 wohl im Zusammenhang mit sowjetischen Ansprüchen auf türkische Gebiete nach Usbekistan deportiert. Heute werden sie den → Aserbaidschanern und → Türken zugerechnet.

Lit.: Conquest, R.: Stalins Völkermord. Wolgadeutsche, Krimtataren, Kaukasier. Wien 1970; Fisher, A. W.: The Chrimean Tatars. Standford, Calif. 1987

Mingrelier EB.: Margali Russ.: Megrely

Genaue Anzahl unbekannt. 1926: 242 990

Die M. leben in der historischen Landschaft Mingrelien im Norden Georgiens.

Die M. wurden bis 1930 als eine eigenständige ethnische Gruppe des Kaukasus angesehen. Inzwischen werden sie zu den → Georgiern gezählt, denen sie sich weitehend assimiliert haben.

Das Mingrelische gehört zur sanischen Gruppe der südkaukasischen Sprachen. Literatursprache ist Georgisch.

Die M. sind orthodoxe Christen.

Lit.: Allen, W.E.D.: A History of the Georgian People. From the Beginning down to the Russian Conquest in the Nineteenth Century. London[2] 1971; Lang, D. M.: A Modern History of Georgia. London 1962

Mochewi EB.: Mochewi Russ.: Mochevcy

→ Georgier

Mokscha EB.: Mokscha Russ.: Mokša

→ Mordwinen

Moldauer (Moldawier) EB.: Moldovean Russ.: Moldavane

2,9 Millionen (1,13 % d. gesamten Bev. d. UdSSR)
84 % der M. leben als Titularnation in der Moldauischen SSR (33 700 qkm, Hauptstadt: Kischinjow).

Das Gebiet der Moldauischen SSR war bis 1812 Teil des Fürstentums Moldau, das ebenso wie die benachbarte Walachei unter türkischer Oberhoheit stand. 1812 mußte das Osmanische Reich an Rußland die östliche Moldau zwischen Pruth und Dnjestr abtreten, die nun ein eigenes Gouvernement unter dem Namen Bessarabien bildete. Nach dem Krimkrieg trat Rußland einige südliche Distrikte Bessarabiens wieder an das Fürstentum Moldau ab, holte sich dieses Gebiet aber nach dem russisch-türkischen Krieg von 1877–78 wieder zurück. 1918 erklärte eine Art Parlament („Landesrat") den Anschluß Bessarabiens an Rumänien, der von Sowjetrußland nicht anerkannt wurde, aber angesichts der bestehenden Machtverhältnisse (Besetzung der Ukraine durch die Mittelmächte) nicht zu verhindern war. Im geheimen Zusatzprotokoll zum deutsch-sowjetischen Nichtangriffspakt von 1939 erklärte das Deutsche Reich sein Desinteresse an Bessarabien, das von Rumänien Ende Juni 1940 wieder an die UdSSR zurückgegeben werden mußte. Während des II. Weltkrieges geriet die Moldau vorübergehend wieder unter rumänische Herrschaft.

Die M. sind wie die Walachen Nachfahren der romanisierten Geto-Daker, die sich später mit Slawen und anderen Völkerschaften vermischten, aber ihre romanische Sprache beibehielten, die sich freilich isoliert von der übrigen Romania eigenständig entwickelte. Die M. empfingen wie die Walachen das Christentum östlicher Prägung durch südslawische Vermittlung und nahmen damit auch die kirchenslawische Kultsprache und das kyrillische Alphabet an. Erst im 19. Jahrhundert wurde in den Fürstentümern Moldau und Walachei eine einheitliche Schriftsprache geschaffen und durch massive Übernahme französischer und neulateinischer Lehnwörter sowie des lateinischen Alphabets den westromanischen Sprachen angenähert. Nach 1918 wurde unter rumänischer Herrschaft in Bessarabien das lateinische Alphabet eingeführt. In einem schmalen Streifen der heutigen moldauischen SSR östliche des Dnjestr, der nach 1918 zu einer ASSR der Ukraine mit der Hauptstadt Tiraspol proklamiert wurde, galt ebenfalls, wie bei anderen nichtslawischen Völkern der UdSSR, bis 1939 das lateinische Alphabet, das danach durch das kyrillische ersetzt wurde.

Der Prozeß der Entstehung eines moldauischen Volkes vollzog sich also unter wechselhaften Bedingungen und ist kontrovers, da von rumänischer Seite eine moldauische nationale Identität oft bestritten wird und die M. als ein Stamm der rumänischen Nation wie die Walachen und Siebenbürger Rumänen angesehen werden. Feststeht, daß zur Zeit der Angliederung Bessarabiens an Rußland die Wörter Rumänien, Rumäne und rumänisch als Staats-, Volks- und Sprachbezeichnung noch nicht existierten; sie kamen erst Jahrzehnte später in Gebrauch. Auch eine rumänische Nationalbewegung, die den Anschluß Bessarabiens an Rumänien betrieben hätte, hat es in der Zarenzeit nicht gegeben. Die Unterschiede zwischen Moldauisch und Walachisch waren zwar nur dialektaler Natur, doch blieb die Moldau von der Entwicklung der modernen rumänischen Schriftsprache ausgeschlossen, und in der UdSSR bemühte man sich, die slawische Beeinflussung der Sprache hervortreten zu lassen.

Die Moldau war immer ein Agrarland gewesen, das trotz günstiger klimatischer Bedingungen zu den rückständigsten Regionen des Zarenreiches zählte. An dieser Situation änderte sich nach der Angliederung des Landes an Rumänien wenig. Seit der endgültigen Etablierung der Sowjetmacht 1944 wurde das schon 1940 eingeführte Kolchosensystem ausgebaut und die einzige agrarische Wirtschaftsform. Die vom Klima besonders begünstigten Kulturen

(Wein, Obst, Tabak und verschiedene Ölpflanzen) wurden bedeutend ausgeweitet. Die Hälfte der Industrie der Moldauischen SSR verarbeitet agrarische Produkte (Weinkelterei), daneben wurden verschiedene Leichtindustrien angesiedelt (Maschinenbau). Die Moldauische SSR ist die am dichtesten besiedelte Republik der UdSSR.

1987 hatte die Moldauische SSR 4,19 Millionen Einwohner. Mit 64 % bilden die M. vor → Ukrainern mit 14 % und → Russen mit 13 % die größte Bevölkerungsgruppe. Ihnen folgen → Gagausen, → Juden sowie kleinere Gruppen anderer Nationalitäten.

Das Moldauische gehört zu den romanischen Sprachen. Als Schrift wird seit 1939 das kyrillische Alphabet benutzt.

Die M. sind orthodoxe Christen.

Lit.: Bruchis, M.: Nations-Nationalities-People: A Study of the Nationalities Policy of the Communist Party in Soviet Moldavia. Boulder, Col. 1984; Dima, N.: Bessarabia and Bukovina: The Soviet-Romanian Territorial Dispute. Boulder, Col. 1983; Handbook of Major Soviet Nationalities. Ed. Z. Katz u. a. New York/London 1975; Uhlig, C.: Die bessarabische Frage. Eine geopolitische Betrachtung. Breslau 1926

Moldawier EB.: Moldovean Russ.: Moldavane

→ Moldauer

Mordwinen EB.: Ersa, Mokscha Russ.: Mordovcy

1,192 Millionen
28,4 % der M. leben als Titularnation in der Mordwinischen ASSR (26 200 qkm, Hauptstadt : Saransk). Die übrigen leben entlang der Wolga und Samara bis nach Orenburg, RSFSR.

Das finnougrische Volk der M. besteht aus den zwei Gruppen der Ersa und der Mokscha, die zwei verschiedene Sprachen sprechen. Historisch belegt ist die Existenz der M. seit dem 6. Jh.. Seit dem 12. Jh. berichten russische Chroniken immer wieder über Kämpfe und Auseinandersetzungen zwischen M. und Russen. Mit der Eroberung des Tatarenkhanats von Kasan durch Zar Iwan IV. und der nachfolgenden Ausweitung des Moskauer Machtbereichs bis an die Wolga und darüber hinaus kamen die M. nach 1552 unter russische Herrschaft, wobei ihren Fürsten zunächst noch eine gewisse Autonomie zugestanden wurde. Vor der Christianisierung und der vollständigen Eingliederung ihrer Gebiete in den russischen Machtbereich wichen viele M. nach Osten und Südosten aus. Es dauerte bis zum Ende des 18. Jh., sie zu gefügigen Untertanen der russischen Herrscher zu machen. Die weiträumige Zersplitterung der M. war ein Grund dafür, daß sie erst 1930 ein Autonomes Gebiet im Rahmen der RSFSR erhielten. 1934 wurde es in eine ASSR umgewandelt.

Die beiden mordwinischen Sprachen gehören zur wolgafinnischen Gruppe der finnougrischen Sprachfamilie.

Die M. sind orthodoxe Christen.

Lit.: Vuorela, T.: The Finno-Ugric Peoples. Bloomington/The Hague 1964; Kappeler, A.: Rußlands erste Nationalitäten. Das Zarenreich und die Völker der Mittleren Wolga vom 16. bis 19. Jahrhundert. Köln/Wien 1982; Spuler, B.: Die Mordwinen. Vom Lebenslauf eines wolgafinnischen Volkes. In: Zeitschrift der Deutschen Morgenländischen Gesellschaft, 100 (N.F.25) (1950), S. 90–111

Mtiulier EB.: Mtiuli Russ.: Mtiuly

→ Georgier

Muggadi EB.: – Russ.: –

→ Enzen

N

Nanaier (Golden) EB.: Nani Russ.: Nanajcy

10 000

Die N. leben an den Unterläufen der Flüsse Amur, Sungari und Ussuri in der Region Chabarowsk, RSFSR.

Die N. sind Nachkommen paläoasiatischer Stämme, die sich bereits vor über 1 000 Jahren tungusiert haben. Sie leben vor allem vom Fischfang und der Jagd, betreiben inzwischen aber auch etwas Landwirtschaft. Da ihr Territorium erst in der Mitte des 19. Jh. dem russischen Reich eingegliedert wurde, konnten die N. ihre ursprüngliche Lebensweise und eine eigenständige Kultur mehr als andere sibirische Völker bis in unsere Zeit hinein bewahren.

Das Nanaiische gehört zum mandschu-tungusischen Zweig der uralo-altaiischen Sprachfamilie. Es ist seit 1930 Literatursprache. Als Schrift wird das kyrillische Alphabet benutzt. Eigentliche Literatursprache der N. ist jedoch Russisch.

Die N. sind schamanische Animisten.

Negidalzen EB.: Elkenbeje Russ.: Negidal'cy

500

Die N. leben am unteren Amur sowie am Amgun in der Region Chabarowsk, RSFSR.

Die N. sind → Ewenken, die sich mit Teilen ihrer Nachbarvölker, → Nanaier, → Niwchen u. a., vermischt haben. Von den Ewenken unterscheiden sie sich durch einen eigenen Dialekt und ihre seßhafte Lebensweise als Fischer. Mit der Annexion des Amurgebietes kamen sie in der Mitte des 19. Jh. unter russische Herrschaft.

Das Negidalzische ist ein ewenkischer Dialekt. Literatursprache ist Russisch.

Die N. sind schamanische Animisten.

Nenzen (Jurak-Samojeden) EB.: Nenez Russ.: Nency

30 000

Mehr als die Hälfte der N. lebt im Jamalo-Nenzischen Autonomen Kreis (Hauptort: Salechard) des Gebiets Tjumen. Größere Gruppen leben im Nenzischen Autonomen Kreis (Hauport: Nar'jan-Mar) des Gebiets Archangelsk sowie im Tajmyrischen Autonomen Kreis (Hauptort: Dudynka) der Krasnojarsker Region, RSFSR.

Die weit zerstreut zwischen der Petschora und der Tajmyr-Halbinsel sowie zwischen dem mittleren Ob und dem Jenissej lebenden N. sind die größte samojedische Gruppe. Ursprünglich saßen sie westlich des Urals, von wo aus sie in die heutigen Siedlungsgebiete zogen. Erste Kontakte mit Russen hatten die N. bereits im 11. Jh.; bald danach kamen auch die ersten N. unter russische Herrschaft. Im ersten Viertel des 17. Jh. waren schließlich alle N. Untertanen der russischen Zaren geworden. Nach der Oktoberrevolution erhielten die N. 1920 zunächst Stammensräte. 1929 und 1930 wurden ihnen Autonome Kreise eingerichtet. Bis heute sind die N. überwiegend nomadisierende Rentierzüchter.

Das Nenzische gehört zur samojedischen Gruppe der uralisch-altaiischen Sprachfamilie. Seit 1932 ist es neben dem Russischen Literatursprache. Als Schrift dient das kyrillische Alphabet.

Die N. sind teils orthodoxe Christen, teils schamanische Animisten.

Lit.: Hajdú, P.: The Samoyed Peoples and Languages. Bloomington/The Hague 1963

Nganasanen (Tawgy-Samojeden) EB.: Nganasan Russ.: Nganasany

1 000

Die N. leben zwischen den Flüssen Jenissej und Chatanga im Tajmyrischen Autonomen Kreis (Hauptort: Dudynka) der Krasnojarsker Region der RSFSR.

Die Vorfahren der N. waren Samojeden, die aus Südsibirien kommend die Tajmyr-Halbinsel besiedelten und sich mit der hier bereits vorhandenen Bevölkerung sowie mit → Ewenken und → Dolganen vermischten. Kulturell und sprachlich stehen die N. den → Nenzen sehr nahe. Die Anfang des 17. Jh. in den russischen Machtbereich einbezogenen N. gliedern sich in zwei Territorialgruppen: in die Awan und Wadejew. Erstere leben im Westen, die Wadejew im Osten der Tajmyr-Halbinsel als nomadisierende Jäger und Fischer.

Das Nganasanische oder Tajmyrische gehört zur samojedischen Gruppe der uralisch-altaiischen Sprachfamilie. Nenzisch und Russisch sind Literatursprache.

Die N. sind schamanische Animisten.

Lit.: Popov, A.A.: The Nganassan. The Material Culture of Tavgi Samoyeds. Bloomington/The Hague 1966

Niwchen (Giljaken) EB.: Niwch Russ.: Nivchi

4 400

Die N. leben am unteren Amur in der Region Chabarowsk und auf Sachalin, RSFSR.

Die N. sind ein autochthones paläoasiatisches Volk, das zum Teil bis heute seine traditionelle, archaische Lebensweise bewahrt hat. Die fast ausschließlich vom Fischfang lebenden N. auf Sachalin kamen zu Beginn des 19. Jh., die übrigen mit der Annexion des Amur-Ussuri-Gebiets in der Mitte des 19. Jh. unter russische Herrschaft. Teile der N. haben sich an ihre tungusisch-ewenkischen Nachbarn assimiliert.

Das Niwchische ist eine selbständige paläoasiatische Sprache. Seit 1931 ist es Literatursprache. In dieser Funktion dominiert jedoch das Russische. Als Schrift benutzt das Niwchische das kyrillische Alphabet.

Die N. sind schamanische Animisten und orthodoxe Christen.

Nogaier EB.: Nogai Russ.: Nogajcy

60 000

41,9 % der N. leben im Steppengebiet im Norden der Dagestanischen ASSR, die übrigen überwiegend in der Tschetscheno-Inguschischen ASSR und in der Stawropoler Region, RSFSR.

Die N. sind Nachkommen mongolischer Stämme, die sich mit türksprachigen Gruppen vermischten und türkisiert wurden. Sie gliedern sich in die drei Stammes-, bzw. Territorialgruppen der Atschikulak-N., der Kara-N. und der Ak-N.. Ursprünglich waren die N. einTeil der Goldenen Horde, von der sie sich Ende des 14. Jh. abspalteten. Als selbständige Horde nomadisierten sie bis zum 16. Jh. in den Steppengebieten östlich der unteren Wolga und des Jaik (Ural). Nachdem sich die Horde in der Mitte des 16. Jh. geteilt hatte, schloß sie sich – bedrängt von → Russen und → Kalmücken – am Asowschen Meer wieder zusammen. Hier kamen sie unter die Herrschaft der → Krimtataren, durch die zahlreiche N. assimiliert wurden. Im 18. Jh. wurden die N. von den Kuban-Kosaken in ihre heutigen Gebiete abgedrängt. Diese kamen zu Beginn des 19. Jh. unter russische Herrschaft.

Nach der Oktoberrevolution wurde ein Teil des Territoriums der N. der im Januar 1921 proklamierten Dagestanischen ASSR, der Rest der ebenfalls im Januar 1921 formierten Gorskaja (Berg-) ASSR eingegliedert, aus der schließlich 1934 und 1936 die oben genannten autonomen Territorien gebildet wurden.

Das Nogaiische gehört zur kiptschakischen Gruppe der westlichen Türksprachen. Es ist seit 1928 Literatursprache. Als Schrift wird seit 1938 das kyrillische Alphabet benutzt.

Die N. sind sunnitische Muslime.

Lit.: Akiner, S.: Islamic Peoples of the Soviet Union. London/Boston/ Melbourne/Henley 1983; Kappeler, A.: Rußlands erste Nationalitäten. Das Zarenreich und die Völker der Mittleren Wolga vom 16. bis 19. Jahrhundert. Köln/Wien 1982

O

Oiraten EB.: Oirat Russ.: Ojraty

→ Kalmücken

Olyk-Mari Eb.: Olyk Mari Russ.: Lugovye Marijcy

→ Mari

Oroken Eb.: Ulta, Nani Russ.: Oroki

Genaue Anzahl unbekannt. 1958: ca. 460

Die O. leben auf der Insel Sachalin, die ein Gebiet der RSFSR ist.

Die O. sind nahe verwandt mit den → Nanaiern und stellen möglicherweise nur eine Territorialgruppe dieses Volkes dar. Sie leben ähnlich wie die → Ewenken als Rentiernomaden in den Taigazonen auf Sachalin. Die Insel wurde Anfang des 19. Jh. dem russischen Reich eingegliedert. Die in der südlichen Hälfte Sachalins lebenden O. standen von 1905 bis 1945 unter japanischer Herrschaft. Heute werden die O. zu den Nanaiern gezählt.

Das Orokische gehört zum mandschu-tungusischen Zweig der uralo-altaiischen Sprachfamilie. Literatursprache ist Russisch.

Die O. sind schamanische Animisten.

Orotschen EB.: Nani Russ.: Oroči

1 100

Die O. leben im Rajon Sowjetskaja Gawan der Region Chabarowsk, RSFSR.

Die O. sind wie die ihnen ethnisch und kulturell nahe verwandten → Nanaier Nachkommen tungusierter paläoasiatischer Stämme. Möglicherweise bilden sie auch nur eine Territorialgruppe der Nanaier. Wie diese leben sie als seßhafte Fischer und Jäger. Da ihr Territorium erst Mitte des 19. Jh. dem russischen Reich eingegliedert wurde, konnten die O. ihre ursprüngliche Lebensweise bis in unsere Zeit hinein bewahren.

Das Orotschische gehört zum mandschu-tungusischen Zweig der uralo-altaiischen Sprachfamilie. Literatursprache ist Russisch.

Die O. sind schamanische Animisten und orthodoxe Christen.

Osseten EB.: Iron, Digoron Russ.: Osetiny

542 000

55,2 % der O. leben in der Nordossetischen ASSR (8 000 qkm, Hauptstadt: Ordschonikidze), RSFSR, 12 % im Südossetischen Autonomen Gebiet (Hauptort: Zchinwali), Georgische SSR.

Vorfahren der O. waren die zu den Skythen und Sarmaten zählenden iranischsprachigen Alanen des Zentralkaukasus, die bereits im 6. Jh. von Byzanz teilweise christianisiert wurden. Gegen die sie bedrängenden Chasaren und Araber organisierten sie sich seit dem 9. Jh. in einem mächtigen staatsähnlichen Verband, der sich bis ins 12. Jh. hinein halten konnte. Nach dessen Aufsplitterung kamen die Alanen-O. zu Beginn des 13. Jh. unter die Herrschaft der Mongolen, durch deren wiederholte Einfälle sie allmählich nach Süden in die Gebirgskette des Kaukasus abgedrängt wurden. Durch die Zerstörung ihres Reiches und die Vermischung mit anderen Kaukasusvölkern verloren die O. bis zum 16. Jh. weitgehend ihre iranische Identität. Außerdem lebten sie von nun an in drei sich auseinanderentwickelnden Territorialgruppen: Iron, Tualläg und Digor. Während die Iron-O. früh und am längsten russischem Einfluß unterlagen, assimilierten sich die Tualläg an die → Georgier, die Digor vor allem an die ihnen benachbarten → Kabardiner. Unter dem Einfluß der kabardinischen Herrscher wurden letztere im 16. Jh. islamisiert. Mit denen der Kabardiner wurden auch die Gebiete der O. schon in der zweiten Hälfte des 16. Jh. russisches Protektorat. Seit 1767 wurden die O. teils auf eigenen Wunsch, teils gegen heftigen Widerstand bis zur Mitte des 19. Jh. dem russischen Reich eingegliedert und christianisiert. Nach der Oktoberrevolution wurden die nördlichen Gebiete der O. als Ossetischer Kreis der im November 1920 proklamierten Gorskaja (Berg) ASSR eingegliedert. Nach deren Auflösung wurde der Kreis im Juli 1924 zum Nordossetischen Autonomen Gebiet erklärt, das im Dezember 1936 den Status einer ASSR erhielt. Das südliche Ossetien wurde im April 1922 als Südossetisches Autonomes Gebiet der Georgischen SSR eingegliedert.

Ein Teil der Digor-O. wurde 1943 – wegen angeblicher Kollaboration mit den Deutschen – nach Zentralasien deportiert. Ihre Rehabilitierung und Rückkehr in die Heimatgebiete erfolgte Ende der 50er Jahre.

Das Ossetische gehört zur nordöstlichen Gruppe der iranischen Sprachen. Es ist seit dem Ende des 18. Jh. Literatursprache. Als Schrift wird seit 1954 das kyrillische Alphabet benutzt.

Die O. sind orthodoxe Christen, zum Teil sunnitische Muslime.

Lit.: Akiner, S.: Islamic Peoples of the Soviet Union. London/Boston/Melbourne/Henley 1983; Trilati, T.: Literature on Ossetia and the Ossetians. In: Caucasian Review 6 (1958), S. 107–126

Ostjaken EB.: Handa Russ.: Ostjaki

→ Chanten

Ostjak-Samojeden EB.: Selkup Russ.: Ostjako-Samoedy

→ Selkupen

P

Padaren EB.: Padar Russ.: Padary

Genaue Anzahl unbekannt.
Die P. leben in den östlichen Rajonen der Aserbaidschanischen SSR.

Die P. werden zu den → Aserbaidschanern gerechnet, von denen sie sich durch die Bewahrung und Pflege ihrer nomadischen Stammestraditionen sowie durch einen lokalen Dialekt des Aserbaidschanischen unterscheiden.

Palanen EB.: Palan Russ.: Palancy

→ Korjaken

Pamir-Völker

→ Schugnanen, Jasgulemen, Ruschanen, Wachanen, Bartangen, Ischkaschimen

Parenen EB.: Paren Russ.: Parency

→ Korjaken

Perser EB.: Irani Russ.: Persy

→ Iraner

Polen EB.: Polak Russ.: Poljaki

1,151 Millionen
Die P. leben überwiegend in den Sowjetrepubliken Litauen, Weißrußland und Ukraine.

Seit dem 14. Jh. sind P. in die damals zu Polen bzw. zum Polnisch-litauischen Reich gehörenden Teile Litauens, Weißrußlands und der Ukraine eingewandert. Sie bildeten bis in das 20. Jh. hinein die sozialökonomisch und politisch dominierende Schicht. Durch die polnischen Teilungen zwischen 1772 und 1795 kam der überwiegende Teil dieser Gebiete unter russische Herrschaft. Nach dem Frieden von Riga 1921 erhielt die wiederhergestellte polnische Republik ungefähr die Hälfte der durch die Teilungen an Rußland abgetretenen Gebiete zurück. Diese gingen im September 1939 wieder verloren, als aufgrund des Hilter-Stalin-Paktes Ostpolen der Sowjetunion eingegliedert wurde. Ein 1945 zwischen Polen und der Sowjetunion geschlossener Grenzvertrag bestätigte Moskau im wesentlichen den Besitz dieser Territorien. Die meisten der in diesen Gebieten lebenden P., die den Terror stalinistischer Zwangsmaßnahmen wie den der deutschen Besatzungsmacht hatten ertragen müssen, wurden anschließend nach Polen umgesiedelt. Die unter sowjetischer Herrschaft gebliebenen P. haben sich inzwischen zu fast zwei Drittel an → Litauer, → Weißrussen und → Ukrainer assimiliert.

Das Polnische ist eine westslawische Sprache. Es ist keine in der UdSSR offiziell anerkannte Sprache. Litauisch, Weißrussisch, Ukrainisch oder Russisch dienen als Literatursprache.

Die P. sind katholische Christen.

Lit.: Handbook of Major Soviet Nationalities. Eds. Z. Katz, R. Rogers, F. Harned. New York/London 1975; Poland and Ukraine. Past and Present. Ed. by P. J. Potichnyj. Edmonton/Toronto 1980; Rhode, G.: Geschichte Polens. Ein Überblick. Darmstadt[3] 1980

Pschawelier EB.: Pschaweli Russ.: Pšavy

→ Georgier

R

Ratschwelier EB.: Ratschweli Russ.: Račincy

→ Georgier

Roma (Zigeuner) EB.: Rom Russ.: Cygane

209 000. Es gibt auch Schätzungen, die sich auf 480 000 belaufen.

Die Vorfahren der heutigen R. verließen in der Zeit der islamischen Eroberung zwischen dem 10. und 14. Jh. in mehreren Wellen ihr Herkunftsland Indien. Über den vorderen Orient und Griechenland zogen sie als Wandernomaden nach Südost- und Mitteleuropa. Im 15. Jh. erscheinen sie in Bessarabien, von wo aus sie im 17. Jh. auch die Ukraine und Südrußland erreichten. Ungefähr zur gleichen Zeit wanderten R. von Deutschland über Polen nach Zentralrußland ein. Ihr Nomadenleben zerstreute sie schließlich über alle Teile des Zarenreichs. Nach der Oktoberrevolution sollten aufgrund von Regierungserlassen in den Jahren 1926 und 1928 die R. seßhaft werden. Sie erhielten eigene Grundschulen, und seit 1927 wurden für sie Kolchosen im Nordkaukasus, in der Ukraine sowie in einigen russischen Gebieten eingerichtet. Die Schulen wurden jedoch bereits in den 30er Jahren wieder abgeschafft und die Kolchosen mit russischen zusammengelegt. Die Gebietserwerbungen während des II. Weltkrieges brachten neue Gruppen von R. unter die sowjetische Herrschaft. Seit 1956 ist den R. das Nomadenleben praktisch verboten. Der größere Teil der R. in der UdSSR lebt heute seßhaft.

Die Sprache der R. ist mit dem Sanskrit und dem Hindi verwandt. Es ist in der UdSSR keine offizielle Literatursprache mehr. Die R. bedienen sich daher in der Öffentlichkeit der jeweiligen Landes- oder Gebietssprache.

Die R. sind meistens orthodoxe Christen.

Lit.: Puxon, G.: Roma: Europe's Gypsies. London[3] 1980 (= Minority Rights Group, Report Nr. 14)

Rumänen EB.: Romyn Russ.: Rumyny

128 000

R. leben fast ausschließlich in der Moldauischen SSR sowie im Gebiet Czernowitz der Ukrainischen SSR.

Mit der Eingliederung Bessarabiens und der Nordbukowina in die UdSSR 1940 wurden auch R. sowjetische Staatsbürger. Sprachlich unterscheiden sich die R. so gut wie nicht von den → Moldauern.

Rumänisch gehört zu den romanischen Sprachen. Literatursprache der R. in der UdSSR ist entweder Moldauisch oder Ukrainisch.

Die R. sind orthodoxe Christen.

Lit.: Bruchis, M.: Nations-Nationalities-People: A Study of the Nationalities Policy of the Communist Party in Soviet Moldavia. Boulder, Col. 1984

Ruschanen Eb.: Rychen Russ.: Rušancy

Genaue Anzahl unbekannt. 1960: 9 000
Die R. leben am Fluß Pjandsch im Gorno-Badachschanischen Autonomen Gebiet (Hauptort: Chorog) der Tadschikischen SSR.

Die R. gehören zu den Pamirvölkern. Sie sind iranischer, also indoeuropäischer Herkunft. Sie leben überwiegend von der Landwirtschaft. Mit der Annexion des Pamirgebiets kamen sie um die Wende des 19. zum 20. Jh. unter russische Herrschaft. Durch ihre zunehmende Assimilierung an die → Berg-Tadschiken werden sie heute zu den → Tadschiken gezählt.

Das Ruschanische gehört zu den Pamirsprachen der östlichen Gruppe der iranischen Sprachen.

Die R. sind ismailitische Muslime.

Lit.: Akiner, S.: Islamic Peoples of the Soviet Union. London/Boston/Melbourne/Henley 1983

Russen EB.: Russkij

137,4 Millionen (52 % d. gesamten Bev. d. UdSSR)
82,6 % der R. leben als Titularnation in der Russischen Sozialistischen Föderativen Sowjetrepublik (17 075 000 qkm, Hauptstadt: Moskau).

Die R. sind wie → Ukrainer und → Weißrussen Ostslawen. Die gemeinsamen Vorfahren dieser in Osteuropa autochthonen Völker bildeten seit dem 9. Jh. um den mittleren Dnjepr ein sich rasch entwickelndes Reich, dessen Zentrum Kiew war – die Kiewer Rus. Am Ende des 10. Jh. erfolgte die systematische Christianisierung der Rus durch byzantinische Missionare. Der aus zahlreichen Fürstentümern bestehende Herrschaftsbereich der Rus reichte bald vom Dnjestr im Südwesten bis an die obere Wolga und die Wytschegda im Nordosten und von der Steppengrenze im Süden weit nach Karelien hinein. Aufgrund ständiger Fehden und Zwistigkeiten unter den Fürsten um Erbfolge und den Kiewer Großfürstenthron, nach dem Verlust wichtiger Handelsverbindungen nach Byzanz und angesichts immer wieder aus den Steppengebieten einfallender Reiternomaden verlagerte sich seit der zweiten Hälfte des 12. Jh. das Zentrum der Rus in den Nordosten. In dessen waldreichen Gebieten suchte die in mehreren Siedlerwellen den Süden verlassende Bevölkerung Schutz und Zuflucht. Zum politischen und religiösen Zentrum wurde von nun an Wladimir. Die Kiewer Rus zerfiel endgültig in der ersten Hälfte des 13. Jh. unter dem verheerenden Angriff der nach Westen vordringenden Mongolen und → Tataren. Allerdings stießen deren bewegliche Reiterverbände auch rasch in die nordöstlichen Fürstentümer vor und unterwarfen diese. Damit begann die Zeit der Tatarenherrschaft über die R.. Die südwestlichen Gebiete der Kiewer Rus fielen im 14. Jh. an Polen, der größere Teil westlich des Dnjeprs einschließlich Kiew geriet unter die Herrschaft des sich gerade mächtig entwickelnden Großfürstentums Litauen. Hier begann nun die ganz andere Geschichte der etwas später als Weißrussen und Ukrainer bezeichneten Völker.

Im Nordosten – nunmehr ohne Kontakte nach Byzanz und zu den Nachbarreichen im Westen, wobei lediglich Nowgorod eine Ausnahme bildete – blieben die russischen Fürstentümer in Abhängigkeit von den Tatarenkhanen, die diesen im Innern aber weitgehende Freiheiten ließen. Die untereinander weiter um Vormacht und Großfürstenwürde streitenden Fürsten der Rus, des Russenlandes, konnten nur nach und nach das „Tatarenjoch" abschütteln. Dies ging einher mit einem bis ins 16. Jh. andauernden Zentralisierungsprozeß, dem „Sammeln der russischen Lande", der von den seit Beginn des 14. Jh. sich immer öfter als Großfürsten durchsetzenden Moskauer Fürsten betrieben wurde und im 16. Jh. schließlich alle Teilfürstentümer unter die Herrschaft der Moskauer Großfürsten vereint hatte. Die Annahme der Zarenwürde durch Iwan IV., den Schrecklichen, 1547 gab der neuen Machtstellung des von Moskau geführten Staates unübersehbar Ausdruck.

In der Mitte des 16. Jh. begann mit der endgültigen Vernichtung der Tatarenkhanate an der Wolga, der einsetzenden Eroberung Sibiriens und der Fortsetzung der schon im 15. Jh. aufgenommenen Expansions- und Rückeroberungsversuche im Westen und Nordwesten eine neue Phase. Trotz Rückschlägen und einem Dynastiewechsel zu Beginn des 17. Jh. war Rußland auf dem Weg, eine osteuropäische Vormacht zu werden. Diese Rolle wurde schließlich nach dem für Rußland siegreichen Ausgang des nordischen Krieges zu Beginn des 18. Jh. unter Peter I. erreicht. Das durch Peters Reformen modernisierte Rußland demonstrierte mit der 1703 gegründeten neuen Hauptstadt St. Petersburg (ab 1914: Petrograd, seit 1924: Leningrad) seine Öffnung zum Westen hin und den Eintritt des nunmehrigen Kaiserreiches in das Konzert der europäischen Großmächte. Seine expansive Machtpolitik wurde von den Erben Peters, besonders aber von Katharina II. erfolgreich fortgesetzt. Das 19. Jh. brachte die Eroberung weiter Teile Zentralasiens sowie massive politische und militärische Einflußnahme auf die Entwicklungen im Balkan, wo Rußland Einfluß und Machtstellung des türkischen Reiches zurückdrängen konnte, aber auch in immer wieder entstehende Konflikte mit dem hier gleichfalls engagierten Österreich geriet. Der österreichisch-russische Gegensatz in Südosteuropa sollte dann auch mit zum Ausbruch des I. Weltkrieges beitragen. An dessen Vorabend reichte die Herrschaft des russischen Zaren von Warschau bis auf die Kamtschatka, von Finnland bis in den Kaukasus und weit hinein nach Zentralasien. Die innere Entwicklung des riesigen Reiches war seit langem von wirtschaftlichen, sozialen und Nationalitätenproblemen geprägt, die sich zu Beginn des 20. Jh. zugespitzt hatten und durch den für Rußland äußerst verlustreichen Verlauf des Weltkrieges weiter verschärften. Das zu wirklichen Reformen unfähige autokratische Regime des Zaren wurde schließlich im Februar 1917 durch einen von der breiten Masse der hauptstädtischen Bevölkerung getragenen Revolution beiseitegefegt.

Nach der Februarrevolution begannen vor allem die die Westperipherie des Kaiserreiches bildenden Länder und Völker um Autonomie und nationale Unabhängigkeit zu kämpfen und sich von Rußland zu separieren. Die im Oktober 1917 in Petrograd an die Macht gelangten Bolschewiki, die zunächst den Autonomiebestrebungen der nichtrussischen Völker Rechnung trugen, wählten daher die Bezeichnung RSFSR, um den föderativen Charakter Sowjetrußlands zu betonen. Die RSFSR, deren Hauptstadt schon 1918 Moskau wurde, war somit auch die Vorläuferin der UdSSR. Diese wurde erst im Dezember 1922, als die Bolschewiki den Bürgerkrieg für sich entschieden hatten, durch einen förmlichen Staatsvertrag proklamiert, als sich die inzwischen ebenfalls von Bolschewiki geführten, formal unabhängigen nichtrussischen Sowjetrepubliken auf dem I. Allunionssowjetkongreß mit der RSFSR zusammenschlossen. Innerhalb der Union haben die R. seitdem also ihre eigene Republik, deren Territorium, das ca. 75 % der gesamten Fläche der Sowjetunion einnimmt, bis heute nur unwesentlich verändert wurde. So wurde 1954 die Halbinsel Krim an die Ukrainische SSR abgetreten, die Karelische ASSR aber 1956 der RSFSR eingegliedert, als die Karelisch-Finnische SSR aufgelöst wurde. 1945 war ihr auch das nördliche Ostpreußen zugeschlagen worden. Die größten Veränderungen waren bereits 1936 erfolgt, als Kirgisien und Kasachstan Sowjetrepubliken wurden und die Karakalpakische ASSR der Usbekischen SSR eingegliedert wurde.

Heute werden mehr als 2/3 der gesamten Industrie- und ca. die Hälfte der Landwirtschaftsproduktion auf dem Territorium der RSFSR erzeugt, das ganz Sibirien mit einschließt. Aufgeteilt ist dieser riesige Raum in zehn die Verwaltungsgrenzen überschneidende Wirtschaftszonen, in denen praktisch alle Produktions- und Industriebereiche vertreten sind.

Auf dem Territorium der RSFSR, die wie die Ukrainische und die Weißrussische SSR seit 1945 Mitglied der UNO ist, lebt heute ungefähr die Hälfte der sowjetischen Bevölkerung. Administrativ besteht diese Republik aus sechzehn autonomen Republiken, sechs Regionen, 49 Gebieten, fünf Autonomen Gebieten und zehn Autonomen Kreisen. Von ihren 1987 145 Millionen Einwohnern sind 83 % R.. Die restlichen 17 % setzen sich aus Vertretern fast aller in der UdSSR lebenden Naitonalitäten zusammen.

Das Russische ist die von den meisten Menschen gesprochene ostslawische Sprache. Ihre ältesten Sprachdenkmäler stammen aus dem 11. Jh.. Ihr Alphabet ist im 10. Jh. von den Nachfolgern der Slawenapostel Kyrill und Method geschaffen worden. Das Russische ist praktisch in der gesamten UdSSR Amts- und Verkehrssprache.

Die R. sind orthodoxe Christen.

Lit.: Rauch, G.v.: Geschichte der Sowjetunion. Stuttgart[6] 1977; Stökl, G.: Russische Geschichte. Von den Anfängen bis zur Gegenwart. Stuttgart[4] 1983; Ehlert, N.: UdSSR. Staat und Gesellschaft. Hannover 1982; Schmidt-Häuer, C.: Das sind die Russen. Hamburg 1980

Rutuler EB.: Rutul Russ.: Rutul'cy

15 000
95,3 % der R. leben im Süden der Dagestanischen ASSR, RSFSR.

Die R. gehören zu den autochthonen Völkern des Südkaukasus. Wahrscheinlich schon früh von Armenien aus christianisiert, wurden die R. im 8. Jh. durch die Araber islamisiert. Aufgrund der isolierten Lage ihrer Siedlungen im Gebirge konnten sie der Unterwerfung durch ihre mächtigen awarischen Nachbarn entgehen. Seit dem 17. Jh. organisierten sie sich in einem von Begs geführten Dörferbund. Zu Beginn des 19. Jh. kamen die R. unter die Herrschaft der Russen. Nach mehreren Aufständen wurde 1844 das Territorium der R. dem russischen Reich eingegliedert.

Nach der Oktoberrevolution wurde das Gebiet der R. der im Januar 1921 proklamierten Dagestanischen ASSR eingegliedert.

Das Rutulische gehört zur lesgischen Gruppe der nordöstlichen Kaukasussprachen. Literatursprache sind Aserbaidschanisch und Russisch.

Die R. sind sunnitische Muslime.

Lit.: Akiner, S.: Islamic Peoples of the Soviet Union. London/Boston/Melbourne/Henley 1983

S

Saamen EB.: Saami Russ.: Saami

→ Lappen

Sagaier EB.: Sagai Russ.: Sagajcy

→ Chakassen

Saloren EB.: Salyr Russ.: Salory

→ Turkmenen

Samagiren EB.: Nani Russ.: Samagiry

Genaue Anzahl unbekannt. 1926: 551
Die S. leben am Amur-Nebenfluß Girin in der Region Chabarowsk, RSFSR.

Die S. sind → Ewenken, die sich den → Nanaiern assimiliert haben. Sie bilden eine Territorialgruppe der Nanaier, zu denen sie heute gezählt werden.

Samojeden EB.: – Russ.: Samoedy

→ Enzen, Nenzen, Nganasanen, Selkupen

Saryken EB.: Saryk Russ.: Saryki

→ Turkmenen

Schachdagen EB.: – Russ.: Šachdagskie narody

So genannt nach dem Berg Schachdag, in dessen Umgebung diese dagestanische Gruppe lebt.
→ Budugen, Chinalugen, Krysen

Schachsewenen EB.: Schachsewen Russ.: Šachseveny

Anzahl unbekannt.
Die S. leben im südlichen Steppengebiet Aserbaidschans an der Grenze zum Iran.

Die S. sind eine aserbaidschanische Gruppe ehemaliger Halbnomaden, die ihre traditionelle Nomadenkultur weitgehend erhalten hat.

Die S. sind sunnitische Muslime.

Schoren EB.: Schor-Kischi Russ.: Šorcy

16 000
Sie S. leben am oberen Tom-Fluß im Gebiet Kemerowo, RSFSR

Die S. sind wahrscheinlich aus einer Vermischung ketischer, samojedischer, ugrischer und türksprachiger Stämme des Altai-Gebiets hervorgegangen. Bereits im 6. Jh. scheinen sie sich vollständig türkisiert zu haben. Im Laufe ihrer Geschichte standen sie unter der Herrschaft von → Uiguren, → Kirgisen und Mongolen, die alle Spuren in der Kultur der S. hinterlassen haben. Zu Beginn des 17. Jh. kamen die von Jagd und einer wenig entwickelten Landwirtschaft lebenden S. unter russische Herrschaft. Im 18. Jh. erfolgte ihre Christianisierung. Unter sowjetischer Herrschaft erhielt ihr Siedlungsgebiet 1929 den Status eines Nationalen Rajons, der aber 1939 wieder aufgelöst wurde.

Das Schorische gehört zu der uigurischen Gruppe der östlichen Türksprachen. Es ist seit dem Ende des 19. Jh. neben dem dominierenden Russischen Literatursprache. Als Schrift wird seit 1930 das kyrillische Alphabet benutzt.

Die S. sind orthodoxe Christen.

Lit.: Akiner, S.: Islamic Peoples of the Soviet Union. London/Boston/Melbourne/Henley 1983

Schugnanen EB.: Chunini Russ.: Šugnancy

Genaue Anzahl unbekannt. 1960: 21 000
Die S. leben an den Flüssen Jasgulem und Pjandsch im Gorno-Badachschanischen Autonomen Gebiet (Hauptort: Chorog) der Tadschikischen SSR.

Die S. bilden die größte Gruppe der allem Anschein nach autochthonen iranischen Pamirvölker, die in ihrer wechselhaften Geschichte meist unter der Herrschaft ihrer mächtigeren Nachbarn – von den Tibetanern angefangen bis zu Afghanen und → Usbeken – standen. Um die Wende des 19. zum 20. Jh. kamen sie mit der Annexion des Pamirgebietes unter russische Herrschaft. Die S. sind, wie fast alle Pamirvölker, Viehzüchter und Bergbauern. Sie werden heute zu den → Tadschiken gezählt, an die sie sich immer mehr assimilieren.

Nach der Oktoberrevolution wurde 1925 ein Pamir-Sondergebiet, das kurz darauf in Gorno-Badachschanisches Autonomes Gebiet umbenannt wurde, im Rahmen der damaligen Tadschikischen ASSR eingerichtet, die wiederum später den Status einer SSR erhielt.

Das Schugnanische gehört zu den Pamirsprachen der östlichen Gruppe der iranischen Sprachen. Literatursprache ist Tadschikisch.

Die S. sind ismailitische Muslime.

Lit.: Akiner, S.: Islamic Peoples of the Soviet Union. London/Boston/Melbourne/Henley 1983

Selkupen (Ostjak-Samojeden) EB.: Sel'kup Russ.: Sel'kupy

4 300

Die S. leben im Gebiet Tomsk, im Jamalo-Nenzischen Autonomen Kreis (Hauptort: Salechard) und im Chantisch-Mansischen Autonomen Kreis (Hauptort: Chanty-Mansijsk) im Gebiet Tjumen, RSFSR.

Die S. sind Samojeden mit ketischem Einschlag. Sie bestehen aus einer nördlichen und einer südlichen Gruppe. Letztere lebt vor allem vom Fischfang und der Jagd in der Taiga. Im Gegensatz zu der nördlichen Gruppe sind diese S. seßhaft und haben sich weitgehend russifiziert. Die nördlichen S. betreiben als Halbnomaden Rentierzucht und Fischfang. Im Zuge der Eroberung Sibiriens kamen die S. wie die übrigen samojedischen Stämme um die Wende des 16. zum 17. Jh. unter russische Herrschaft.

Das Selkupische gehört zur samojedischen Gruppe der uralisch-altaiischen Sprachfamilie. Literatursprache ist Russisch, das praktisch alle S. sprechen.

Die S. sind schamanische Animisten.

Lit.: Hajdú, P.: The Samoyed Peoples and Languages. Bloomington/The Hague 1963

Sjusdiner Komi EB.: Komi Mort Russ.: Zjuzdinskie Komi-Permjaki

→ Komi-Permjaken

Slowaken EB.: Slovák Russ.: Slovaki

9 000
Die S. leben im Transkarpatischen Gebiet (Hauptort: Uschgorod) der Ukrainischen SSR.

Die heute in der UdSSR lebenden S. sind Nachkommen von Einwanderern des 19. Jh. bzw. kamen unter sowjetische Herrschaft, als die Tschechoslowakei 1945 die Karpato-Ukraine an die UdSSR abtrat. Sie haben sich stark an die ebenfalls in diesem Gebiet lebenden → Ungarn assimiliert.

Das Slowakische ist eine westslawische Sprache. Es ist keine offiziell anerkannte Sprache in der UdSSR. Als Literatursprache wird Ungarisch oder Ukrainisch benutzt.

Die S. sind heute orthodoxe Christen.

Sojoten EB.: Sojot Russ.: Sojoty

→ Tuwinen

Swanen EB.: Schwan Russ.: Svany

Genaue Anzahl unbekannt. 1958 auf ca. 23 000 geschätzt.
Die S. leben südlich des Elbrus im Norden der Georgischen SSR.

Die S. sind ein autochthones Kaukasusvolk. Heute werden die S. zu den → Georgiern gezählt.

Das Swanische gehört zu den südkaukasischen Sprachen. Literatursprache der S. ist das Georgische.

Die S. sind orthodoxe Christen.

Lit.: Allen, W.E.D.: A History of the Georgian People. From the Beginning down to the Russian Conquest in the Nineteenth Century. London[2] 1972; Lang, D.M.: A Modern History of Georgia. London 1962

Syrjänen EB.: Komi Mort Russ.: Zyrjane

→ Komi

T

Tabasaraner EB.: Tabasaran Russ.: Tabasarancy

75 000
95,7 % der T. leben in den Rajonen Chiw und Tabasaran der Dagestanischen ASSR, RSFSR.

Über die Herkunft der T. ist wenig bekannt. Zum ersten Mal erwähnt wurden sie in armenischen Quellen des 7. Jh.. Sie gehören wahrscheinlich zu den autochthonen Kaukasusvölkern. Im 8. Jh. wurden sie unter arabischer Herrschaft islamisiert. Seit dem 15. Jh. bildeten die T. eine regionale Vormacht, die sich für einige Zeit gegen die um Dagestan kämpfenden Perser und Türken halten konnte. Zu Beginn des 19. Jh., als sich die Russen gegen Perser und Türken durchgesetzt hatten, kamen die T. unter russische Herrschaft.

Nach der Oktoberrevolution wurden die Gebiete der T. der im Januar 1921 proklamierten Dagestanischen ASSR eingegliedert.

Das Tabasaranische gehört zur lesgischen Gruppe der nordöstlichen Kaukasussprachen. Es ist seit 1932 Literatursprache. Seit 1938 dient als Schrift das kyrillische Alphabet.

Die T. sind sunnitische Muslime.

Lit.: Akiner, S.: Islamic Peoples of the Soviet Union. London/Boston/Melbourne/Henley 1983

Tabunuten EB.: Tabunut Russ.: Tabunuty

→ Burjäten

Tadschiken EB.: Tadschik Russ.: Tadžiki

2,9 Millionen (1,1 % d. gesamten Bev. d. UdSSR)
77,2 % der T. leben als Titularnation in der Tadschikischen SSR (143 100 qkm, Hauptstadt: Duschanbe).

Die T. gehören zur ostiranischen Völkerfamilie. Sie bilden das älteste Volk Zentralasiens, da aller Wahrscheinlichkeit nach die schon vor der Zeitenwende hier ansässige autochthone Bevölkerung Baktriens und Sogdiens zu den Vorfahren der T. zählt. Nach

Persern und Griechen, Hunnen und Tochariern wurden im 7. Jh. türksprachige Stämme die Herren dieser Region. Ihnen folgten kurze Zeit später arabische Eroberer, die bis zum 10. Jh. ganz Zentralasien islamisierten. Parallel dazu verlief aufgrund immer wiederkehrender Einfälle und zunehmender Einwanderung türksprachiger Völkerschaften die Türkisierung der iranischsprachigen seßhaften Bevölkerung, für die seit dem 11. Jh. die Bezeichnung T. in Gebrauch kam. Mit ihren fremden Herrschern kamen die T. im 13. Jh. unter die Oberhoheit der Mongolen. Diese wurden von den → Usbeken abgelöst, die sich im 16. Jh. unter eigenen Khanen selbständig machten. Diese waren von nun an auch die Oberherrn der T.. In dieser Zeit, die bis ins 19. Jh. andauerte, haben sich die T. den Usbeken weitgehend assimiliert, so daß am Ende des 19. Jh. die tadschikische Sprache gänzlich vom Usbekischen verdrängt zu werden schien. Daran änderte sich auch nichts, als in der Mitte des 19. Jh. der Norden Tadschikistans im Zuge der russischen Expansion in Zentralasien direkt unter russische Herrschaft gekommen war. Die übrigen Teile Tadschikistans gehörten bis zu dessen Auflösung zum Emirat von Buchara, das bis zum Ende der Zarenherrschaft ein im Innern autonomes Protektorat des russischen Reiches blieb.

Nach der Oktoberrevolution wurde der Norden Tadschikistans der im April 1918 proklamierten Autonomen Sowjetrepublik Turkestan eingegliedert. Nach deren Auflösung im Oktober 1924 wurde die um die bisher zu Buchara gehörenden Gebiete erweiterte Tadschikische ASSR proklamiert und der neugebildeten Usbekischen SSR angeschlossen. Im Dezember 1929 erfolgte die Umwandlung in eine selbständige Tadschikische SSR mit der Hauptstadt Duschanbe (die allerdings bis 1961 Stalinabad hieß).

Mit der Errichtung dieser Sowjetrepubliken hatten die T. zum ersten Mal in ihrer Geschichte ein eigenes Staatswesen erhalten. Die Entwicklung eines tadschikischen Nationalbewußtseins ist auch erst seit der Mitte des 20. Jh. zu beobachten. Es trägt zu einem großen Teil religiöse Züge, da es weitgehend im aktiven Bekenntnis zur islamischen Tradition besteht. Wichtige Impulse gab dabei die Sowjetisierung des Landes, die mit einer breit angelegten Alphabetisierungkampagne maßgeblich zur Retadschikisierung der wenig nationalbewußten T. beigetragen hat. Auf Widerstand stieß bei der tadschikischen Bevölkerung die Zwangskollektivierung der Landwirtschaft, die 1933 bereits zur Hälfte durchgeführt und 1940 vollständig abgeschlossen war. Sie ging einher mit der Entmachtung und Liquidierung der als „Beys" qualifizierten Mittelbauern und der nationalistischer Abweichung beschuldigten tadschikischen Intellektuellen, die vor allem in der Partei ihre Führungspositionen verloren und durch zugezogene → Russen ersetzt wurden. Dies geschah auch vor dem Hintergrund der 1918 entstandenen, ganz Turkestan erfassenden Autonomiebewegung der Basmatschi-Rebellen, die noch zu Beginn der 30er Jahre die sowjetische Herrschaft in Tadschikistan bedroht hatte und erst 1934 von der Roten Armee endgültig liquidiert werden konnte.

Die Industrialisierung des zu Beginn der sowjetischen Herrschaft gänzlich unterentwickelten Tadschikistans wurde in den 30er Jahren in Angriff genommen. Sie bestand vor allem im Auf- und Ausbau von Zweigen der Leichtindustrie sowie in der Verbesserung der Infrastruktur. Für die Landwirtschaft wurde das Bewässerungssystem erneuert und erweitert. Die wichtigsten Industriebranchen der modernen Tadschikischen SSR bilden elektrochemische Betriebe, Aluminiumwerke sowie Textil- und Konservenfabriken. In der Landwirtschaft dominiert der Anbau von Baumwolle.

1987 hatte die Tadschikische SSR 4,8 Millionen Einwohner. Mit 59 % bilden die T. die größte Bevölkerungsgruppe vor Usbeken und Russen mit 23 % und 10 %. Ihnen folgen → Tataren, → Deutsche, → Kirgisen, → Ukrainer, → Juden und kleinere Gruppen anderer Nationalitäten.

Das Tadschikische gehört zur westlichen Gruppe der iranischen Sprachen. Es ist seit dem 19. Jh. Literatursprache. Seit 1939 wird als Schrift das kyrillische Alphabet benutzt.

Die T. sind sunnitische Muslime.

Lit.: Rakowska – Harmstone, T.: Russia and Nationalism in Central Asia. The Case of Tadzhikistan. Baltimore/London 1970; Bennigsen, A., Wimbush, S. E.: Muslims of the Soviet Empire. A Guide. London 1985; Lukniz-ki, P.: Sowjet – Tadschikistan. Moskau 1954; Coates, Z. K. u. W.P.: Soviets in Central Asia. London 1951

Talischen EB.: Talusch Russ.: Talyši

Genaue Anzahl unbekannt. 1959: 10 600
Die T. leben in den Rajonen Lenkoran, Astara und Lerik der Aserbaidschanischen SSR.

Die T. sind die Nachkommen iranischer Stämme, die sich mit kaukasischen Gruppen vermischt haben. Sie standen seit dem 13. Jh. unter mongolischer Oberhoheit. Später gehörte ihr Territorium zum Herrschaftsbereich der Perser, die ihre Stellung immer wieder gegen türkische Ansprüche verteidigen mußten. Nach dem Zerfall der persischen Herrschaft konnten die T. in der Mitte des 18. Jh. ein eigenes, weitgehend autonomes Khanat errichten. Als Persien 1813 Aserbaidschan an den Zaren abtreten mußte, kamen die T. unter russische Herrschaft. Die T. werden heute zu den → Aserbaidschanern gezählt, denen sie sich jedoch nur langsam assimilieren.

Das Talischische gehört zur westlichen Gruppe der iranischen Sprache. Literatursprache ist Aserbaidschanisch.

Die T. sind schiitische Muslime.

Lit.: Bennigsen, A., Wimbush, S. E.: Muslims of the Soviet Empire. A Guide. London 1985

Tataren EB.: Tatar Russ.: Tatary

6,3 Millionen (2,41 % d. gesamten Bev. d. UdSSR)
26 % der T. leben als Titularnation in der Tatarischen ASSR (68 000 qkm, Hauptstadt: Kasan), RSFSR. Die übrigen leben verstreut vor allem in Sibirien und den zentralasiatischen Republiken.

Die T. sind Abkömmlinge verschiedener (kiptschakischer) Türkstämme, die seit dem 10. Jh. aus Südsibirien nach Westen vorgedrungen sind und sich mit anderen, vor allem auch finno-ugrischen Völkern vermischt haben. Zu ihren Vorfahren zählen wahrscheinlich auch Teile der ebenfalls türksprachigen Bolgaren, die im 10. Jh. an der mittleren Wolga ansässig waren. Die T. waren früh unter die Herrschaft der Mongolen gekommen, in deren nach Westen vorstoßenden Heeren sie die Masse stellten, wodurch viele Mongolen assimiliert wurden. Das riesige mongolische Reich, die Goldene Horde, war daher bereits zu Beginn des 14. Jh. weitgehend türkisiert. In seiner Auflösungsphase im 15. Jh. entstanden dann autonome tatarische Khanate: 1443 auf der Krim, 1483 in Westsibirien, 1466 in Astrachan und bereits 1437 in Kasan. Sie wurden seit 1552 vom expandierenden Moskauer Reich erobert und unter die Herrschaft der Zaren gebracht. Eine Ausnahme bildete das Khanat der Krim, das erst unter Katharina II. Rußland eingegliedert werden konnte. Mit Aufruhr und ständig wiederkehrenden Revolten wehrten sich die islamischen T. bis zum Ende des 18. Jh. gegen die russische Herrschaft. Erfolgreich blieb jedoch lediglich ihr Widerstand gegen die Christianisierung. Hervorzuheben ist dabei allerdings auch die Tatsache, daß sich schon seit dem 16. Jh. ein Teil des tatarischen Adels taufen und russifizieren ließ. Die Integration der Masse der tatarischen Bevölkerung verlief dagegen bis zum Ende des Zarenreichs weniger konfliktfrei und hatte zur Folge, daß viele T. in die islamischen Reiche Zentralasiens oder im 19. Jh. auch in die Türkei auswanderten.

Nach der Oktoberrevolution scheiterte der Versuch nationalbewußter Kräfte, an der Wolga einen großen geschlossenen Tatarenstaat zu errichten. Nachdem dann im Mai 1919 die ebenfalls tatarischen → Baschkiren eine ASSR erhalten hatten, wurde im Mai 1920 die Tatarische ASSR proklamiert, die seitdem zur RSFSR gehört.

Das Tatarische gehört zur kiptschakischen Gruppe der westlichen Türksprachen. Es ist seit dem 16. Jh. Literatursprache. Seit 1940 wird als Schrift das kyrillische Alphabet benutzt.

Die T. sind sunnitische Muslime.

Lit.: Rorlich, A.-A.: The Volga Tatars. A Profile in National Resilience. Stanford, Calif. 1986; Handbook of Major Soviet Nationalities. Ed. by Z. Katz. New York/London 1975; Ischboldin, B.: Essays on Tatar History. New Delhi 1973; Kappeler, A.: Rußlands erste Nationalitäten. Das Zarenreich und die Völker der Mittleren Wolga vom 16. bis 19. Jahrhundet. Köln/Wien 1982; Spuler, B.: Die Wolga-Tataren und Baschkiren unter russischer Herrschaft. In: Der Islam. Zeitschrift für Geschichte und Kultur des islamischen Orients, 29 (1949/50), S. 142 – 216

Taten EB.: Tat Russ.: Taty

22 400

Die T. leben überwiegend im Nordosten der Aserbaidschanischen

SSR sowie im Gebiet zwischen Machatschkala und Derpent in der Dagestanischen ASSR, RSFSR.

Über die genaue Herkunft der T. ist wenig bekannt. Wahrscheinlich sind sie Nachkommen iranischer Gruppen, die sich bereits im 5. Jh. im Norden Aserbaidschans angesiedelt hatten. Eine eigene staatliche Organisation haben die T. nie gehabt. Da ihre früher viel zahlreicheren Siedlungen zu verschiedenen Macht- und Einflußbereichen gehört haben und die T. Nachbarn von → Aserbaidschanern und → Armeniern waren, haben sie sich teilweise an diese assimiliert.

Das Tatische gehört zur südwestlichen Gruppe der iranischen Sprachen. Literatursprache ist Aserbaidschanisch.

Die T. sind sunnitische und schiitische Muslime.

Siehe auch → Bergjuden

Lit.: Bennigsen, A., Wimbush, S. E.: Muslims of the Soviet Empire. A Guide. London 1985

Tawgy-Samojeden EB.: Nganasan Russ.: Tavgijcy

→ Nganasanen

Tekke EB.: Teke Russ.: Tekincy

→ Turkmenen

Telengiten EB.: Telengit Russ.: Telengity

Die T. leben an den Flüssen Tschulyschman, Tschuja und Argut im Gorno-Altaiischen Autonomen Gebiet.

→ Altaier

Telesen EB.: Tölös Russ.: Telesy

Die T. leben an den Flüssen Tschulyschman und Tschuja im Gorno-Altaiischen Autonomen Gebiet.

→ Altaier

Teleuten EB.: Teleugut Russ.: Teleuty

Die T. leben überwiegend im Rajon Belowo des Gebietes Kemerowo, RSFSR, ein kleiner Teil im Gorno-Altaiischen Autonomen Gebiet.
→ Altaier

Tindi EB.: Idaraw Hekwa Russ.: Iderincy

→ Awaren

Tofalaren (Karagassen) EB.: Tof Tofalary

800
Die T. leben im Gebiet Irkutsk, RSFSR.

Die T. sind eine kleine türksprachige Stammesgruppe, die aus der Vermischung türksprachiger, ketischer, mongolischer und samojedischer Gruppen hervorgegangen ist. Ursprünglich lebten sie als Jägernomaden im Sajan-Gebirge, von wo aus sie im 17. Jh. in ihr heutiges Gebiet zogen. Die T. sind in ihrer Lebensweise eng verwandt mit den → Tuwinen, deren Nachbarn sie sind. In der Mitte des 17. Jh. kamen die T. unter russische Herrschaft. Anders als die Tuwinen haben sich die T. schon früh durch die Russen assimilieren lassen.

Das Tofalarische gehört zur uigurischen Gruppe der östlichen Türksprachen. Literatursprache ist Russisch.

Die T. sind schamanische Animisten.

Torguten EB.: Torgout Russ.: Torguty

→ Kalmücken

Tsachurier EB.: Jychi Russ.: Cachurcy

14 000
Über die Hälfte der T. leben am Samur-Fluß in der Aserbaidschanischen SSR, ungefähr ein Drittel im Süden der Dagestanischen ASSR, RSFSR.

Die T. sind ein autochthones Berghirtenvolk des Kaukasus. Im 8.

Jh. wurde es von den eindringenden Arabern islamisiert. In einer losen Föderation organisiert, konnten sie sich seit dem 15. Jh. in zahlreichen Kämpfen gegen ihre Nachbarvölker, gegen Perser, Türken und → Georgier behaupten und ihre Autonomie erhalten, indem sie sich seit dem 17. Jh. politisch an die → Aserbaidschaner anlehnten. Allerdings wurden sie dabei sprachlich und kulturell durch die Aserbaidschaner assimiliert. Zu Beginn des 19. Jh. wurde das Sultanat der T. ein russisches Protektorat. Nach antirussischen Aufständen wurden die T. in der Mitte des 19. Jh. dem russischen Reich eingegliedert.

Nach der Oktoberrevolution wurde ein Teil des von T. bewohnten Gebiets der im Januar 1921 proklamierten Dagestanischen ASSR eingegliedert. Die übrigen T. wurden mit ihren Gebieten der Aserbaidschanischen SSR eingegliedert, wo sie einem umfassenden Assimilierungsprozeß unterliegen.

Das Tsachurische gehört zur lesgischen Gruppe der nordöstlichen Kaukasussprachen. Literatursprache ist Russisch oder Aserbaidschanisch.

Die T. sind sunnitische Muslime.

Lit.: Akiner, S.: Islamic Peoples of the Soviet Union. London/Boston/Melbourne/Henley 1983

Tschamalal EB.: Tschamalal Russ.: Čamalincy

→ Awaren

Tschawtschuwenen EB.: Tschawtschjo Russ.: Čavčuveny

→ Korjaken

Tschechen EB.: Čech Russ.: Čechi

18 000

Die T. leben überwiegend im Gebiet Schitomir der Ukrainischen SSR.

T. sind seit dem 13. Jh. immer wieder in kleineren Gruppen in die Gebiete der heutigen Ukraine eingewandert. Im 15. Jh. ließen sich T. um Lwow nieder, und in der zweiten Hälfte des 19. Jh. wurden tschechische Kolonisten in Wolhynien angesiedelt. 1945 verließen viele T. die UdSSR, um Bürger der wiederhergestellten Tschechoslowakei zu werden.

Das Tschechische ist eine westslawische Sprache.

Die T. sind Christen unterschiedlicher Denomination.

Tschelkanen EB.: Ku-Kischi Russ.: Čelkancy, Lebedincy

Die T. leben an den Flüssen Bija und Lebed im Gorno-Altaiischen Autonomen Gebiet.
→ Altaier

Tscheremissen EB.: Mari Russ.: Čeremisy

→ Mari

Tscherkessen EB.: Adyge Russ.: Čerkesy

46 000
Die T. leben zu 66,6 % im Karatschaiisch-Tscherkessischen Autonomen Gebiet (14 100 qkm, Hauptort: Tscherkessk) der Stawropoler Region, RSFSR.

Die T. sind → Adygejer, die in dem seit 1922 eingerichteten, zunächst als Tscherkessisch bezeichneten Autonomen Gebiet leben. Dieses wurde nach mehreren Veränderungen 1957 mit dem ehemaligen Karatschaiischen Autonomen Gebiet zum Karatschaiisch-Tscherkessischen Autonomen Gebiet zusammengelegt, obwohl die → Karatschaier weder ethnisch noch sprachlich mit den T. verwandt sind.

Tschetschenen EB.: Nochtscho Russ.: Čečency

756 000
80,8 % der T. leben in der Tschetscheno-Inguschischen ASSR (19 300 qkm, Hauptstadt: Grosny), RSFSR.

Die T. gehören zu den autochthonen Völkern des Kaukasus. Seit antiker Zeit unterstanden sie georgischen Königen, von denen auch ein Teil der T. christianisiert wurden. Ursprünglich in den Bergen lebend, ließen sie sich im 16. Jh. als Viehhirten an der Sunscha und ihren Nebenflüssen nieder, wo sie unter die Herrschaft von → Kumücken und → Kabardinern kamen und islamisiert wurden. Nach heftiger Gegenwehr und erfolglosen Aufständen wurden die T. in der Mitte des 19. Jh. russische Untertanen.

Nach der Oktoberrevolution wurde das Gebiet der T. ein Teil der 1921 formierten Gorskaja (Berg) ASSR. Im November 1922 erhielt es den Status eines Autonomen Gebiets, das 1934 mit dem Inguschischen zum Tschetscheno-Inguschischen Autonomen Gebiet vereint und im Dezember 1936 in eine ASSR umgewandelt wurde. 1944 wurden T. und → Inguschen wegen angeblicher Kollaboration mit der deutschen Besatzung nach Zentralasien deportiert; ihre Republik wurde aufgelöst. Nach ihrer Rehabilitierung 1957 konnten beide Völker in ihre restituierte, aber territorial verkleinerte ASSR zurückkehren.

Das Tschetschenische gehört zur nordöstlichen (veinachischen) Gruppe der kaukasischen Sprachen. Es ist seit dem Ende des 19. Jh. Literatursprache. Als Schrift wird seit 1938 das kyrillische Alphabet benutzt.

Die T. sind sunnitische Muslime.

Lit.: Akiner, S.: Islamic Peoples of the Soviet Union. London/Boston/ Melbourne/Henley 1983; Bennigsen, A., Wimbush, S.E.: Muslims of the Soviet Empire. A Guide. London 1985; Plaetschke, B.: Die Tschetschenen. Forschungen zur Völkerkunde des nordöstlichen Kaukasus. Hamburg 1929

Tschowdoren EB.: Tschowdor Russ.: Čaudor

→ Turkmenen

Tschuktschen EB.: Lyg Oravetljan Russ.: Čukči

14 000
80,7 % der T. leben im Tschuktschischen Autonomen Kreis (Hauptort: Anadyr) des Gebietes Magadan, RSFSR.

Die T. sind zum Teil nomadisierende Rentierzüchter; an der Küste leben sie als Meeresjäger und Fischer. Mit der Eroberung der Tschuktschen-Halbinsel kamen sie in der Mitte des 17. Jh. unter russische Herrschaft, die sie lange Zeit nicht akzeptieren wollten. Die zarische Verwaltung hatte bis zum Schluß erhebliche Schwierigkeiten, der Unbotmäßigkeit der T. Herr zu werden.

Das Tschuktschische bildet mit dem Itelmenischen und Korjakischen eine eigene Gruppe der paläoasiatischen Sprachen. Es ist seit 1931 Literatursprache. Als Schrift dient das kyrillische Alphabet.

Die T. sind schamanische Animisten.

Lit.: Kolarz, W.: Rußland und seine asiatischen Völker. Frankfurt 1956

Tschuwaschen EB.: Tschawasch Russ.: Čuvaši

1,751 Millionen
50,7 % der T. leben als Titularnation in der Tschuwaschischen ASSR (18 300 qkm, Hauptstadt: Tscheboksary), RSFSR.

Die T. sind wahrscheinlich aus der Vemischung von autochthonen finnougrischen Stämmen mit Wolga-Bulgaren hervorgegangen, die sich türkisiert haben. Sie gliedern sich bis heute in die zwei Territorialgruppen der nordwestlichen Wirjalen und der südöstlichen Anatri. Sie waren Abhängige, möglicherweise auch ein Teil des seit dem 6. Jh. mächtigen Reichs der Wolga-Bulgaren, deren Islamisierung im 9. Jh. auch schon einen Teil der T. erfaßte. Zu Beginn des 13. Jh. kamen sie unter die Herrschaft der Mongolen. Als deren Reich, die Goldene Horde, im 15. Jh. zerfiel, gehörten die T. zum tatarischen Khanat von Kasan. Mit dessen Eroberung 1552 durch Iwan den Schrecklichen kamen sie unter russische Herrschaft. Die Einführung der Leibeigenschaft und Russifizierungsversuche führten in der Folgezeit zu einem Niedergang der einst entwickelten Landwirtschaft der T. und immer wieder zu Unruhen und Aufständen. Mit der Russifizierung der T. ging ihre Christianisierung einher, die erst im 19. Jh. abgeschlossen wurde.

Nach der Oktoberrevolution wurde im Juni 1920 ein Tschuwaschisches Autonomes Gebiet eingerichtet, das im April 1925 den Status einer ASSR erhielt.

Das Tschuwaschische nimmt eine Sonderstellung unter den westlichen Türksprachen ein. Es ist seit dem Ende des 18. Jh. Literatursprache. Seit damals dient als Schrift das kyrillische Alphabet.

Die T. sind orthodoxe Christen.

Lit.: Akiner, S.: Islamic Peoples of the Soviet Union. London/Boston/Melbourne/Henley 1983; Kappeler, A.: Rußlands erste Nationalitäten. Das Zarenreich und die Völker der mittleren Wolga vom 16. bis 19. Jahrhundert. Köln/Wien 1982

Tualläg-Osseten EB.: Tualläg Russ.: Tual'cy

→ Osseten

Tubalaren EB.: Tuba Russ.: Tubalary

Die T. leben zwischen den Flüssen Bija und Katun im Gorno-Altaiischen Autonomen Gebiet.
→ Altaier

Türken EB.: Turk Russ.: Turki

93 000
Die T. in der UdSSR stammen von unterschiedlichen Vorfahren ab. Zum Teil sind sie die Nachkommen osmanischer Türken, die – im Süden des Kaukasus siedelnd – in der ersten Hälfte des 19. Jh. unter russische Herrschaft kamen. Die übrigen haben → Turkmenen, aber auch türkisierte → Georgier und andere türkisierte kaukasische Volksgruppen als Vorfahren. Unter sowjetischer Herrschaft wurden sie in den 30er Jahren zu den → Aserbaidschanern gezählt. Sie gehören zu den → Mes'cheten, die 1944 – wohl aus strategischen Überlegungen gegenüber der Türkei – nach Zentralasien deportiert wurden. Seit 1959 bezeichnen sie sich wieder als Türken. Allerdings scheinen inzwischen nur wenige in ihre ehemaligen Gebiete zurückgekehrt zu sein, nachdem ihnen die Auswanderung in die Türkei verwehrt blieb.

Das Türkische gehört zur oghusischen Gruppe der westlichen Türksprachen. Es ist in der Sowjetunion keine offiziell anerkannte Sprache.

Die T. sind sunnitische Muslime.

Lit.: Bennigsen, A.; Wimbush, S. E.: Muslims of the Soviet Empire. A Guide. London 1985; Wimbush, S. E., Wixman, R.: The Meskhetian Turks: A

New Voice in Soviet Central Asia. In: Canadian Slavonic Papers, vol. XVII (1975), S. 320 - 341

Tungusen EB.: Ewenk Russ.: Tungusy

→ Ewenken

Turkmenen EB.: Türkmen Russ.: Turkmeny

2,028 Millionen
93,3 % der T. leben als Titularnation in der Turkmenischen SSR (488 100 qkm, Hauptstadt: Aschchabad).

Die T. sind die Nachkommen von Oghusen-Türken, die seit dem 8. Jh. – aus der Mongolei kommend – in die Gebiete zwischen Aral- und Issyk-Kul-See eingedrungen sind, wo sich ihnen andere türksprachige Stämme und Teile der ansässigen iranischen Bevölkerung assimiliert haben. Im Laufe der arabischen Eroberung Zentralasiens wurden sie seit dem 10. Jh. islamisiert. Im 11. Jh. drangen die untereinander selbständigen Stämme der Oghusen bis zur Donau nach Westen vor, eroberten Persien und Kleinasien, wobei sich vor allem die Horde – oder der oghusische Neustamm – der Seldschuken durch Reichsbildungen einen Namen machte. Die nichtseldschukischen T. kamen im 14. Jh. unter die Herrschaft der mongolischen Goldenen Horde bzw. im Süden unter die Oberhoheit der ebenfalls mongolischen Ilkhane von Persien. Nach dem Untergang der mongolischen Reiche waren die zahlreichen Stämme der T. nomadisierende, kaum zu kontrollierende Untertanen der persischen Schahs sowie der Emire und Khane von Buchara und Chiwa. Nach der Eroberung Kasachstans unterwarfen die Russen zwischen 1877 und 1881 einzelne Stämme der T., durch deren Territorien die wichtigsten Verbindungslinien nach Afghanistan führten, das das Fernziel der russischen Expansion im zentralasiatischen Raum war. Die unter der Herrschaft der russischen Protektorate Chiwa und Buchara stehenden T. genossen bis zur Auflösung dieser Emirate weitgehende Eigenständigkeit als Nomaden, die sich meist jedem administrativen und fiskalischen Zugriff zu entziehen versuchten. Während des I. Weltkriegs und in der Zeit des russischen Bürgerkrieges war Turkmenien Schauplatz von Unruhen und Rebellion gegen die lokalen Herrscher wie gegen die russische Verwaltung, deren Versuch, die einheimische Bevölkerung für die Zarenarmee zu rekrutieren, einen sich rasch ausbreitenden Aufstand hervorrief. Auf Widerstand stießen auch die Bolschewiki, die erst nach zähen Kämpfen die turkmenischen Gebiete unter ihre Kontrolle bringen konnten.

Aus der bereits im April 1918 proklamierten Turkestanischen ASSR, in der Turkmenien seit 1921 den Status eines Gebiets hatte, sowie aus Teilen der Sowjetrepubliken Buchara und Choresmien (Chiwa) wurde im Oktober 1924 die selbständige Turkmenische SSR gebildet. Jetzt erst wurden die immer selbständigen und nur ab und zu in Bünden zusammengeschlossenen turkmenischen Stämme, von denen die bedeutendsten die der Tekke, Jomuden, Ersari, Saloren, Göklen, Alili, Saryken und Tschowdoren waren, zu einem Volk formiert.

Die Sowjetisierung der T. begann mit einer Landreform und dem Ausbau des Bewässerungssystems, wobei Einfluß und Verfügungsgewalt der Beys über Land- und Wasserzuteilung zunächst eingeschränkt, später ganz beseitigt wurden. 1926 setzte die Kollektivierung der Landwirtschaft ein, die bis 1930 nur langsam vorankam und gegen den Widerstand der bisher noch überwiegend nomadisch lebenden Bevölkerung durchgesetzt werden mußte. Damit einher ging die Liquidierung der den Sippenverbänden vorstehenden Beys, die als Kulaken verfolgt wurden. Antireligiöse Propaganda und ein modernes Schulsystem sollten islamische Traditionen verdrängen und helfen, die überkommenen Gesellschaftsstrukturen zu verändern.

In der Landwirtschaft wurde vor allem der Anbau von Baumwolle mit Erfolg intensiviert, so daß sich bis zum II. Weltkrieg die Turkmenische SSR zum wichtigsten sowjetischen Baumwolllieferanten hinter Usbekistan entwickelte. Im industriellen Sektor wurde vor allem in die Textilindustrie investiert und die Entwicklung einer Leichtindustrie in Angriff genommen. Die Erdgas- und Erdölförderung wurde ständig erweitert, gewann aber erst durch die Ostverlagerung größerer Produktionsstätten während des II. Weltkriegs an Bedeutung. Heute hat nur noch die Erdgasförderung einen überproportionalen Anteil an der gesamten Förderung in der UdSSR. Daneben bestimmen Raffinerien, petrochemische Betriebe und weiterhin auch Textilfabriken das Bild der turkmenischen Volkswirtschaft.

1987 hatte die Turkmenische SSR 3,4 Millionen Einwohner. Davon bilden die T. mit einem Anteil von 68 % die größte Bevölkerungsgruppe vor → Russen und → Usbeken mit 13 % und mit 9 %. Ihnen folgen → Kasachen, → Tataren, → Ukrainer, → Armenier sowie kleinere Gruppen anderer Nationalitäten.

Das Turkmenische gehört zur oghusischen Gruppe der westlichen Türksprachen. Es ist seit dem 18. Jh. Literatursprache. Als Schrift dient seit 1940 das kyrillische Alphabet.

Die T. sind sunnitische Muslime.

Lit.: Akiner, S.: Islamic Peoples of the Soviet Union. London/Boston/Melbourne/Henley 1983; Bennigsen, A., Wimbush, S.E.: Muslims of the Soviet Empire. A Guide. London 1985; Coates, W.P. u. Z. K.: Soviets in Central Asia. London 1951; Sarkisyanz, E.: Geschichte der orientalischen Völker Rußlands bis 1917. Eine Ergänzung zur ostslawischen Geschichte Rußlands. München 1961

Tuscha EB.: Tuschuri Russ.: Tušiny

→ Georgier

Tuwinen (Sojoten) EB.: Tuwa Russ.: Tuvincy

166 000
97,6 % der T. leben als Titularnation in der Tuwinischen ASSR (170 500 qkm, Hauptstadt: Kysyl), RSFSR.

Die T. sind aus der Vermischung türksprachiger Stämme mit türkisierten → Keten, Samojeden und Mongolen hervorgegangen. Seit dem 7. Jh. standen die als Jägernomaden am oberen Jenissej und seinen Zuflüssen lebenden T. zunächst unter der Herrschaft der Chinesen. Diesen folgten als Eroberer → Uiguren und Jenissej-Kirgisen. Vom 13. bis zum 17. Jh. gehörten die Gebiete der T. zum Machtbereich mongolischer Herrscher, die von den → Kalmücken verdrängt wurden. Das expandierende Mandschu-Reich brachte schließlich die T. in der Mitte des 18. Jh. wieder unter chinesische Herrschaft. Die ersten Kontakte zwischen T. und → Russen kamen in der 2. Hälfte des 19. Jhs. zustande, als die Chinesen 1860 dem russischen Reich Handelsrechte in dem als Tuwa oder auch Urjanchaj bezeichneten Gebiet der T. eingeräumt hatten. Seit den 80er Jahren des 19. Jh. ließen sich hier immer mehr russische Siedler nieder, die praktisch die offiziell erst 1914 vollzogene Eingliederung Urjanchajs in das russische Reich vorwegnahmen.

Nach der Oktoberrevolution gewannen die T. die Unabhängigkeit und proklamierten 1921 ihre souveräne Republik Tannu-Tuwa, die vergeblich den Anschluß an die Mongolei betrieb. Der sich seit 1930 verstärkende sowjetische Einfluß auf die Politik der Republik der T. führte nach einem formellen Aufnahmeantrag im Oktober 1944 zu deren Eingliederung in die UdSSR als Tuwinisches Autonomes Gebiet, das 1961 den Status einer ASSR erhielt.

Das Tuwinische gehört zur uigurischen Gruppe der östlichen Türksprachen. Es ist seit 1930 Literatursprache. Als Schrift wird seit 1943 das kyrillische Alphabet benutzt.

Die T. sind Buddhisten.

Lit.: Akiner, S.: Islamic Peoples of the Soviet Union. London/Boston/Melbourne/Henley 1983; Kolarz, W.: Rußland und seine asiatischen Völker. Frankfurt 1956

U

Udehe EB.: Ude Russ.: Udėgejcy

1 600

Die U. leben in der Taiga östlich des Ussuri in den Regionen Chabarowsk und Wladiwostok (Primorskij Kraj), RSFSR.

Die U. sind ein stammesgeschichtlich zwischen Mandschu und → Tungusen stehendes Jägervolk paläoasiatischer Herkunft. Sie kamen wie die → Orotschen und → Nanaier erst in der Mitte des 19. Jh. unter russische Herrschaft. Daher konnten sie ihre ursprüngliche Lebensweise und eine eigenständige Kultur bis in unsere Zeit hinein bewahren.

Die Sprache der U. gehört zum mandschu-tungusischen Zweig der uralo-altaiischen Sprachfamilie. Literatursprache ist Russisch.

Die U. sind schamanische Animisten

Lit.: Kolarz, W.: Rußland und seine asiatischen Völker. Frankfurt 1956

Uden EB.: Udi Russ.: Udincy

7 000
Die U. leben in den Orten Wartaschen und Nidsch der Aserbaidschanischen SSR sowie in Oktomberi im Ostteil der Georgischen SSR.

Die U. sind wahrscheinlich Nachkommen eines der ältesten unter den autochthonen Kaukasusvölkern. Sie wurden schon sehr früh von Armenien aus christianisiert. Im Laufe der Jahhunderte wurde der größte Teil der U. von → Armeniern und → Aserbaidschanern assimiliert.

Das Udische gehört zur lesgischen Gruppe der nordöstlichen Kaukasussprachen. Literatursprache ist Russisch.

Die U. sind überwiegend armenisch-gregorianische und orthodoxe Christen.

Udmurten (Wotjaken) EB.: Udmurt Russ.: Udmurty

714 000
67,2 % der U. leben als Titularnation in der Udmurtischen ASSR (42 100 qkm, Hauptstadt: Ischewsk), die übrigen in der Tatarischen, Baschkirischen und der ASSR der Mari, RSFSR.

Die kulturell und linguistisch mit den → Komi verwandten U. gehören zu den finnougrischen Völkern. Sie sind ein typisches Volk von Ackerbauern, bestehend aus den zwei Territorialgruppen der Watka und Kalmes, die bis zum 13. Jh. in engem Kontakt zu den Wolga-Bulgaren standen, ihnen vielleicht direkt untertan waren. Im 13. Jh. kamen sie unter die Herrschaft der von Osten in das Wolgagebiet eindringenden → Tataren. Mit der Eroberung des Tatarenkhanats von Kasan durch Zar Iwan IV. wurden die U. dem russischen Reich eingegliedert. Der russischen Herrschaft, vor allem aber ihrer Christianisierung, die erst in der Mitte des 18. Jh. Erfolge aufweisen konnte, widersetzten sie sich lange. Nach der Oktoberrevolution wurde 1920 im Rahmen der RSFSR ein Udmurtisches Autonomes Gebiet eingerichtet, daß 1934 den Status einer ASSR erhielt.

Das Udmurtische gehört zur permischen Gruppe der finnougrischen Sprachfamilie. Es ist seit Anfang der 20er Jahre Literatursprache. Als Schrift wird das kyrillische Alphabet benutzt.

Die U. sind überwiegend schamanische Animisten, zum Teil auch orthodoxe Christen.

Lit.: Vuorela, T.: The Finno - Ugric Peoples. Bloomington/The Hague 1964; Kappeler, A.: Rußlands erste Nationalitäten. Das Zarenreich und die Völker der Mittleren Wolga vom 16. bis 19. Jahrhundert. Köln/Wien 1982

Uiguren EB.: Uigur Russ.: Ujgury

211 000

Die U. leben überwiegend in der Usbekischen SSR und in den übrigen zentralasiatischen Sowjetrepubliken.

Die U. sind ein Türkvolk, das schon im 8. Jh. ein mächtiges Staatswesen besaß, daß sich vom Altai bis in die Mandschurei erstreckte. Von Jenissej-Kirgisen überrannt, verlagerte sich ihr Reich in den nordöstlichen Teil der modernen chinesischen Provinz Sinkiang. Dort kamen sie im 13. Jh. unter mongolische Herrschaft. In der Auflösungsphase des Mongolenreichs verliert sich ihre Spur im 15. Jh.; die U. haben sich damals wahrscheinlich mit anderen Türkvölkern vermischt, mit denen sie unter die Herrschaft der chinesischen Kaiser und zentralasiatischer Emire und Khane gerieten. Im Zuge der Eroberung Zentralasiens wurden Teile der überwiegend von Landwirtschaft lebenden U. in der zweiten Hälfte des 19. Jh. russische Untertanen, deren Anzahl durch kontinuierlichen Zuzug aus chinesischen Gebieten ständig wuchs.

Eine starke Einwanderungswelle von U. aus China nach Kasachstan war in den 1960er Jahren festzustellen, als die Sowjetunion eher als China den nationalen Besonderheiten dieses Volkes Rechnung zu tragen schien.

Das Uigurische gehört zur karlukischen Gruppe der westlichen Türksprachen. Es ist seit dem 11. Jh. Literatursprache. Als Schrift wird seit 1947 das kyrillische Alphabet benutzt.

Die U. sind sunnitische Muslime.

Lit.: Bennigsen, A; Wimbush, S.E.: Muslims of the Soviet Empire. A Guide. London 1985; Akiner, S.: Islamic Peoples of the Soviet Union. London/

Boston/Melbourne/Henley 1983; Teufel Dreyer, J.: Ethnic Minorities in the Sino - Soviet Dispute. In: Soviet Asian Ethnic Frontiers. Ed. by W.O. McCagg, Jr.; B.D.Silver. New York/Toronto/Sydney/Frankfurt/Paris 1979, S. 195 - 226

Ukrainer EB.: Ukrajinzy Russ.: Ukraincy

42,34 Millionen (16,16 % d. gesamten Bev. d. UdSSR)
86,2 % der U. leben als Titularnation in der Ukrainischen SSR (603 700 qkm, Hauptstadt: Kiew).

Die U. sind wie → Russen und → Weißrussen Ostslawen. Die gemeinsamen Vorfahren dieser Völker organisierten sich seit dem 9. Jh. in einem Staat, dessen Zentrum Kiew am Dnjepr war. Daher: Kiewer Rus. Mit deren Niedergang verlagerte sich seit dem 12. Jh. das Zentrum in den Nordosten (Wladimir/Susdal), wohin ein Großteil der Bevölkerung vor den immer wieder einfallenden asiatischen Reiternomaden auswich. Während so weite Teile der Ukraine - eine Bezeichnung, die erst später gebräuchlich wurde - zu Wüstungen wurden, bildete sich im Westen um die Fürstentümer Wladimir und Galitsch (daher die spätere Bezeichnung Galizien) ein neuer Mittelpunkt. Diese Gebiete fielen in der Mitte des 14. Jh. an Polen. Über den Rest der Ukraine einschließlich Kiews herrschte von nun an das aufstrebende Großfürstentum Litauen, das durch seinen Zusammenschluß mit Polen (endgültig 1569) den größten Teil der U. unter die Krone dieses Königreichs brachte. Im 17. Jh. kam die Ukraine links des Dnjeprs unter die Herrschaft der russischen Zaren. Versuche unter der Führung einzelner ukrainischer Kosakenhetmane, Autonomie oder gar die Unabhängigkeit zu erreichen, gingen fehl. Durch die Teilung Polens im 18. Jh. wurden auch die Gebiete westlich des Dnjeprs bis zum Sbrutsch russisch. Galizien und die Bukowina wurden Österreich eingegliedert.

In der ersten Hälfte des 19. Jhs. zeigten sich - beeinflußt von der französischen Revolution und der Romantik - auch in der sehr schmalen ukrainischen Intelligenzschicht erste Anzeichen eines aufkeimenden Nationalbewußtseins, das allerdings erst am Ende des Jh. entschiedene politische Formen annahm. In den unter österreichischer Herrschaft stehenden ukrainischen Gebieten entwickelte sich nach dem Revolutionsjahr 1848 eine immer dezidierter auftretende Nationalbewegung, die im Streit mit dem in Galizien wirtschaftlich und politisch dominierenden Polentum entstanden war und in erster Linie um Autonomie innerhalb des Habsburger Reiches kämpfte. Bei den unter russischer Herrschaft stehenden U., denen bis 1905 der Gebrauch ihrer Muttersprache praktisch verboten war, weil sie als „Kleinrussen" bezeichnet und dadurch ohne nationale Sonderrechte den Russen zugerechnet wurden, entstand erst um die Wende vom 19. zum 20. Jh. eine sich in Parteien organisierende Nationalbewegung. Beide versuchten, nach der Februarrevolution 1917 bzw. nach Auflösung der Habsburger Doppelmonarchie im Oktober 1918, zunächst einen autonomen ukrainischen Staat im Rahmen einer zukünftig föderativen russischen Republik zu etablieren, dann – seit 1919 – eine unabhängige Ukrainische Volksrepublik gegen den Widerstand der Bolschewiki wie auch der antisowjetischen russischen Kräfte durchzusetzen. Trotz – geringer – rumänischer Hilfe und seit April 1920 auch polnischer Unterstützung scheiterte dieser Versuch Ende 1920. Mit dem russisch-polnischen Friedensschluß von Riga im März 1921 waren die Bolschewiki Sieger geblieben, die bereits im März 1919 die Ukrainische SSR ausgerufen hatten. Diese schloß sich 1922 mit den anderen Sowjetrepubliken zur UdSSR zusammen. Hauptstadt war bis 1934 Charkow, anschließend Kiew. Die Westukraine, das ehemalige habsburgische Ostgalizien, gehörte inzwischen seit dem Sommer 1919 zu Polen. Die ehemals zu Ungarn gehörende Karpatoukraine wurde ein Teil der Tschechoslowakei.

In den 20er Jahren erfreuten sich die U. einer weitgehenden Autonomie im Innern ihrer Republik, die von der Ukrainisierung des bis dahin fast ausschließlich russisch bestimmten Landes und einer Blüte der ukrainischen, deutlich nationale Züge tragenden Kultur gekennzeichnet war. Ein radikaler Kurswechsel erfolgte mit Zwangskollektivierung, Verfolgung aller nationalen Kräfte, stalinistischen Säuberungen sowie einer stärkeren Anbindung an die Moskauer Zentrale in den 30er Jahren. Die Folgen waren Deportationen und eine verheerende Hungersnot, der Millionen Menschen zum Opfer fielen.

Als Ergebnis des Hitler-Stalin-Paktes konnte nach dem Ausbruch des II. Weltkrieges im Herbst 1939 die bisher polnische Westukraine der Ukrainischen SSR angeschlossen und sowjetisiert werden. Durch den Einmarsch der deutschen Armeen im Juni 1941 bekamen auch die U. die Geisel des Krieges zu spüren, zumal ihr Land ein Hauptziel der nationalsozialistischen Lebensraum- und Vernichtungspolitik war. Die deutsche Okkupationsmacht regierte mit Terror und Zwangsmaßnahmen, die rasch allen anfänglichen Hoffnungen nationalistischer ukrainischer Kreise auf nationale Selbstbestimmung ein Ende setzten. Ukrainische Partisanen und Saboteure trugen nicht unerheblich zum Sieg der Roten Armee bei. Allerdings führten ukrainische Nationalisten bis in die 50er Jahre hinein einen heftigen Partisanenkrieg gegen die Wiederherstellung der Sowjetmacht.

1945 wurde der Ukrainischen SSR die bisher zur Tschechoslowakei gehörende Karpatoukraine und 1954 aus dem Verband der RSFSR die Krim angegliedert. Seit 1945 ist die Ukrainische SSR Mitglied der UNO.

Die moderne Ukrainische SSR ist der größte Zucker- und Ölsamenproduzent innerhalb der UdSSR. Auch die traditionellen Bereiche der Viehhaltung und des Getreideanbaues rangieren in der Landwirtschaft der UdSSR weit vorne. Im primären Sektor dominieren außerdem die Erzförderung und Verhüttung von Eisen, Mangan, Blei, Zink und Titan sowie der Abbau von Steinkohle. Energiegewinnung, Metallurgie, Maschinenbau und chemische Industrie bestimmen ebenfalls das Bild der ukrainischen Volkswirtschaft.

1987 hatte die Ukrainische SSR 51,2 Millionen Einwohner. Davon bilden die U. mit einem Anteil von 74 % die stärkste Bevölkerungsgruppe vor den → Russen mit 21 %. Die drittgrößte Gruppe stellen mit je 1 % → Juden und → Weißrussen. Ihnen folgen → Polen, Moldauer und Bulgaren sowie eine Anzahl kleinerer Gruppen weiterer Nationalitäten.

Das Ukrainische ist eine eigenständige ostslawische Sprache. Als Schrift wird das kyrillische Alphabet benutzt.

Die U. sind orthodoxe Christen. Ein Teil – vor allem im ehemaligen Ostgalizien – bekennt sich zur griechisch-katholischen (mit Rom unierten) Kirche, die allerdings 1946 – wie schon einmal unter den Zaren – verboten und dem russisch-orthodoxen Patriarchat eingegliedert wurde.

Lit.: Szporluk, R.: Ukraine: A Brief History. Detroit 1979; Krawchenko, B.: Social Change and National Consciousness in Twentieth - Century Ukraine. New York/London 1985; Ukraine. A Concise Encyclopaedia. Hrg. v. V. Kubijovyč, 2 Bde.. Toronto 1963 - 1971; Lewytzkyj, B.: Die Sowjetukraine 1944 - 1963. Köln/Berlin 1964; Subtelny, O.: Ukraine. A History. Toronto/London 1988

Upö-Mari EB.: Upö Mari Russ.: Vostočnye Marijcy

→ Mari

Ultschen EB.: Nani Russ.: Ul'či

2 600

Die U. leben am unteren Amur in der Region Chabarowsk, RSFSR.

Die U. sind ein tungusiertes Mischvolk paläoasiatischer Herkunft. Kulturell sowie in ihrer Lebensweise stehen sie den → Niwchen sehr nahe. Wie diese sind sie seßhafte Fischer. Ihr Gebiet wurde in der Mitte des 19. Jh. dem russischen Reich eingegliedert.

Das Ultschische gehört zum mandschu-tungusischen Zweig der uralo-altaiischen Sprachfamilie. Literatursprache ist Russisch.

Die U. sind schamanische Animisten.

Ungarn EB.: Magyar Russ.: Vengry

171 000

Die U. leben fast ausschließlich im Transkarpatischen Gebiet (Hauptort: Uschgorod) der Ukrainischen SSR.

Die Karpaten-Ukraine und ihre Bevölkerung gehörten vom 11. Jh., als sich hier die ersten U. niederließen, bis 1918 zum Königreich Ungarn bzw. zur Habsburger Doppelmonarchie. Nach deren Auflösung wurde die Karpaten-Ukraine 1919/1920 ein Teil der gerade entstandenen Tschechoslowakischen Republik, die sie im Juni 1945 an die UdSSR abtrat. Im Januar 1946 wurde die Karpaten-Ukraine als Transkarpatisches Gebiet der Ukrainischen SSR eingegliedert. So wurden neben → Lemken, → Boiken und → Huzulen auch die hier lebenden U. nach dem II. Weltkrieg Sowjetbürger.

Das Ungarische gehört zum ugrischen Zweig der finnougrischen Sprachen.

Die U. sind katholische und orthodoxe Christen.

Urumer EB.: Urum Russ.: Urumy

Genaue Anzahl unbekannt.
Die U. leben überwiegend in der Abchasischen ASSR in Georgien.

Die U. sind türkischsprachige Griechen, die im 18. Jh. auf Einladung georgischer Könige die Türkei verlassen und sich vor allem in den westlichen Teilen Georgiens angesiedelt haben. Sie nahmen dabei die freigewordenen Siedlungsplätze der in jener Zeit in die Türkei ausgewanderten → Abchasier und → Tscherkessen ein.

Die U. sind orthodoxe Christen.

Usbeken EB.: Ösbek Russ.: Uzbeki

12,46 Millionen (4,75 % d. gesamten Bev. d. UdSSR)
84,9 % der U. leben als Titularnation in der Usbekischen SSR (447 400 qkm, Hauptstadt: Taschkent).

Die U. sind die Nachkommen türksprachiger Stämme, die zu Beginn des 13. Jh. unter die Herrschaft der Mongolen der Weißen Horde gekommen waren. Möglicherweise haben diese Stämme den Namen eines ihrer mongolischen Herrscher, des Khan Usbek (1282 – 1342), angenommen. Nach dem Ende der Mongolenreiche eroberten die aus der Steppe nach Süden vordringenden U. seit dem 15. Jh. die Gebiete des heutigen Usbekistans, nachdem sie in Etappen die hier herrschenden mongolischen Stämme und iranischen Machthaber überwunden hatten. Sie vermischten sich rasch mit der ansässigen türksprachigen und iranischen Bevölkerung, wobei letztere die kulturelle Entwicklung dieser Gebiete erkennbar weiter beeinflußte und prägte. Zu Beginn des 17. Jh. setzte eine Zersplitterung des usbekischen Herrschaftsgebietes in die selbständigen und um Vorherrschaft miteinander konkurrierenden Khanate Buchara (später Emirat), Chiwa und Kokand ein. Daher konnte im 18. Jh. Persien wieder für eine kurze Zeit Einfluß und Macht über die U. gewinnen. Seit dem zweiten Drittel des 19. Jh. erreichte die Expansion des russischen Kaiserreiches in Zentralasien auch die

Sehr geehrte Leserin,
Sehr geehrter Leser,

diese Karte entnahmen Sie einem

WV -Buch

Als Verlag mit einem internationalen Buch- und Zeitschriftenprogramm informiert Sie der Westdeutsche Verlag gern regelmäßig über wichtige Veröffentlichungen auf den Sie interessierenden Gebieten.
Deshalb bitten wir Sie, uns diese Karte ausgefüllt zurückzusenden.

Wir speichern Ihre Daten und halten das Bundesdatenschutzgesetz ein.

Wenn Sie Anregungen haben, schreiben Sie uns bitte.

Bitte nennen Sie uns hier Ihre Buchhandlung:

Bitte frei- machen

Westdeutscher Verlag GmbH
Postfach 58 29
D-6200 Wiesbaden 1

Territorien der U.. Zwischen 1865 und 1876 wurden deren Khanate von den Russen erobert. Kokand wurde annektiert, das Emirat Buchara sowie das Khanat Chiwa wurden russische Protektorate mit weitgehender Autonomie im Innern. Allerdings blieb in den annektierten Gebieten Usbekistans die russische Herrschaft nicht unangefochten. Die sich nun in den urbanen Zentren des Landes niederlassenden → Russen sahen sich bald mit einem allmählich Konturen gewinnenden türkisch-usbekischen Nationalismus konfrontiert, der gegen Ende des 19. Jh. zu einer antirussischen Rebellion in Andischan führte. Im übrigen war jedoch das Generalgouvernement Turkestan, das aus den eroberten zentralasiatischen Gebieten gebildet worden war, fest im Griff der russischen Militärverwaltung. 1916 erhoben sich auch die U., als diese versuchte, die bisher von jedem Militärdienst befreite einheimische Bevölkerung für die Armee zu rekrutieren, und in ganz Zentralasien Aufstände ausbrachen. Diese Unruhen gingen fast kontinuierlich über in die Wirren des Bürgerkriegs nach dem Sturz der Zarenherrschaft.

Nachdem sich nach der Oktoberrevolution auch in Taschkent die Bolschewiki durchgesetzt hatten, wurde im April 1918 die ASSR Turkestan als Teil der RSFSR proklamiert. Nach Bürgerkrieg, Aufständen und Intervention von außen waren die Bolschewiki im Herbst 1919 wieder weitgehend die Herren der Lage. Im April 1920 wurde das Khanat Chiwa zur Choresmischen Sowjetischen Volksrepublik erklärt, und nach dem Sturz des Emirs wurde Buchara in gleicher Weise zur Sozialistischen Volksrepublik. 1924 wurden die drei Republiken Zentralasiens aufgelöst und aus Teilen ihrer Territorien die Usbekische SSR gebildet. Erste Hauptstadt war bis 1930 Samarkand. 1929 wurde aus Usbekistan die Tadschikische ASSR ausgegliedert, die nun eine eigenständige SSR wurde. Erweitert wurde das usbekische Territorium 1936 um die Karakalpakische ASSR, die bisher zur RSFSR gehört hatte.

Die Sowjetisierung Usbekistans begann mit einer Bodenreform und dem Versuch, möglichst rasch die Landwirtschaft zu kollektivieren. Beides ging zunächst kaum voran, da der größte Teil der Bevölkerung Widerstand leistete. Dieser wurde seit dem Beginn der 30er Jahre durch stalinistische Zwangsmaßnahmen gebrochen. Damit einher gingen Säuberungen in Partei- und Staatsführung. Außerdem wurde nun auch die Religionsausübung der tief im Islam verwurzelten U. massiv beschränkt. Ein modernes Schulsystem sollte den Bildungsstand der Massen heben und die mit dem Islam eng verwurzelte Nationalkultur durch ein übernational-sowjetisches Kultur- und Geistesleben ersetzen. Ersteres wurde weitgehend erreicht, letzteres dagegen in einem geringeren Ausmaß. Nationale Traditionen und der Islam bestimmen bis heute in einem hohen Maße das Leben der U..

Der wirtschaftliche Aufbau der Usbekischen SSR stand von Anbeginn an unter dem Zeichen der Baumwolle, deren zunehmender Anbau schon vor der Revolution Wirtschafts- und Lebensweise der U. zu verändern begonnen hatte. Unter sowjetischer Herrschaft wurde die Anbaufläche systematisch erweitert und das dafür notwendige Kanal- und Bewässerungssystem ausgebaut. Daneben wurde in die Errichtung von Kraftwerken zur Elektroenergiegewinnung investiert und eine Leicht- und Nahrungsmittelindustrie aufgebaut.

Auch in der modernen Usbekischen SSR spielt der Anbau von Baumwolle neben anderen Industriepflanzen die Hauptrolle in der Landwirtschaft. Obstanbau und die Zucht von Karakulschafen bilden ebenfalls wichtige Produktionsbereiche. Im industriellen Sektor dominieren chemische Werke, Machinenbau, Textilherstellung. Volkswirtschaftlich von Bedeutung ist dazu die Förderung von Erdgas.

1987 lebten in der Usbekischen SSR 19 Millionen Menschen. Mit 69 % stellen die U. die größte Bevölkerungsgruppe vor den Russen mit 11 % sowie → Tataren, → Tadschiken und → Kasachen mit je etwa 4 %. Ihnen folgen → Karakalpaken, → Koreaner, → Kirgisen, → Ukrainer, → Juden und eine große Zahl kleinerer Gruppen anderer Nationalitäten.

Das Usbekische gehört zur karlukischen Gruppe der westlichen Türksprachen. Es ist seit dem 15. Jh. Literatursprache. Als Schrift wird seit 1940 das kyrillische Alphabet benutzt.

Die U. sind sunnitische Muslime.

Lit.: Akiner, S.: Islamic Peoples of the Soviet Union. London/Boston/ Melbourne/Henley 1983; Bennigsen, A., Wimbush, S. E.: Muslimes of the Soviet Empire. A Guide. London 1985; Sarkisyanz, E.: Geschichte der orientalischen Völker Rußlands bis 1917. Eine Ergänzung zur ostslawischen Geschichte Rußlands. München 1961; Wheeler, G.: The Modern History of Soviet Central Asia. London 1964; Hajit, B.: Turkestan im XX. Jahrhundert. Darmstadt 1956

W

Wachanen EB.: Chik Russ.: Vachancy

Genaue Anzahl unbekannt. 1960: 7 000
Die W. leben am oberen Wachan-Darja im Gorno-Badachschanischen Autonomen Gebiet (Hauptort: Chorog) der Tadschikischen SSR.

Die W. gehören zu den Pamirvölkern. Sie sind iranischer, also indoeuropäischer Herkunft. Mit der Annexion des Pamirgebiets kamen sie um die Wende vom 19. zum 20. Jh. unter russische Herrschaft. Die W. sind Bergbauern in den am höchsten gelegenen Tälern des Pamir. Wegen ihrer zunehmenden Assimilierung an die → Berg-Tadschiken werden sie heute zu den → Tadschiken gezählt.

Das Wachanische gehört zu den Pamirsprachen der östlichen Gruppe der iranischen Sprachen. Literatursprache ist Tadschikisch.

Die W. sind ismailitische Muslime.

Lit.: Akiner, S.: Islamic Peoples of the Soviet Union. London/Boston/Melbourne/Henley 1983

Wadejew EB.: Asja Russ.: Vadeevskie Tavgijcy

→ Nganasanen

Watka EB.: Udmurt Russ.: Vatka

→ Udmurten

Weißrussen EB.: Bjelarus Russ.: Belorusy

9,463 Mill. (3,61 % d. gesamten Bev. d. UdSSR)

80 % der W. leben als Titularnation in der Weißrussischen SSR (207 600 qkm, Hauptstadt: Minsk)

Die W. sind wie → Ukrainer und → Russen Ostslawen. Ihre gemeinsamen Vorfahren bildeten im 9. Jh. ein rasch aufblühendes Reich, dessen Zentrum am mittleren Dnjepr lag. Hauptstadt war Kiew. Daher die Bezeichnung Kiewer Rus. Das Wort Rus bezeichnete sowohl das Land wie dessen ostslawische Bevölkerung. Geschwächt durch Zwistigkeiten im Innern und ständige Nomadeneinfälle aus den nördlich und nordöstlich des Schwarzen Meeres liegenden Steppengebieten sowie nach der Abwanderung großer Teile der Bevölkerung in die Waldzone zwischen Oka und oberer Wolga wurde das Kiewer Reich in der ersten Hälfte des 13. Jh. von Mongolen und → Tataren überrannt und zerstört. Auch der Nordosten, wo sich in den waldreichen Gebieten um Wladimir und Susdal seit dem 12. Jh. ein neues Zentrum der Rus entwickelt hatte, geriet schließlich unter tatarische Tributherrschaft. In den südwestlichen und westlichen Fürstentümern setzte nun eine Sonderentwicklung ein, die die Geschichte der erst später so bezeichneten Ukrainer und W. einleitete.

Die im Westen liegenden Fürstentümer wie Polozk-Minsk, Turow-Pinsk und Smolensk kamen Ende des 13. und Anfang des 14. Jh. unter die Herrschaft des aufblühenden und nach Osten expandierenden Großfürstentums Litauen. In dessen Grenzen begann nun die Herausbildung der W., die dann im 15. Jh. weitgehend abgeschlossen war, d. h.: Die Bevölkerung jener Fürstentümer entwikkelte eine auf dem Kiewer Erbe basierende eigene Identität und Kultur, die durch ihre Ausstrahlung auch die weitere Entwicklung Litauens beeinflußten, ihr eine ostslawische Prägung gaben. Seit dem 15. Jh. wurde diese jedoch von westlichen Einflüssen überlagert, die mit neuen Rechtsformen und einsetzender Feudalisierung den weiteren Landesausbau bestimmten. Nach der polnischlitauischen Union von 1569 nahm die Polonisierung des bereits seit 1387 mit dem Königreich Polen in Personalunion verbundenen Großfürstentums Litauen zu. Der weißrussische Adel übernahm nicht nur polnische Lebensweise und Institutionen, sondern konvertierte auch zum katholischen Glauben, während die Masse der bäuerlichen Bevölkerung orthodox blieb. Ihrer Führungsschicht, ihres nationalen Adels beraubt, waren die W. nun für lange Zeit ein praktisch entmündigtes Volk, das ganz im Schatten seiner polnischen bzw. polonisierten Herren stand, die auch nach der Teilung Polens, als Weißrußland unter die Herrschaft der russischen Zaren gekommen war, ökonomisch und kulturell bestimmend blieben. Dies änderte sich erst nach den polnischen Aufständen von 1830 und 1863, als durch Russifizierungsmaßnahmen das polnische Element zurückgedrängt wurde und einzelne Vertreter der inzwischen entstandenen schmalen weißrussischen Intelligenzschicht gegen die polnisch - litauische wie gegen die russische Bevormundung die ersten Ansprüche auf soziale Emanzipation und nationale Selbstbestimmung erhoben.

Nach der Oktoberrevolution riefen im März 1918 unter dem Schutz der noch im Lande stehenden deutschen Besatzungsmacht weißrussische Nationalrevolutionäre eine Weißrussische Volksrepublik (BNR) aus. Ein Jahr später folgten die Bolschewiki mit der Proklamation einer Weißrussischen Sowjetrepublik, die sich wenig später mit der in Wilna ausgerufenen litauischen zur Litauisch-Weißrussischen Sowjetrepublik vereinigte. Diese stand im Russisch-polnischen Krieg 1920 an der Seite der RSFSR, während die BNR ihre nationalpolitischen Ziele mit Hilfe der Polen erreichen wollte. Nach dem Frieden von Riga im März 1921 wurde Weißrußland geteilt. Die östlich einer von der lettischen Grenze an der Dwina nach Süden verlaufenden Linie liegenden Gebiete bildeten nun die schon im Sommer 1920 wiederhergestellte Weißrussische SSR mit der Hauptstadt Minsk. Nach der 1922 erfolgten Bildung der UdSSR wurde das relativ schmale weißrussische Territorium um die von der RSFSR abgetretenen Gebiete Mogiljow, Witebsk, Gomel und Retschiza erweitert. Die westlichen Gebiete gehörten, gegliedert in die vier Wojewodschaften Wilna, Nowogródek, Polesie und Białystok nun zum wiedererstandenen Polen.

In den 20er Jahren kennzeichneten eine bedingte Autonomie im Innern, eine weitgehende kulturelle Selbständigkeit sowie Industrialisierungsmaßnahmen die Entwicklung der Weißrussischen SSR. Dies änderte sich in den 30er Jahren, als durch Säuberungen und stalinistische Zwangsmaßnahmen auch Weißrußland wieder enger an die Moskauer Zentrale gebunden wurde. Ebenfalls unterschiedliche Phasen bestimmten die Entwicklung in den an Polen gefallenen Gebieten. Wurde in einer kurzen Anfangsphase den nationalen Belangen der W. durch Warschau noch weitgehend Rechnung getragen, waren später Assimilierungsversuche für die polnische Minderheitenpolitik typisch. Die Folge war eine tiefgreifende Verstimmung zwischen Polen und W..

Die Vereinigung beider Teile Weißrußlands erfolgte im November 1939, als nach der Niederlage Polens und aufgrund des Hitler-Stalin-Pakts die UdSSR Ostpolen besetzt hatte und sich dessen Territorien nun angliederte. Nach dem Überfall der deutschen Armeen auf die Sowjetunion im Juni 1941 wurde Weißrußland ein Generalbezirk des Reichskommissariats Ostland und damit Objekt der nationalsozialistischen Lebensraumpolitik. Ihren Terror- und Vernichtungsaktionen sowie direkter Kriegseinwirkung fielen über zwei Millionen Menschen zum Opfer und hinterließen das Land fast gänzlich zerstört.

Nach dem Krieg erhielt die Weißrussische SSR als Westgrenze die nur an wenigen Stellen veränderte Curzonlinie, die nur das Gebiet um Białystok bei Polen beließ. Als Folge mußte Polen ungefähr 1,5 Millionen Umsiedler aufnehmen, während ca. 500 000 W. und Ukrainer in die Weißrussische SSR umgesiedelt wurden.

Die heutige Weißrussische SSR – seit 1945 Mitglied der UNO – ist ein wichtiger Standort der sowjetischen Kraftfahrzeug- und Maschinenbauindustrie. Seit den 60er Jahren hat auch der Ausbau wichtiger Zweige der Chemieindustrie und der Kunstdüngerproduktion maßgeblich zu einem raschen Wachstum der weißrussischen Volkswirtschaft beigetragen. Ein überproportionaler Anteil an der sowjetischen Agrarproduktion unterstreicht zudem Weißrußlands Bedeutung als Lieferant von Fleisch, Flachs und Hackfrüchten.

Die Weißrussische SSR hatte 1987 10,1 Millionen Einwohner. Mit rund 79 % stellen die W. die stärkste Bevölkerungsgruppe vor den Russen mit 12 % und den → Polen mit 4 %. Ihnen folgen Ukrainer (2 %) und → Juden (1 %) sowie kleinere Gruppen weiterer Nationalitäten.

Das Weißrussische ist eine eigenständige ostslawische Sprache, die bis vor nicht allzu langer Zeit gänzlich im Schatten des verwandten Russischen stand. Sie soll nun wieder mehr gefördert werden. Als Schrift dient das kyrillische Alphabet.

Die W. sind orthodoxe Christen.

Lit.: Vakar, N. P.: Belorussia. The Making of a Nation. A Case Study. Cambridge, Mass. 1956; Russen - Weißrussen - Ukrainer. Hrg. v. H. Kohn. Frankfurt 1962; Lubachko, I. S.: Belorussia under Soviet Rule 1917 – 1957. Lexington 1972; Baranowa, M.P., Pawlowa, N. G.: Kurze Geschichte der Belorussischen Sozialistischen Sowjetrepublik. Jena 1985

Wepsen EB.: Vepsäläinen Russ.: Vepsy

8 000

72 % der W. leben in der Karelischen ASSR, der Rest in den Gebieten Leningrad und Wologda, RSFSR.

Die W. sind Nachkommen eines alten und zahlreichen Stammes, der bereits in vorgeschichtlicher Zeit von der Südküste des Finnischen Meerbusens aus die Gebiete zwischen Ladoga-, Onega- und Bjeloje-See erreicht zu haben scheint. Schon im 9. und 10. Jh. hatten sie zahlreiche Kontakte mit der Bevölkerung der Stadtrepublik Nowgorod, unter deren Herrschaft sie sich zu russifizieren begannen. Teile der W. scheinen auch von den nahe verwandten → Kareliern aufgesogen worden zu sein. Mit Nowgorod kamen die W. am Ende des 15. Jh. unter die direkte Herrschaft der Moskauer Großfürsten und Zaren.

Das Wepsische gehört zur Südostgruppe der ostseefinnischen Sprachen. Der Anteil der W., die Wepsisch als ihre Muttersprache angeben, scheint seit den 70er Jahren zu steigen. Literatursprache ist Russisch.

Die W. sind orthodoxe Christen.

Lit.: Haarmann, H.: Die finnisch-ugrischen Sprachen. Soziologische und politische Aspekte ihrer Entwicklung. Hamburg 1974; Vuorela, T.: Finno-Ugric Peoples. Bloomington/The Hague 1964

Wirjalen EB.: Wirjal Russ.: Vir'jaly

→ Tschuwaschen

Wogulen EB.: Mansi Russ.: Voguly

→ Mansen

Wolgadeutsche

→ Deutsche

Woten EB.: Vad'd'alain Russ.: Vodi

Genaue Anzahl unbekannt. 1959: 550
Heutiges Siedlungsgebiet der W. ist das den → Ischoren benachbarte küstennahe Hinterland Ingermanlands (Gebiet Leningrad) in der Nähe der Ortschaften Kotly, Koporje und Kurowzy.

Die nahe mit den → Esten verwandten W. waren aus dem Nordosten des ostseefinnischen Kerngebiets im späteren Estland über die Narowa nach Osten vorgedrungen und in ihren neuen Wohnsitzen seit dem 9. Jh. in die Abhängigkeit der Slawen geraten und bis zum Ende des 13. Jh. von Nowgorod aus unterworfen und christianisiert worden. Im 14. und 15. Jh. bildete die Burg Koporje den Mittelpunkt eines Nowgorodschen Teilfürstentums. Mit der Unterwerfung der Stadtrepublik Nowgorod Ende des 15. Jh. durch Iwan III. geriet auch deren watländischer Verwaltungsbezirk unter die direkte Herrschaft des Moskowiterreiches und blieb – bis auf eine kurzfristige schwedische Besetzung zu Beginn des 17. Jh. – russisch. Entsprechend nachhaltig verlief der Prozeß der Russifizierung der W., die teilweise aber auch von den stammesverwandten finnischen und ingrischen Nachbarn assimiliert wurden; als Schriftsprache diente ihnen von jeher das Altkirchenslawische bzw. das Russische.

Wotisch, eine westfinnische (ostseefinnische) Sprache, die dem Estnischen am nächsten steht, wurde 1926 noch von 705 Personen gesprochen. 1959 gab es unter ca. 550 W. nur noch 23 Muttersprachler. Heute muß die Sprache (wie das verwandte Livische) als ausgestorben gelten.

Die W. sind orthodoxe Christen.

Lit.: Haarmann, H.: Die finnisch-ugrischen Sprachen. Soziologische und politische Aspekte ihrer Entwicklung. Hamburg 1974 (Fenno-Ugrica 1.); ders.: Elemente einer Soziologie der kleinen Sprachen Europas, Bd. 3: Aspekte der ingrisch-russischen Sprachkontakte. Hamburg 1984; Amburger, E.: Ingermanland. Eine junge Provinz Rußlands im Wirkungsbereich der Residenz und Weltstadt St. Petersburg-Leningrad. Köln-Wien 1980

Wotjaken EB.: Udmurt Russ.: Votjaki

→ Udmurten

Z

Zigeuner EB.: Rom Russ.: Cygane

→ Roma

Anhang

Territoriale Gliederung der UdSSR 175

Glossar 179

Russisches Alphabet 182

Quellen- und Literaturverzeichnis 183

Register 200

Karten der Sowjetrepubliken 204

Die Territoriale Gliederung der UdSSR

Allgemeines Schema der wichtigsten Verwaltungs- und Entschei-

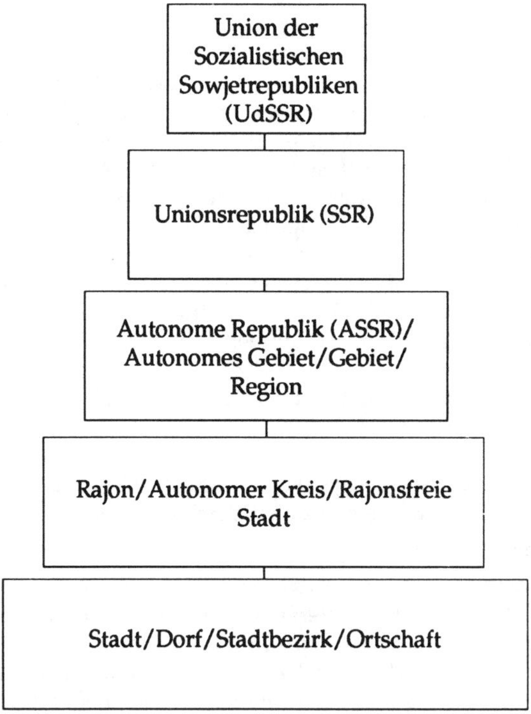

dungsebenen des Staatsaufbaus

SSR (Sowjetskaja Sozialistitscheskaja Respublika) = Sozialistische Sowjetrepublik

Die UdSSR besteht aus 15 Sowjetrepubliken, die ihrer Verfassung nach souverän sind. Sie stellen eigenständige Staaten dar, die das Recht besitzen, die UdSSR jederzeit verlassen zu können. Das Territorium einer Republik darf ohne Zustimmung der betroffenen SSR nicht verändert werden. Jede SSR hat eine eigene Regierung, die theoretisch eine eigene Außenpolitik betreiben und eigene Streitkräfte aufstellen kann. Gesetzgebendes Organ ist der Oberste Sowjet der Republik. Alle Gesetze der Republik werden in der Landessprache und mindestens auch in Russisch veröffentlicht.

Regierung und Verwaltung jeder SSR sind jedoch auf vielfältige Weise praktisch der Regierung der UdSSR untergeordnet. Jeder Ministerpräsident (Vorsitzender des Präsidiums des Ministerrats) ist zugleich Mitglied des Ministerrats der UdSSR. Außerdem besteht die Regierung einer SSR aus zwei Arten von Ministerien: Aus Republiksministerien, die sozusagen autonome Organe der jeweiligen Republik sind, sowie aus Unions-Republiksministerien, die dem Ministerrat der UdSSR unterstellt bzw. nachgeordnet sind. Das sind in der Regel folgende Ressorts: Innenpolitik, Außenpolitik, Kommunikation, Kultur, Gesundheitswesen, Finanzen, Industriebranchen.

Jede SSR schickt 32 Abgeordnete in den Kongreß der Volksdeputierten der UdSSR.

ASSR (Avtonomnaja Sowjetskaja Sozialistitscheskaja Respublika) = Autonome Sozialistische Sowjetrepublik

Die ASSR besteht innerhalb einer SSR als autonomes Territorium mit Sonderrechten einer nationalen Minderheit. Wie die SSR hat auch die ASSR eine eigene Verfassung, einen Ministerrat und einen Obersten Sowjet als Parlament. Ihre Bürger besitzen eine eigene Staatsbürgerschaft neben der der jeweiligen SSR und der UdSSR. In der Regel ist die Sprache der Titularnation auch Republikssprache. Gesetze werden in der Nationalsprache und mindestens auch in Russisch veröffentlicht. Allerdings scheint nur in den wenigsten der autonomen Republiken die Nationalsprache auch durchgängig Unterrichtssprache an den Schulen zu sein. Autonom ist die ASSR in ihrer inneren Verwaltung. Ihr Territorium kann nur mit ihrer Zustimmung verändert werden. Politische Autonomie besitzt sie nur bedingt. Das Recht, die UdSSR zu verlassen hat die ASSR nicht, da sie kein Subjekt der Union ist. Mit der Zustimmung der betroffenen Sowjetrepubliken kann sie lediglich ihre Zugehörigkeit zu einer SSR wechseln.

Regierung und Verwaltung jeder ASSR sind praktisch dem Ministerrat der zuständigen SSR nachgeordnet. Beschlüsse des Ministerrats einer ASSR können durch den Ministerrat der SSR suspendiert bzw. durch den Obersten Sowjet der SSR aufgehoben werden.

Jede ASSR schickt elf Abgeordnete in den Kongreß der Volksdeputierten der UdSSR.

Insgesamt gibt es 20 autonome Republiken in folgenden Sowjetrepubliken: Russische SFSR (16), Georgische SSR (2), Aserbaidschanische SSR (1), Usbekische SSR (1).

Region (Kraj)

Große Verwaltungseinheit regionalen Charakters unterhalb der Ebene einer Republik, zu deren Verband ein Autonomes Gebiet gehört, das mit dem übrigen Territorium der Region eine administrative und wirtschaftliche Einheit bildet. Insgesamt gibt es sechs Regionen, die alle in der Russischen SFSR liegen.

Gebiet (Oblast)

Große Verwaltungseinheit regionalen Charakters unterhalb der Ebene einer Republik, die aus mehreren Rajonen besteht. Die Einteilung in Gebiete fehlt bei den kleinen Sowjetrepubliken Armenien, Aserbaidschan, Georgien, Moldau, Litauen, Lettland und Estland. Allerdings besteht in Georgien und Aserbaidschan je ein Autonomes Gebiet.

Autonomes Gebiet (Avtonomnaja Oblast)

Große Verwaltungseinheit regionalen Charakters unterhalb der Ebene einer Republik mit Sonderrechten für eine nationale Minderheit im Verband einer Region oder neben den normalen Gebieten. Ein Autonomes Gebiet unterscheidet sich von den normalen Gebieten vor allem durch den offiziellen Status seiner Nationalsprache sowie durch das Recht, fünf Abgeordnete in den Kongreß der Volksdeputierten der UdSSR zu schicken. Insgesamt gibt es acht Autonome Gebiete in der Russischen SFSR (5), in der Aserbaidschanischen SSR (1), in der Georgischen SSR (1) und in der Tadschikischen SSR (1).

Autonomer Kreis (Avtonomnyj Okrug)

Früher Nationaler Kreis. Verwaltungseinheit mit Sonderrechten für eine kleine nationale Minderheit innerhalb einer Region oder eines Gebietes. Der Autonome Kreis unterscheidet sich von einem normalen Rajon durch den offiziellen Status seiner Nationalsprache sowie durch das Recht, einen Abgeordneten in den Kongreß der Volksdeputierten der UdSSR zu schicken. Insgesamt gibt es zehn Autonome Kreise, die alle in der RSFSR liegen.

Rajon (Rajon)

In der Regel ist der Rajon die Verwaltungseinheit unterhalb der Ebene eines Gebietes. Er entspricht etwa einem deutschen Landkreis. In den kleinen Sowjetrepubliken bilden die Rajone die nächste Verwaltungseinheit unterhalb der Ebene der Republik.

Glossar

Animismus Schamanismus: Naturreligion, in der der Schamane als Mittler zwischen der realen und der transzendentalen Welt, als Visionär, Heiler und Richter eine zentrale Rolle einnimmt.

Basmatschi-Bewegung: 1918 in Kokand entstandene antisowjetische, pantürkisch-islamische Rebellenbewegung, die weite Teile Zentralasiens erfaßte. Erst in der Mitte der 30er Jahre konnte die Rote Armee ihrer endgültig Herr werden.

Bey: Niederer Adelstitel bei den Türkvölkern. Auch Bezeichnung für das Oberhaupt einer Sippe oder allgemein für einen einflußreichen Mann im türkischen Sprachraum.

Christen: → Armenisch-Gregorianische Christen, → Orthodoxe Christen. Zu den christlichen Kirchen und Gemeinschaften in der Sowjetunion zählen außer den Katholiken Reformierte und Lutherische Protestanten, Mennoniten, Methodisten, Baptisten, Adventisten, Pfingstgemeinden, Neuapostolische.

Armenisch-Gregorianische Christen: Die armenische Kirche wurde bereits am Ende des 3. Jh. gegründet. Unter einem eigenen Katholikos (= Oberbischof) wurde sie schon sehr früh autokephal. Seit dem 5. Jh. trennte sie sich auch theologisch immer weiter von der orthodoxen Ökumene der römischen und griechischen Christen, da sie vor allem deren Lehre von der Natur Jesu Christi und der Dreifaltigkeit nicht teilte. Oberhaupt der armenisch-gregorianischen Christen ist der Katholikos von Edschmiadzin.

Orthodoxe Christen: Als orthodoxe Christen werden alle unter der nur ideell-geistlich gedachten Führung der Patriarchen von Konstantinopel, Antiochia, Jerusalem, Alexandria und Moskau stehenden Gemeinschaften der Ostkirche bezeichnet. Die Ostslawen (Russen, Ukrainer, Weißrussen) wurden am Ende des 10. Jh. (988) von Konstantinopel aus christianisiert. Bis in die Mitte des 15. Jh. war ihre Kirche ein Metropolie, eine Kirchenprovinz, des Patriarchats von Konstantinopel. Dann erklärte sie sich autokephal, also unabhängig und autonom, was von der orthodoxen Ökumene durch die Erhöhung des Metropoliten von Moskau und Rußland zum Patriarchen 1590 offiziell anerkannt wurde. Peter der Große schaffte 1721 das Patriarchat wieder ab und ersetzte es durch ein Leitungsgremium, den Heiligen Synod. Nach der Oktoberrevolution wurde dieser aufgelöst und das Patriarchat – bei gleichzeitiger Trennung von Kirche und Staat – wiederhergestellt.

Die seit dem 5. Jh. autokephale orthodoxe georgische Kirche wurde 1811 dem Hl. Synod unterstellt. Nach der Oktoberrevolution erhielt sie zunächst ihre Unabhängigkeit zurück, wurde aber 1943 wieder dem russischen Patriarchat eingegliedert.

Horde: (Entstanden aus mongolisch: ‚orda' und türkisch: ‚ordu' = Heer und Lager) Goldene H., Blaue H. usw. Bezeichnung für die Herrschaftsbereiche und Reiche der Mongolen vom 13. bis zum 15. Jh.

Ismailiten: → Muslime

Khan: Von den Mongolen übernommener Titel der Herrscher türksprachiger und iranischer Völker. Wurde später bei einigen Völkern und Stämmen zu Gunsten der Titel: Emir, Sultan und Schah aufgegeben.

Khanat: Fürstentum, Herrschaftsgebiet eines → Khans.

Muslime: Die meisten sowjetischen M. sind Sunniten, ungefähr 10 % Schiiten. Der Unterschied zwischen beiden Glaubensrichtungen besteht in der abweichenden Verehrung und Anerkennung der Nachfolger des Religionsstifters Mohammed. Der theologische Gehalt der gemeinsamen Lehre wird davon kaum berührt. Die sunnitischen M. halten den Kalifen Abu Bakr für den ersten rechtmäßigen Nachfolger Mohammeds, die Schiiten halten dessen Schwiegersohn Ali dafür. Die Schiiten sind dazu in ihren Glaubenssätzen in der Regel orthodoxer und dogmatischer als die Sunniten und folgen einer stärker hierarchisierten Geistlichkeit.

Eine kleine Anzahl von M. sind Ismailiten. Sie haben sich von den Schiiten abgespaltet und folgen dem Aga Khan als ihrem Oberhaupt.

Schiiten: → Muslime

Sunniten: → Muslime

Titularnation: Als T. wird ein Volk bezeichnet, dessen Name von einer SSR oder ASSR in der Titulatur geführt wird. Nicht in jedem Fall stellt die T. auch die Mehrheit der Bevölkerung der entsprechenden Republik.

Zar: Seit 1547 offizieller Titel der Herrscher Rußlands, die bis dahin den Titel Großfürst geführt haben. Peter der Große erklärte sich dann zum Kaiser. Bis 1917 lautete der offizielle Titel der russischen Monarchen: Kaiser und Selbstherrscher von ganz Rußland. Vor allem umgangssprachlich blieb jedoch die Bezeichnung Z. weiter in Gebrauch.

Das russische Alphabet

kyrillische Zeichen klein	kyrillische Zeichen groß	russ. Benennung der Buchstaben	deutsche Umschrift in Eigennamen	bibliothekarische Umschrift
а	А	а	a	a
б	Б	бе[*бэ*]	b	b
в	В	ве[*вэ*]	w	v
г	Г	ге[*гэ*]	g	g
д	Д	де[*дэ*]	d	d
е	Е	е	je im Anlaut, nach Vokal, ъ und ь; e nachKonsonant	e
ё	Ё	ё	jo o nach ж, ч, ш, щ	ë
ж	Ж	же	sh	ž
з	З	зе[*зэ*]	s	z
и	И	и	i	i
й	Й	и кра́ткое	i j im Anlaut; nicht bezeichnet nach и und ы	j
к	К	ка	k	k
л	Л	эл	l	l
м	М	эм	m	m
н	Н	эн	n	n
о	О	о	o	o
п	П	пе [*пэ*]	p	p
р	Р	эр	r	r
с	С	эс	s ss im Wortinnern zwisch. Vokalen	s
т	Т	те[*тэ*]	t	t
у	У	у	u	u
ф	Ф	эф	f	f
х	Х	ха	ch	ch
ц	Ц	це	z	c
ч	Ч	че	tsch	č
ш	Ш	ша	sch	š
щ	Щ	ща	stsch	šč
ъ	Ъ	твёрдый знак (*alt* ер)	nicht bezeichnet	Bindestrich, auch "
ы	Ы	ы (*alt* еры́)	y	y
ь	Ь	мя́гкий знак (*alt* ерь)	nicht bezeichnet	'
э	Э	э (оборо́тное)	e	ė
ю	Ю	ю	ju	ju
я	Я	я	ja	ja

Quellen- und Literaturverzeichnis

Im Verzeichnis erscheinen häufig genannte Zeitschriftentitel unter folgenden Abkürzungen:

AB	=	Acta Baltica
APZ	=	Aus Politik und Zeitgeschichte. Beilage zur Wochenzeitung Das Parlament
BIOST	=	Berichte des Bundesinstituts für ostwissenschaftliche und internationale Studien
CR	=	Caucasian Review
CSP	=	Canadian Slavonic Papers
G2W	=	Glaube in der 2. Welt
NP	=	Nationalities Papers
OE	=	Osteuropa. Zeitschrift für Gegenwartsfragen des Ostens

Abkhazian, T.: Literature on Abkhazia and the Abkhazian-Abazinians. In: CR, 7 (1958), S. 125–143

Abramson, S. M.: Ethnogenetic Ties of the Kirghiz with the Altai Peoples. Moskau 1960

Agursky, M.: Ideologija nacionalbol'ševizma [Die Ideologie des Nationalbolschewismus]. Paris 1980

Akiner, S.: Islamic Peoples of the Soviet Union (with an Appendix on the non-Muslim Turkic Peoples of the Soviet Union). London/Boston/Melbourne/Henley 1983

Alekseenko, E.A.: Kety. Istoriko-ètnografičeskie očerki [Die Keten. Historisch-ethnographische Skizzen]. Leningrad 1967

Allen, W. E. D.: A History of the Modern Georgian People. From the Beginning down to the Russian Conquest in the Nineteenth Century. London[2] 1971

Allworth, E.: Soviet Asia: Bibliographies. New York 1975

Ders. (Ed.): Soviet Nationalities Problems. New York/London 1971

Ders. (Ed.): Nationality Group Survival in Multi-ethnic States: Shifting Support Patterns in Soviet Baltic Regions. New York/London 1977

Amburger, E.: Ingermanland. Eine junge Provinz Rußlands im Wirkungsbereich der Residenz und Weltstadt St. Petersburg-Leningrad. Köln/Wien 1980

Andersons, E., et. al. (Eds.): Latvia, Past and Present. Wawerly, Iowa 1969

Antropova, V.V.: Kul'tura i byt korjakov [Kultur und Lebensweise der Korjaken]. Leningrad 1971

Armstrong, J.: Ukrainian Nationalism 1939–1945. Littleton, Col. 1980

Arutjunjan, Ju. V.; Bromlej, Ju. V. (Red.): Social'no-kul' turnyj oblik sovetskich nacij [Der sozialkulturelle Charakter der sowjetischen Nationen]. Moskau 1986

Asalchanov, I. A. (Red.): Issledovanija i materialy po istorii Burjatii [Forschungen zur Geschichte Burjätiens]. Ulan-Ude 1963

Aširov, N.: Ėvoljucija Islama v SSSR [Die Evolution des Islam in der UdSSR]. Moskau 1973

Ders.: Islam i nacii [Der Islam und die Nationen]. Moskau 1975

Baranowa, M. P.; Pawlowa, N. G.: Kurze Geschichte der Belorussischen Sozialistischen Sowjetrepublik. Jena 1985

Barthold, W.: Zwölf Vorlesungen über die Geschichte der Türken Mittelasiens. Darmstadt 1962

Bauer, E.; Schmidtheiny, J.: Armenien, Geschichte und Gegenwart. Luzern 1977

Bawden, C. R.: The Modern History of Mongolia. London 1968

Bazylow, L.: Syberia [Sibirien]. Warschau 1975

Becker, S.: Russia's Protectorates in Central Asia: Bukhara and Khiva, 1865–1924. Cambridge, Mass. 1968

Belicer, V. N.: Očerki po ėtnografii narodov Komi XIX- nacalo XX v. [Skizzen zur Ethnographie der Komi-Völker XIX.- Anfang XX. Jh.]. Moskau 1958

Benets, S.: Abkhasians. The Long-living People of the Caucasus. New York/Chicago/San Francisco/Atlanta/Dallas 1974

Bennigsen, A. A.; Wimbush, S. E.: Muslim National Communism in the Soviet Union: A Revolutionary Strategy for the Colonial World. Chicago 1979

Dies.: Muslims of the Soviet Empire. A Guide. London 1985

Bihl, W.: Die Kaukasuspolitik der Mittelmächte. Wien 1975

Bilmanis, A.: A History of Latvia. Princeton 1951

Black, L. T.: Atka. An Ethnohistory of the Western Aleutians. Kingston, Ont. 1984

Blank, S.: The Struggle for Soviet Bashkiria 1917–1923. In: NP, XI (1983) 1, S. 1–26

Bogaras, W.: The Chukchee. New York 1975

Brill Olcott, M.: The Kazakhs. Stanford, Cal. 1987

Bromlej, Ju. V.: Ėtnos i ėtnografija [Ethnos und Ethnographie]. Moskau 1973

Ders. (Red.): Sovremennye ėtničeskie processy v SSSR [Gegenwärtige ethnische Process in der UdSSR]. Moskau 1977

Brown, A., et al. (Eds.): The Cambridge-Encyclopedia of Russia and the Soviet Union. Cambridge/London/New York 1984

Bruchis, M.: Nations – Nationalities – People: A Study of the Nationalities Policy of the Communist Party in Soviet Moldavia. Boulder, Cal. 1984

Brunner, G.; Herlemann, H. (Hrg.): Politische Kultur. Nationalitäten und Dissidenten in der Sowjetunion. Ausgewählte Beiträge zum zweiten Weltkongreß für Sowjet- und Osteuropastudien. Berlin 1982

Ders.; Kagedan, A. (Hrg.): Die Minderheiten in der Sowjetunion und das Völkerrecht. Minorities in the Soviet Union under International Law. Köln 1988

Ders.; Meissner, B. (Hrg.): Nationalitätenprobleme in der Sowjetunion und Osteuropa. Köln 1982

Bukss, M.: Die Verbreitung der alten Latgaler, die latgalischen Ortsnamen und das nationale Erwachen der Latgaler. In: AB, XVII (1977), S. 182–225

Bütow, H. (Hrg.): Länderbericht Sowjetunion. Bonn² 1988 (Bundeszentrale für politische Bildung, Schriftenreihe Bd. 263)

Burmistrova, T. Ju.: Obščenacional'naja gordost' sovetskogo naroda [Der gemeinsame Nationalstolz des Sowjetvolkes]. Moskau 1974

Butler, W. E.: Collected Legislation of the USSR and Constituent Union Republics. New York 1980

Carrere d'Encausse, H.: Decline of an Empire: The Soviet Socialist Republics in Revolt. New York 1979

Dies.: Islam and the Russian Empire. Reform and Revolution in Central Asia. London 1988

Chašaev, Ch. M.: Obščestvennyj stroj Dagestana v XIX veke [Der Gesellschaftsaufbau Dagestans im XIX. Jh.]. Moskau 1961

Chichlo, B.: Histoire de la formation des territoires autonomes chez les peuples turco-mongols de Sibérie. In: Cahiers du Monde Russe et Soviétique, 28 (1987) 3/4, S. 361–401

Chomič, L. V.: Nency. Istoriko-ėtnografičeskie očerki [Die Nenzen. Historisch-ethnographische Skizzen]. Moskau/Leningrad 1966

Chrestomatija po istorii Udmurtii [Anthologie zur Geschichte Udmurtiens]. Ischewsk 1973

Coates, Z. K. u. W. P.: Soviets in Central Asia. London 1951

Conquest, R. (Ed.): The Last Empire: Nationality and Soviet Future. Stanford, Cal. 1986

Ders.: Soviet Nationalities Policy in Practice. New York 1967

Ders.: Stalins Völkermord. Wolgadeutsche – Krimtataren – Kaukasier. Wien 1974

Chritschlow, J.: Corruption, Nationalism and the Native Elites in Soviet Central Asia. In: Journal of Communist Studies, 4 (1988) 2, S. 142–161

Ders.: Uzbeks and Russians. In: CSP, XVII (1975), S. 366–373

Czaplicka, M. A.: The Turks of Central Asia in History and at the Present Day. An Ethnological Inquiry into the Pan-Turanian Problem with Notes and References, Appendixes and an Index followed by an Extensive List of Bibliographical Material relating to the Early and the Present Day Turks of Asia. Oxford 1918 (RP: Amsterdam 1973)

Dallin, D. J.: Soviet Russia and the Far East. New Haven 1948

Davletšin, T.:: Sovetskij Tatarstan: Teorija i praktika leninskoj nacional'noj politiki [Sowjettatarstan: Theorie und Praxis der Leninschen Nationalitätenpolitik]. London 1974

Diels, P.: Die slavischen Völker. Mit einer Literaturübersicht von A. Adamczyk. Wiesbaden 1963

Dietz, B.; Hilkes, P.: Deutsche in der Sowjetunion. Zahlen, Fakten und neue Forschungsergebniss. In.: APZ, 9. Dez. 1988, S. 3–13

Dima, N.: Bessarabia and Bukovina: The Soviet-Romanian Territorial Dispute. Boulder, Co. 1983

Dolgich, B.: Kety. [Die Keten]. Irkutsk/Moskau 1934

Ders.: Bytovye rasskazy Ėncev [Lebensberichte der Enzen]. Moskau 1962

Ders.: Rodovoj i plemennoj sostav narodov Sibiri v XVII v. [Die Sippen und Stämme der Völker Sibiriens im XVII Jh.]. Moskau 1960

Donnelly, A. S.: The Russian Conquest of Bashkiria 1552–1740. A Case Study of Imperialism. New Haven/London 1968

Doroshenko, D.: A Survey of Ukrainian History. Edited, updated (1914–1975) and with an Introduktion by O. W. Gerus. Winnipeg 1975

Drotleff, K. (Ed.): Laßt sie selber sprechen. Berichte rußlanddeutscher Aussiedler. Hannover[7] 1985

Eberhard, W.: Geschichte Chinas. Von den Anfängen bis zur Gegenwart. (Unter Mitarbeit v. A. Eberhard). Stuttgart 1971

Ehlert, N.: UdSSR. Staat und Gesellschaft. Hannover 1982

Eisfeld, A.: Die Deutschen in Rußland und in der Sowjetunion. Stuttgart 1983

Eidlitz Kuoljok, K.: The Revolution in the North. Soviet Ethnography and Nationality Policy. Uppsala 1985

Encyclopaedia Judaica, Bde. 4, 7, 10, 12. Jerusalem 1971

Ėtnogenez mordovskogo naroda (Materialy naučnoj sessii 8–10 dekabrja 1964 goda) [Die Ethnogenese des mordwinischen Volkes (Materialien der wissenschaftlichen Tagung vom 8.–10. Dezember 1964)]. Saransk 1965

Ukrajins'ka Ėtnografija [Ukrainische Ethnographie]. Kiew 1958

Evdokimenko, V. E. (Red.): Stanovlenie sovetskogo naroda i razvitie socialističeskich nacij [Die Entstehung des Sowjetvolkes und die Entwicklung der sozialistischen Nationen]. Kiew 1978

Farmer, K. C.: Ukrainian Nationalism in the Post-Stalin Era: Myth, Symbols and Ideology in Soviet Nationality Policy. The Hague 1980

Feldbrugge, F. J. M. (Hrg.): The Constitutions of the USSR and the Union Republics. Alphen aan den Rijn 1979

Findeisen, H.: S. I. Rudenko und die Baschkiren. Analyse und Kritik einer sowjetrussischen ethnographischen Monographie über ein Türkvolk im Uralgebiet. Rengsdorf 1963

Fisher, A.: The Crimean Tatars. Stanford, Cal. 1978

Friedberg, M.; Isham, H. (Eds.): Soviet Society and Gorbachev. Current Trends and the Prospects for Reform. New York/London 1987

Geiger, B., et al.: Peoples and Languages of the Caucasus. A Synopsis. 'S-Gravenhage 1959

Geyer, D.: Der russische Imperialismus. Studien über den Zusammenhang zwischen innerer und auswärtiger Politik 1860–1914. Göttingen 1977

Gimbutas, M. Die Balten. Geschichte eines Volkes im Ostseeraum. München/Berlin 1983

Gitelman, Z.: A Century of Ambivalence. The Jews of Russia and the Soviet Union, 1881 to the Present. New York 1988

Ders.: Jewish Nationality and Soviet Politics: The Jewish Sections of the CPSU, 1917–1930. Princeton 1972

Goldhagen, E.: Ethnic Minorities in the Soviet Union. New York 1968

Griguleviçh, I. R.; Kozlov, V. (Eds.): Ethnocultural Processes and National Problems in the Modern World. Moskau 1979

Grousset, E.: Die Steppenvölker. Attila – Dschingis Khan – Tamerlan. Essen 1975

Grulich, R.: Die Gagausen. In: G2W, 12 (1984) 12, S. 15 f

Haarmann, H.: Elemente einer Soziologie der kleinen Sprachen Europas, Bd. 3. Hamburg 1984

Ders.: Die finnisch-ugrischen Sprachen. Soziologische und politische Aspekte ihrer Entwicklung. Hamburg 1974 (Fenno-Ugrica 1)

Hajdú, P.: The Samoyed Peoples and Languages. Bloomington/The Hague 1963

Hajit, B.: Turkestan im XX. Jahrhundert. Darmstadt 1956

Halbach, U.: Ethnische Beziehungen in der Sowjetunion und nationale Bewußtseinsprozesse bei Nichtrussen. In: BIOT, 8 (1989), S. 1–88

Ders.: Perestrojka und Nationalitätenproblematik. Der Schock von Alma-Ata und Moskaus gespanntes Verhältnis zu Mittelasien. in: BIOST, 38 (1987)

Haustein, U.: Die Judenheit auf dem Boden des Russischen Reiches. in: G2W, 16 (1988) 1, S. 15–26

Hayit, B.: Sowjetrussische Orientpolitik am Beispiel Turkestans. Köln/Berlin 1962

Ders.: Turkestan im Herzen Eurasiens. Köln 1980

Ders.: Turkestan zwischen Rußland und China. Eine ethnographische, kulturelle und politische Darstellung zur Geschichte der nationalen Staaten und des nationalen Kampfes Turkestans im Zeitalter der russischen und chinesischen Expansion vom 18. bis ins 20. Jahrhundert. Amsterdam 1971

Hellmann, M: Grundzüge der Geschichte Litauens. Darmstadt[3] 1986

Henriksson, A.: Minorities and the Industrialization of the Baltic German Urban Elite. In: CSP. XXIV (1982) 2, S. 115–127

Horak, S. M. (Ed.): Guide to the Study of the Soviet Nationalities. Non-Russian Peoples of the USSR. Littleton, Col. 1982

Hostler, C. M.: Türken und Sowjets. Die historische Lage und die politische Bedeutung der Türken und der Türkvölker in der heutigen Welt. Frankfurt 1960

Hovannisian, R. G.: The Armeno-Azerbaijani Conflict over Mountainous Karabagh, 1918–1919. In: Armenian Review, 24 (1971), S. 3–24

Ders.: The Republic of Armenia, 2 Bde. Berkely/Los Angeles 1967 und 1982

Hrdlicka, A.: The Aleutian and Commander Islands and their Inhabitants. Philadelphia 1945

Hunczak, T. (Ed.): Russian Imperialism from Ivan the Great to the Revolution. New Brunswick, N. J. 1974

Imart, G.: The Islamic Impact on Traditional Kirghiz Ethnicity. In: NP, XIV (1986) 1–2, S. 65–88

Ders.; Dor, R.: Le Chardon Dechiqueté (Etre Kirgiz an 20eme siècle). Aix-en-Provence 1982

Irons, W.: The Yomut Turkmen: A Study of Social Organisation among a Central Asian Turkic-speaking Population. Ann Arbor 1975

Iasajiv, W.: Urban Migration and Social Change in Contemporary Soviet Ukraine. In: CSP, XXII (1980), S. 58–66

Ischboldin, B.: Essays on Tatar History. New Delhi 1973

Istorija Azerbajdžana [Geschichte Aserbaidschans], 8 Bde. Baku 1958–1963

Istorija Baškirskoj ASSR [Geschichte der Baschkirischen ASSR]. Ufa³ 1968

Istorija Ėstonskoj SSR [Geschichte der Estnischen SSR], 3 Bde. Tallinn 1974

Istorija Moldavskoj SSR [Geschichte der Moldauischen SSR], 2 Bde. Kischinjow 1965 und 1968

Istorija Severo-osetinskoj ASSR [Geschichte der Nordossetischen ASSR]. Moskau 1959

Istorija Tatarskoj ASSR (s drevnejšich vremen do našich dnej) [Geschichte der Tatarischen ASSR (von den frühesten Zeiten bis zu unseren Tagen)]. Kasan 1968

Istorija Ukrajins'koji RSR u dvoch tomach [Geschichte der Ukrainischen SSR in zwei Bänden]. Kiew² 1977

Istorija Ukrajins'koji RSR, 8 Bde. Kiew 1977–1979

Jochelson, V. I.: The Yukaghir and the Yukaghirized Tungus. New York 1975

Jochelson, W.: History, Ethnology and Anthropology of the Aleut. NewYork 1966

Joukovsky, A.: L'Ukrainisation, aspect de la question nationale en Ukraine soviétique dans les années 1920, In: NP, IX (1981) 1, S. 63–79

Jutikkala, E.; Pirinen, K.: Geschichte Finnlands. Stuttgart 1964

Kaltachtschjan, N. M und S. T.: Nation und Nationalität im Sozialismus. Berlin (Ost) 1976

Kappeler, A.; Meissner, B.; Simon, G. (Hrg.): Die Deutschen im Russischen Reich und in der Sowjetunion. Köln 1987

Kappeler, A.: L'ethnogénèse des peuples de la Moyenne-Volga (Tatars, Tchouvaches, Mordves, Maris, Oudmourtes) dans les recherches soviétiques. In: Cahiers du monde russe et soviétique, 17 (1976) 2–3, S. 311–334

Ders.: Die Geschichte der Völker der Mittleren Wolga (vom 19. Jh. bis in die zweite Hälfte des 19. Jh.) in der sowjetischen Forschung. In: Jahrbücher für die Geschichte Osteuropas, NF. 26 (1978) 1, S. 70–104, 2, S. 222–257

Ders.: Rußlands erste Nationalitäten. Das Zarenreich und die Völker der Mittleren Wolga vom 16. bis 19. Jahrhundert. Köln/Wien 1982

Karger, A.: Sowjetunion. Frankfurt 1987

Karklins, R. S.: Interrelationship of Soviet Foreign and Nationality Policies. The Case of the Foreign Minorities of the USSR. Chicago 1975

Ders.: Nationality Power in Soviet Republics. In: Studies in Comparative Communism, 14 (1981) 1, S. 70–93

Ders.: Ethnic Relations in the USSR. Boston 1986

Katz, Z.; Rogers, R.; Harned, F. (Eds.): Handbook of Major Soviet Nationalities. New York/London 1975

Kirimal, E.: Der nationale Kampf der Krimtataren. Emsdetten 1952

Kislicyn, I. M.: Voprosy teorii i praktiki federativnogo stroitel'stva Sojuza SSSR [Fragen der Theorie und Praxis des föderativen Aufbaus der Union der UdSSR]. Perm 1969

Kohn, H. (Ed.): Russen – Weißrussen – Ukrainer. Frankfurt 1962

Kolarz, W.: Die Nationalitätenpolitik der Sowjetunion. Frankfurt 1956

Ders.: Rußland und seine asiatischen Völker. Frankfurt 1956

Konstantinov, F. T. (Red.): Kommunizm i nacii [Der Kommunismus und die Nationen]. Moskau 1985

Kosman, M.: Historia Białorusi [Geschichte Weißrußlands]. Breslau/Krakau/Warschau/Danzig 1979

Kozlov, V. I.: Nacional'nosti SSSR. Ėtnodemografičeskij obzor [Die Nationalitäten der UdSSR. Eine ethnodemographische Unterschung]. Moskau 1982

Kozlova, K. I.: Ėtnografija narodov Povolž'ja. Učebnoe posobie [Ethnographie der Völker des Wolgagebiets. Ein Lehrbuch]. Moskau 1964

Dies.: Očerki ėtničeskoj istorii marijskogo naroda [Skizzen zur ethnischen Geschichte des Volks der Mari]. Moskau 1978

Krader, L.: Peoples of Central Asia . Bloomington, Ind. 1971 (Uralic and Altaic Series 26)

Krawchenko, B.: Social Change and National Consciousness in twentieth-Century Ukraine. Oxford/London 1985

Ders.: The Impact of Industrialization on the Social Structur of Ukraine. In: CSP, XXII (1980), S. 338–357

Kruus, H.: Grundriß der Geschichte des estnischen Volkes. Tartu 1932

Ders.: Histoire de l'Estonie. Paris 1935

Kubijovyč, V. (Ed.): Encyclopedia of Ukraine, Bd. V. Toronto/Buffalo/London 1985

Ders.: Ukraine. A concise Encyclopaedia, 2 Bde. Toronto 1963–1971

Kuličenko, M. I. (Red.): Razvitie sovetskogo naroda – novoj istoričeskoj obščnosti [Die Entwicklung des Sowjetvolkes – einer neuen historischen Gemeinschaft]. Moskau 1980

Kurganov, I. A.: Nacii SSSR i russkij vopros [Die Nationen der UdSSR und die russische Frage]. Frankfurt 1961

Kushner, D.: The Rise of Turkish Nationalism, 1876–1908. London 1977

Lang, D. M.: A Modern History of Georgia. London 1962
Ders.; Walker, C.J.: Die Armenier. Oldenburg 1985
Lepeškin, A. I.: Sovetskij federalizm [Sowjetischer Föderalismus]. Moskau 1977
Lenin, V. I.: Socialističeskaja revoljucija i pravo nacij na samoopredelenie [Die sozialistische Revolution und das Recht der Nationen auf Selbstbestimmung]. In: Polnoe Sobranie sočinenij [Gesammelte Werke], Bd. 27. Moskau[5] 1962, S. 252–266
Levgits, E.: Die demographische Situation in der UdSSR und in den baltischen Staaten unter besonderer Berücksichtigung von nationalen und sprachsoziologischen Aspekten. In: AB, XXI (1981), S. 18–142
Levin, M. G.; Potapov, L. P. (Red.): Narody Sibiri [Die Völker Sibiriens]. Moskau/Leningrad 1956
Dies.: The Peoples of Siberia. Chicago/London 1964
Levin, M. G.: Ethnic Origins of the Peoples of Northeastern Asia. Ed. by H. N. Michael. Toronto 1963
Lewis, R. A; Rowland, R. H.; Clem, R. S.: Modernization, Population Change and Nationality in Soviet Central Asia and Kazachstan. In: CSP, XVII (1975), S. 286–301
Dies.: Nationality and Population Change in Russia and the USSR. New York 1976
Lewytzkyj, B.: „Sovetskij narod" – „Das Sowjetvolk". Nationalitätenpolitik als Instrument des Sowjetimperialismus. Hamburg 1983
Ders.: Die sowjetische Nationalitätenpolitik nach Stalins Tod, 1953–1970. München 1970
Ders.: Die Sowjetukraine 1944–1963. Köln/Berlin 1964
Loewenthal, R.: The Fate of the Kalmuks and of the Kalmuk ASSR: A Case Study in the Treatment of Minorities in the Soviet Union. Washington, D. C. 1952
Lubachko, I. S.: Belorussia under Soviet Rule 1917–1957. Lexington, Ken. 1972
Luknizki, P.: Sowjet-Tadschikistan. Moskau 1954

Mace, J. E.: Communism and the Dilemmas of National Liberation. National Communism in Soviet Ukraine, 1918–1933. Cambridge, Mass. 1983
Magocsi, P. R.: The Shaping of a National Identity. Subcarpathian Rus', 1848–1948. Cambridge, Mass./London 1978

Majstrenko, I.: Nacional'naja politika KPSS v ee istoričeskom razvitii [Die nationale Politik der KPdSU in ihrer historischen Entwicklung]. München 1978

Makarov, G. P.: Narodnyj kommissariat po delam nacional'nostej RSFSR 1917–1923g. Istoričeskij Očerk [Das Volkskommissariat für Nationalitätenangelegenheiten der RSFSR 1917–1923. Eine historische Skizze]. Moskau 1987

Malzemoff, A.: Russian Far Eastern Policy 1881–1904. Berkeley 1958

Martiny, A.: Sozialstruktur und nationale Beziehungen in der UdSSR. – Zur These der „Odnorodnost" der Sozialstruktur der sowjetischen Nationen –. In: NP, IX (1981) 1, S. 45–62

Matley, I. M.: The Dispersal of the Ingrian Finns. In: The Slavic Review, 38 (1979), S. 1–16

Matossian, M. K.: The Impact of Soviet Policies in Armenia. Leiden 1962

McCagg, Jr., W. O.; Silver, B. D. (Eds.): Soviet Asian Ethnic Frontiers. New York/Oxford 1979

Menschenrechte in den Staaten des Warschauer Paktes. Bericht der unabhängigen Wissenschaftlerkommission. Köln 1988

Meyer, E.; Berkian, A. J.: Zwischen Rhein und Arax. Neunhundert Jahre deutsch-armenische Beziehungen. Oldenburg 1988

Minorski, V.: Studies in Caucasian History. London 1953

Misiunas, R. J.; Taagepera, R.: The Baltic States – Years of Dependence, 1940–1980. Berkeley/Los Angeles 1983

Mokšin, N. F.: Ėtničeskaja istorija mordvy 19–20 veka [Die ethnische Geschichte der Mordwinen im 19. und 20. Jahrhundert]. Sarąnsk 1977

Morozov, M. A.: Nacija v socialističeskom obščestve [Die Nation in der sozialistischen Gesellschaft]. Moskau² 1986

Motyl, A. J.: Will the Non-Russians Rebel? State, Ethnicity, and Stability in the USSR. Ithaca, N. Y./London 1987

Mouradian, C.: Sowjetarmenien nach dem Tode Stalins. In: BIOST, 11 (1985)

Nagornyj Karabach. Istoričeskaja spravka [Berg-Karabach. Eine historische Auskunft]. Eriwan 1988

Nalbandian, L.: The Armenian Revolutionary Movement: The Development of Armenian Political Parties through the Nineteenth Century. Berkeley 1963

Namsons, A.: Die Völker des Baltikums und ihre Herkunft. In: AB, XXIII (1983), S. 9–46

Nekrich, A. M.: The Punished Peoples: The Deportation and Fate of Soviet Minorities at the End of the Second World War. New York 1978

Ney, G.: Lebensraum und Schicksalswandlungen der Völker des Balikums. In: AB (1960/61), S. 9–58

Oberländer, E.: Der sowjetische Nationsbegriff heute. In: OE, 21 (1971) 4, S. 273–279

Ders.: Sowjetpatriotismus und Geschichte. Köln 1967

Očerki istorii Karakalpakskoj ASSR [Skizzen der Geschichte der Karakalpakischen ASSR]. Taschkent 1964

Očerki istorii Marijskoj ASSR [Skizzen der Geschichte der ASSR der Mari]. Joschkar-Ola 1965

Očerki istorii Mordovskoj ASSR [Skizzen der Geschichte der Mordwinischen ASSR]. Saransk 1955 und 1961

Očerki istorii Udmurtskoj ASSR [Skizzen der Geschichte der Udmurtischen ASSR]. Ischewsk 1958

Očerki po istorii Komi ASSR [Skizzen der Geschichte der ASSR der Komi]. Syktywkar 1955 und 1962

Ochmański, I.: Historia Litwy [Geschichte Litauens]. Breslau 1967

Okladnikov, A. P.: Yakutia before its Incorporation into the Russian State. Ed. by H. N. Michael. Montreal/London 1970

Pander, K.: Sowjetischer Orient. Kunst und Kultur, Geschichte und Gegenwart der Völker Mittelasiens. Köln[4] 1986

Pankhurst, J.; Sachs, M. (Eds.): Contemporary Soviet Society. New York 1980

Pap, M. S. (Ed.): Russian Empire: Some Aspects of Tsarist and Soviet Colonial Practices. Cleveland, Oh. 1985

Parming, T.; Järvesoo, E. (Eds.): A Study of a Soviet Republic: The Estonian SSR. Boulder, Col. 1978

Pikulin, M. G.: Beludži [Die Belutschen]. Moskau 1959

Pinkus, B.: The Soviet Government and the Jews 1948–1967: A documented Study. New York 1984

Ders.; Fleischhauer, I.: Die Deutschen in der Sowjetunion. Geschichte einer nationalen Minderheit im 20. Jahrhundert. Bearb. und hrg. v. K.-H. Ruffmann. Baden-Baden 1987

Pipes, R.: The Formation of the Soviet Union. New York 1968

Plaetschke, B.: Die Tschetschenen. Forschungen zur Völkerkunde des nordöstlichen Kaukasus. Hamburg 1929

Polons'ka-Vasylenko, N.: Istoryja Ukrajiny [Geschichte der Ukraine], 2 Bd. München 1972 und 1976

Popov, A. A.: The Nganassan. The Material Culture of the Tavgi Samoyeds. Bloomington/The Hague 1966

Potapov, L. P.: Očerki po istorii altajcev [Skizzen zur Geschichte der Altaier]. Leningrad 1953

Potichnyj, P. J.: Poland and the Ukraine. Past and Present. Edmonton/Toronto 1980

Ders.: The Struggle of the Crimean Tatars. In: CSP, XVII (1975), S. 302–319

Preobrazovanija v chozjajstve i kul'ture i ètničeskie processy u narodov severa [Veränderungen in Wirtschaft und Kultur und die ethnischen Prozesse bei den Völkern des Nordens]. Moskau 1970

Prisoedinenie Azerbajdžana k Rossii i ego progressivnye posledstvija v oblasti èkonomiki i kul'tury [Die Angliederung Aserbaidschans an Rußland und ihre progressiven Folgen auf dem Gebiet von Wirtschaft und Kultur]. Baku 1955

Nacional'nye *Processy* v SSSR: Itogi, tendencii, problemy. Beseda za „kruglym stolom" [Nationale Prozesse in der UdSSR: Resultate, Tendenzen, Probleme. Gespräch am „runden Tisch"]. In: Istorija SSSR, 6 (1987), S. 50–120

Puxon, G.: Roma: Europe's Gypsies. London[3] 1980 (Minority Rights Group, Report 14)

Radloff, W.: Aus Sibirien. Leipzig 1884

Radowska-Harmstone, T.: Russia and Nationalism in Central Asia. The Case of Tadzhikistan. Baltimore/London 1970

Ramet, P. (ed.): Religion and Nationalism in Soviet and East European Politics. Durham, N. C. 1984

Rapawy, S.: Nationality Composition of the Soviet Population. In: NP, XIII (1985) 1, S. 70–83

Rauch, G.v.: Geschichte der Sowjetunion. Stuttgart[6] 1977

Ders.: Geschichte der baltischen Staaten. Stuttgart 1970

Ders.: Staatliche Einheit und nationale Vielfalt. Föderalistische Kräfte und Ideen in der russischen Geschichte. München 1953 (Veröffentlichungen des Osteuropa-Instituts München 5)

Raun, T. U.: Estonia and the Estonians. Stanford 1987

Razvitie nacional'nych otnošenij v SSSR. Dlja samostojatel'no izučajuščich marksistsko-leninskuju teoriju i politiku KPSS [Die Entwicklung der nationalen Beziehungen in der UdSSR. Zum selbständigen Studieren der leninschen Theorie und der Politik der KPdSU]. Moskau 1986

Revesz, L.: Volk aus 100 Nationalitäten. Die sowjetische Minderheitenfrage. Bern 1979

Rhinelander, L. H.: Russia's Imperial Policy – The Administration of the Caucasus in the First Half of the Nineteenth Century. In: CSP, XVII (1975), S. 218–235

Rhode, G.: Geschichte Polens. Ein Überblick. Darmstadt³ 1980
Rjasanzew, S. N.: Kirgisien. Leipzig 1955
Rockett, R. L.: Ethnic Nationalities in the Soviet Union. New York 1981
Rogacev, P. M.; Sverdlin, M. A.: Patriotizm, klassy, revoljucija [Patriotismus, Klassen, Revolution]. Moskau 1979
Rorlich, A.-A.: The Volga Tatars. A Profile in National Resilience. Stanford, Cal. 1986
Rubel, P. G.: The Kalmyk Mongols: A Study in Continuity and Change. The Hague 1967
Rudy, Z.: Ethnosoziologie sowjetischer Völker. Bern/München 1962
Rupen, R. A.: Mongols of the Twentieth Century. Bloomington/The Hague 1964
Rutkis, J. (Ed.): Latvia, Country and People. Stockholm 1967
Rywkin, M. (Ed.): Russian Colonial Expansion to 1917. London/New York 1988
Ders.: Moscow's Muslim Challenge, Soviet Central Asia. Armonk, N. Y./ London 1982
Ders.: Russia in Central Asia. New York 1963

Sadvakasov, G. S. (Red.): Materialy po istorii ujgurskogo naroda. Sbornik statej [Materialien zur Geschichte des uigurischen Volkes. Eine Sammlung von Aufsätzen]. Alma-Ata 1978
Sarkisyanz, E.: Geschichte der orientalischen Völker Rußlands. Eine Ergänzung zur ostslawischen Geschichte Rußlands. Mit einem Vorwort v. B. Spuler. München 1961
Ders.: A Modern History of Transcaucasian Armenia, Social, Cultural and Political. Leiden 1977
Schmidt, W.: Die asiatischen Hirtenvölker. Alt-Türken der Altai und Abacan-Tataren. Freiburg 1944
Schmidt-Häuer, C.: Das sind die Russen. Wie sie wurden, wie sie sind, wie sie leben. Hamburg 1980
Schroeder, F. C.; Meissner, B. (Hrg.): Bundesstaat und Nationalitätenrecht in der Sowjetunion. Berlin 1974
Schwabe, A.: Histoire du peuple lettonie. Stockholm 1953
Schwarz, S. M.: The Jews in the Soviet Union. Syracuse 1951
Senkiv, I.: Die Hirtenkultur der Huzulen. Eine volkskundliche Studie. Marburg/L. 1981
Sepeev, G. A.: Vostočnye marijcy. Istoriko-ėtnografičeskoe issledovanie material'noj kul'tury (seredina 19 – načalo 20 vv.) [Die Upö-Mari. Eine historisch-ethnografische Untersuchung der materiellen Kultur (Mitte 19. – Anfang 20. Jh.)]. Joschkar-Ola 1975

Sheehy, A.: The Crimean Tatars and Volga Germans: Soviet Treatment of two National Minorities. London 1971

Shorish, M. M.: Dissent of the Muslims: Soviet Central Asia in the 1980s. In: NP, IX (1981) 2, S. 185–194

Ders.: Islam and Nationalism in West Turkestan (Central Asia) on the Eve of October Revolution. In: NP, XII (1984) 2, S. 247–263

Sidorov, P. A.: Naselenie Čuvašii. Opyt istoriko-geografičeskogo i ėkonomiko-geografičeskogo issledovanija [Die Bevölkerung Tschuwaschiens. Versuch einer historisch-geographischen und ökonomisch-geographischen Untersuchung]. Moskau 1962

Šilde-Karklinš, R.: The Uighurs between China and the USSR. In: CSP, XVII (1975), S. 341–365

Šilling, E. M.: Kubačincy i ich kul'tura. Istoriko-ėtnografičeskie ėtjudy [Die Kubatschen und ihre Kultur. Historisch-ethnographische Etüden]. Moskau/Leningrad 1949

Simon, G.: Die nationale Bewegung der Krimtataren. In: BIOST, 30 und 31 (1975)

Ders.: Nationalismus und die Grenzen der Sowjetunion als Weltmacht. In: BIOST, 26 (1988)

Ders.: Nationalismus und Nationalitätenpolitik in der Sowjetunion. Von der totalitären Diktatur zur nachstalinschen Gesellschaft. Köln/Baden-Baden 1986

Smirnov, N. A.: Politika Rossii na Kavkaze v XVI – XIX vekach [Die Politik Rußlands im Kaukasus im XVI. – XIX. Jahrhundert]. Moskau 1958

Spector, I.: The Soviet Union and the Muslime World 1917–1950. Seattle 1959

Spekke, A.: History of Latvia. An Outline. Stockholm 1951

Spuler, B.: Die Wolga-Tataren und Baschkiren unter russischer Herrschaft. In: Der Islam. Zeitschrift für Geschichte und Kultur des islamischen Orients, 29 (1949/50), S. 142–216

Ders.: Die Mordwinen. Vom Lebenslauf eines wolgafinnischen Volkes. In: Zeitschrift der Deutschen Morgenländischen Gesellschaft, 100 N.F. 25 (1950), S. 90–111

Stalin, J. W.: Marxismus und nationale Frage. In: J. W. Stalin: Werke, Bd. 2. Berlin 1950, S. 266–333

Stökl, G.: Russische Geschichte. Von den Anfängen bis zur Gegenwart. Stuttgart[4] 1983

Stephan, J. J.: Sakhalin. A History. Oxford 1971

Stranicy istorii Marijskogo Kraja [Seiten aus der Geschichte der Region der Mari]. Joschkar-Ola 1970

Studien zur armenischen Geschichte. Hrsg. v. d. Mechitharistenkongregation, 9 Bde. Wien 1917–1960

Sumner, B. H.: Tsardom and Imperialism in the Far East and Middle East, 1880–1914. London 1942

Subtelny, O.: Ukraine. A History. Toronto/Buffalo/London 1988

Suny, R. G. (Ed.): Transcaucasia: Nationalism and Social Change. Ann Arbor 1983

Swiętochowski, T.: Russian Azerbaijan, 1905–1920: The Shaping of National Identity in a Muslim Community. Cambridge/London/New York 1985

Symmons-Synolewicz, K. (Ed.): The Non-Slavic Peoples of the Soviet Union: A Brief Ethnographical Survey. Meadville, Pa. 1972

Szabó, L.: The Fate of a Language: A Brief Survey of Wotic. NP, IX (1981) 2, S. 179–184

Szczepanik, E.: Republiki Azji Śródkowej. Oblicze gospodarczospołeczne [Die Republiken Mittelasiens. Das sozialökonomische Antlitz]. Warschau 1983

Szporluk, R.: Ukraine: A Brief History. Detroit 1979

Taroeva, R. F.: Material'naja kul'tura Karel (Karel'skaja ASSR). Ėtnografičeskij očerk [Die materielle Kultur der Karelier (Die Karelische ASSR). Eine ethnographische Skizze]. Moskau/Leningrad 1965

Tatarija v prošlom i nastojaščem [Die Tatarei in Vergangenheit und Gegenwart]. Kasan 1975

Tatary srednego Povolž'ja i Priural'ja [Die Tataren der Mittleren Wolga und am Ural]. Moskau 1967

Tekiner, S.: Azerbaijan. In: Studies on the Soviet Union, 11 (1971) 1, S. 35–65

Thaden, E. C. (Ed.): Russification in the Baltic Provinces and Finnland. Princeton, N. J. 1981

Tokarev, S. A.: Ėtnografija narodov SSSR. Istoričeskie osnovy byta i kul'tury [Ethnographie der Völker der UdSSR. Die historischen Grundlagen ihrer Lebenweise und Kultur]. Moskau 1958

Tolstov, S. P. (Red.): Narody mira. Ėtnografičeskie očerki [Die Völker der Welt. Ethnographische Skizzen], Bd. I. Narody Kavkaza [Die Völker des Kaukasus]. Moskau 1960, Bd. II. Narody evropejskoj časti SSSR [Die Völker des europäischen Teils der UdSSR]. Moskau 1964

Tracho, R.: Čerkesy (Circassians-Northern Caucasians) [Die Tscherkessen]. München 1956

Trilati, T.: Literature on Ossetia and the Ossetians. In: CR, 6 (1958), S. 107–126

Tuzmukhamedov, R.: How the Nationality Question was solved in Central Asia: A Reply to Falsifiers. Moskau 1973

Uibopuu, V.: Ingermanländische Sprachgruppen. In: AB (1975), S. 140–154
Ders.: Die Verfassungen der Unionsrepubliken der UdSSR. In: OE, 29 (1979) 10, S. 798–810
Ders.: Die Völkerrechtssubjektivität der Unionsrepubliken der UdSSR. Wien/New York 1975
Uratadze, G. I.: Obrazovanie i konsolidacija Gruzinskoj Demokratičeskoj Respubliki [Die Bildung und Konsolidierung der Georgischen Demokratischen Republik]. München 1956
USSR '88. Yearbook. Novosti Press Agency. Moskau 1988
Utrysko, M. (Ed.): Bojkivščyna: Monohrafičnyj zbirnyk materijaliv pro Bojkivščynu z heografiji, istoriji, ėtnografiji i pobutu [Das Boikenland: Eine monographische Sammlung von Materialien über das Boikenland aus Geographie, Geschichte, Ethnographie und Lebensweise]. Philadelphia/New York 1980
Uustalu, E.: The History of Estonian People. London 1952

Vaidyanath, R.: The Formation of the Soviet Central Asian Republics, 1917–1936: A Study in Soviet Nationality Policy. New Delhi 1967
Vakar, N. P.: Belorussia. The Making of a Nation. A Case Study. Cambridge, Mass. 1956
Vardys, V. S. (Ed.): Lithuania under the Soviets. Portrait of a Nation, 1940—1965. New York/Washington/London 1965
Vdovin, I. S.: Očerki istorii i ėtnografii Čukčej [Skizzen zur Geschichte und Ethnographie der Tschuktschen]. Moskau/Leningrad 1965
Vestnik Statistiki. Organ central'nogo statističeskogo upravlenija SSSR [Organ der statistischen Zentralverwaltung des UdSSR], 2 (1980)
Vladykin, V. E.: Očerki ėtničeskoj i social'noėkonomičeskoj istorii udmurtov (do načala 20 v.) [Skizzen zur ethnischen und sozialökonomischen Geschichte der Udmurten (bis zum Beginn des 20. Jh.)]. Moskau 1969
Völker der Sowjetunion – Kultur und Lebenweise. Museum für Völkerkunde Leipzig. Leipzig 1976
Völker der Tundra und Taiga. Menschen in Eis und Schnee. Außenstelle des Museums für Völkerkunde in Wien in Zusammenarbeit mit dem Naturhistorischen Museum. Wien (1979)
Vossen, R.: Sowjetunion. Völker der Sowjetunion vor und nach der Revolution. Mit einem Beitrag v. E. Hickmann. Hamburg 1980
Vuorela, T.: The Finno-Ugric Peoples. Bloomington/The Hague 1964

Walker, C. J.: Armenia: The Survival of a Nation. New York 1980
Wheeler, G.: The Modern History of Soviet Central Asia. London 1964

Wieland, L.: Rußland-Reportagen. Grenzgänge durch die Sowjetunion. Frankfurt 1986

Wimbush, S. E. (Ed.): Soviet Nationalities in Strategic Perspective. London/ Sydney 1985

Ders.; Alexiev, A.: The Ethnic Factor in the Soviet Armed Forces. Santa Monica, Cal. 1982

Ders.; Wixman, R.: The Meskhetian Turks: A Voice in Soviet Central Asia. In: CSP, XVII (1975), S. 320–341

Wirz, P.: Die Ainu. Sterbende Menschen im fernen Osten. München/Basel 1955

Wittram, R.: Baltische Geschichte. Die Ostseeländer Livland, Estland, Kurland 1180–1918. Grundzüge und Durchblicke. Darmstadt 1973

Wixman, R.: Ethnic Nationalism in the Caucasus. In: NP, X (1982) 2, S. 137–156

Ders.: The Peoples of the USSR. An Ethnographic Handbook. London 1984

Zacharov, S. V. (Red.): Letopis' žizni narodov severo-vostoka RSFSR 1917–1985 [Lebenschronik der Völker des Nordostens der RSFSR 1917–1985]. Petropawlowsk-Kamtschatskij 1986

Zakrzewska-Dubasowa, M.: Historia Armenii [Geschichte Armeniens]. Breslau 1977

Zaslavsky, V.; Brym, R. J.: Soviet-Jewish Emigration and Soviet Nationality Policy. London 1983

Zenkovsky, S. E.: A Century of Tatar Revival. In: The American Slavic and East European Review, 12 (1953), S. 303–318

Ders.: Pan-Turkism and Islam in Russia. Cambridge 1960

Ziedonis Jr., A.; Winter, W. L.; Valgemäl, M. (Eds.): Baltic History. Columbus/ Oh. 1974

Register

Die Namen von Personen sind *kursiv* gedruckt.

Abakan 51
Abbas I., der Große (1586–1628), Schah von Persien 102
Achmeta 45
Aginskoe 50
Aguldere 31
Alanen 82, 88, 126
Alexander I. (1777–1825), Zar 13
Alexander III. (1845–1894), Zar 108
Alma-Ata 91, 92, 99
Anadyr 149
Andischan 95, 163
Animismus 179
Anna (1693–1740), Zarin 91
Archangelsk 122
Aschchabad 152
ASSR 176
Astara 143
Astrachan 13, 144
Aukschtaiten 110
Autonomer Kreis 178
Autonomes Gebiet 177

Baku 36, 38, 39
Balesino 47
Basmatschi-Bewegung 179
Batumi 30, 104, 105
Belomorsk 89
Belowo 146
Bering, Vitus (1680–1741), Naturforscher 33
Bey 179
Birobidschan 78, 80
Bolgaren → Wolga-Bulgaren
Buchara 35, 47, 49, 73, 86, 141, 152, 153, 162, 163
Buxhoeveden, Albert v. (–1229), Bischof von Livland 107

Chabarowsk 121, 122, 124, 126, 136, 155, 161
Chanty-Mansijsk 52, 115, 138
Charkow 159
Chasaren 78, 85, 126
Chiw 140
Chiwa 86, 87, 91, 152, 153, 162, 163
Chorog 44, 73, 75, 77, 131, 137, 165
Christen 179
Chunsach 42
Czernowitz 71, 130

Derpent 145
Domäsnes 114
Dorpat (Tartu) 60
Dudynka 57, 59, 122, 123
Duschanbe (Stalinabad) 47, 140, 141
Dzungaren 84, 86, 91

Edschmiadzin 179
Elista 83
Engels 55
Eriwan 36

Frunse 94, 96

Galitsch 158
Gandscha 39
Gebiet 177
Gedeminas (1275–1341), Großfürst von Litauen 111
Geto-Daker 118

Glasow 47
Gomel 167
Gorno-Altajsk 34
Grosny 72, 148

Horde 180
Hunnen 141

Irakli II. (1720–1798), georgischer König 67
Irkutsk 50, 146
Ischewsk 156
Iwan III., der Große (1440–1505), Großfürst von Moskau 12, 74, 170
Iwan IV., der Schreckliche (1530–1584), Großfürst von Moskau, Zar 13, 45, 98, 116, 120, 132, 150, 156
Iwano-Frankowsk 48, 71

Jagiello (1351–1434), Großfürst von Litauen, König von Polen 111
Jakutsk 76
Jartsewo 94
Jenissej-Kirgisen 51, 95, 154, 157
Jermak Timofejew (–1584), Kosaken-Ataman 13
Joskar-Ola 116

Kalinin 89
Kaluga 89
Kars 37
Kasan 13, 116, 120, 143, 144, 150, 156
Katharina II. (1729–1796), Zarin 13, 54, 107, 133, 144
Katkow, Michail N. (1818–1887), russischer Publizist 16
Kaunas 112
Kemerowo 137, 146
Kettler, Gotthard (1517–1587), Landmeister in Livland, Herzog von Kurland 107
Kiew 10, 23, 78, 131, 158, 159, 166
Kingisepp 74
Kirow 98
Kirowograd 49
Kischinjow 118
Kokand 47, 91, 95, 162, 163, 179
Kommandeur-Inseln 33
Konagkent 49, 52, 101
Koporje 170
Kotly 170
Krasnowischewsk 78
Krim 70, 85, 100, 134, 144, 160
Ksyl-Orda 92, 99
Kuba 39
Kudymkar 98
Kumanen (Polowzer) 65, 85
Kurachdere 31
Kuren 107
Kurilen 32, 75
Kurowzy 170
Kysyl 154

Lemberg → Lwow
Lenin (Uljanow), Wladimir I. (1870–1924) 13, 17–19
Leningrad 23, 41, 65, 74, 80, 133, 169, 170
Lenkoran 143
Lerik 143
Libau (Liepaja) 107
Lomonosow 74
Lwow (Lemberg) 48, 148

Machatschkala 53, 102, 103, 145
Magadan 81, 149
Majkop 31
Marijampole 113
Mary 46, 57, 71
Meinrad (–1196), Bischof der Liven 114
Mindaugas (–1263), König der Litauer 110
Minsk 166, 167
Mogiljow 167
Molotow, Wjatscheslaw M. (1890–1986), sowjetischer Außenminister und Ministerpräsident 113
Mongolen 31, 36, 42, 44, 50, 58, 66, 71,

76, 82, 106, 126, 132, 137, 141, 143, 150, 154, 162, 166, 180
Moskau 11, 21, 23, 41, 74, 78–80, 89, 99, 111, 112, 129, 131, 132, 134, 179, 180
Muslime 180, 181

Nachitschewan 37, 39, 40
Nadir Schah (1688–1747), König von Persien 58
Naltschik 43, 82
Narjan-Mar 122
Nidsch 156
Nikolaj II. (1868–1918), Zar 16
Nikolajew 49
Nowgorod 12, 74, 89, 98, 104, 132, 169, 170
Nukus 86

Odessa 19, 49, 65, 70
Oghusen 65, 152
Oiroten 34
Oktomberi 156
Ordschonikidze 126
Orenburg 92, 120
Osmanen 29, 39, 106

Palana 99
Päts, Konstantin (1874–1956), estnischer Staatspräsident 62
Perm 78, 98
Peter I., der Große (1672–1725), Zar 13, 39, 60, 65, 79, 107, 133, 180, 181
Petrograd → Sankt Petersburg
Petropawlowsk-Kamtschatskij 33
Petrosawodsk 89
Pischpek 96
Polowzer → Kumanen
Poset 99

Quasim (1495–1523), kasachischer Sultan 91

Rajon 178
Region 177
Retschiza 167
Reval → Tallinn
Riga 106–109, 114, 129, 159, 167
Sachalin 32, 124, 125
Salechard 122, 138
Samarkand 35, 49, 163
Sankt Petersburg (Petrograd) 13, 14, 16, 133
Saporoschje 33, 49
Saransk 120
Saratow 54
Sarmaten 126
Scheka 39
Schemacha 39
Schemaiten 110
Schitomir 147
Seldschuken 152
Selen 107
Semgaller 107
Skrypnyk, Mykola O. (1872–1933), sowjetukrainischer Justiz- und Kultusminister 19
Skythen 126
Smolensk 166
Sogden 75
Sowjetskaja Gawan 126
SSR 176
Stalin (Dschugaschwili) Iosif W. (1879–1953) 17–20, 67, 81, 109
Stalinabad → Duschanbe
Steller, Georg Wilhelm (1709–1746), Naturforscher 33
Stepanakert 40
Stroganow, russische Kaufmannsfamilie 98
Suchumi 29
Susdal 158, 166
Swerdlowsk 115
Syktywkar 97

Tabasaran 140
Tallinn (Reval) 60, 62
Talysch 39
Tarnopol 105
Tartu → Dorpat
Taschkent 49, 99, 162, 163

Tiflis 66
Tiraspol 119
Titularnation 181
Tjumen 52, 115, 122, 138
Tocharier 141
Tomsk 52, 138
Tscheboksary 150
Tscherkessk 88, 148
Tschita 50
Tura 64
Turuschansk 94

Uexküll 114
Ufa 44
Ulan-Ude 50
Ulmanis, Karlis (1877–1942?), lettischer Staatspräsident 62, 108
Usbek (1281–1342), mongolischer Khan 162
Uschgorod 71, 139, 161
Ust-Ordynskij 50

Vilnius (Wilna) 110, 112, 167

Walachen 118, 119
Waldemar IV. Atterdag (1320–1375), König von Dänemark 60
Waräger 12
Wartaschen 156
Wilhelm, Herzog von Urach (1864–1928), Kandidat für den litauischen Königsthron 112
Wilna → Vilnius
Witebsk 167
Witold (1392–1430), Großfürst von Litauen 85
Wladimir 132, 158, 166
Wladimir (in Wolhynien) 158
Wladiwostok 155
Wolga-Bulgaren (Bolgaren) 48, 116, 143, 150, 156
Wologda 169
Wyborg 90

Zar 181
Zchinwali 126

Karten der Sowjetrepubliken

Weißrussische SSR 207

Litauische SSR 208

Estnische SSR 209

Lettische SSR 210

Moldauische SSR 211

Georgische SSR 212

Ukrainische SSR 213

Armenische SSR 214

Aserbaidschanische SSR 215

Kasachische SSR 216

Usbekische SSR 217

Kirgisische SSR 218

Tadschikische SSR 219

Turkmenische SSR 220

Russische SFSR .... Umschlagklappe

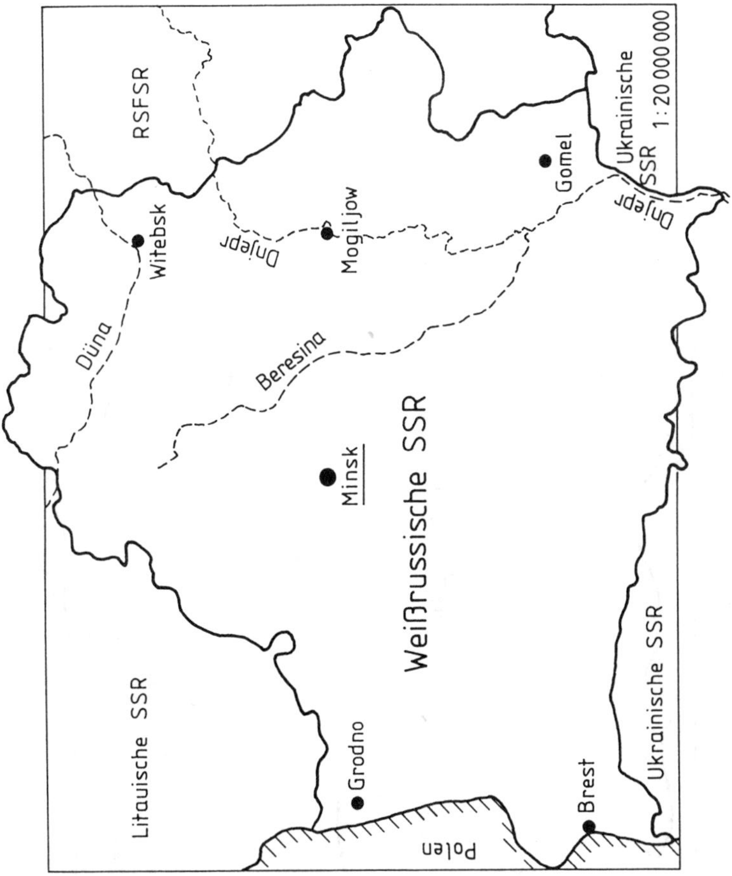
RSFSR
Witebsk
Dnjepr
Mogiljow
Gomel
Ukrainische SSR
1:20 000 000
Düna
Beresina
Minsk
Weißrussische SSR
Dnjepr
Litauische SSR
Grodno
Brest
Ukrainische SSR
Polen

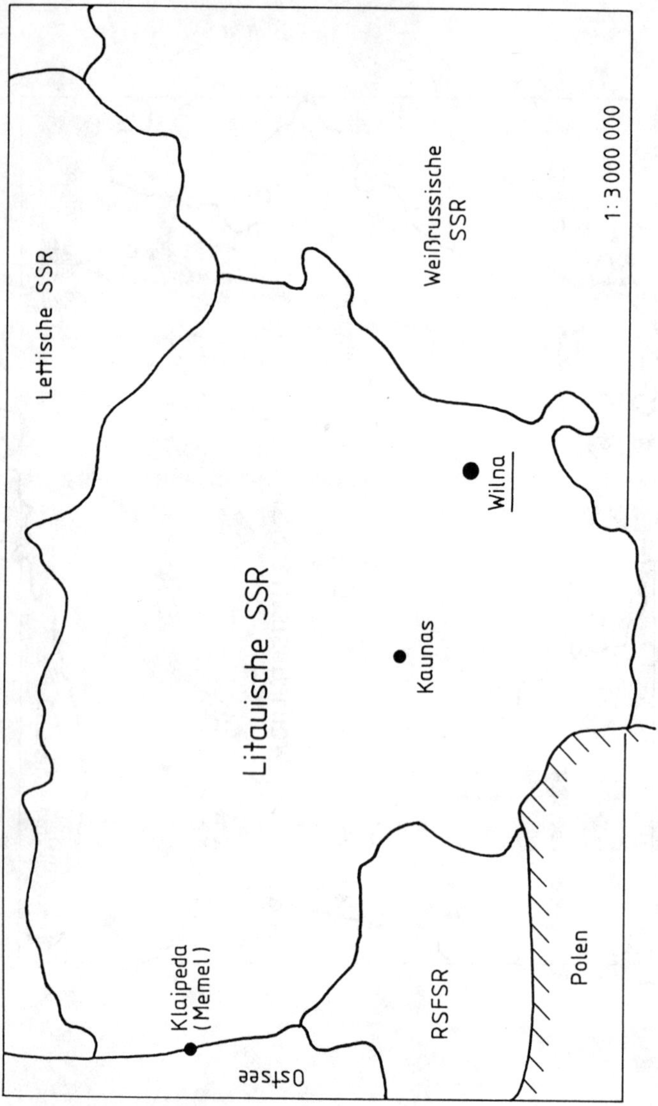
Lettische SSR
Weißrussische SSR
1: 3 000 000
Wilna
Kaunas
Litauische SSR
Klaipeda (Memel)
Ostsee
RSFSR
Polen

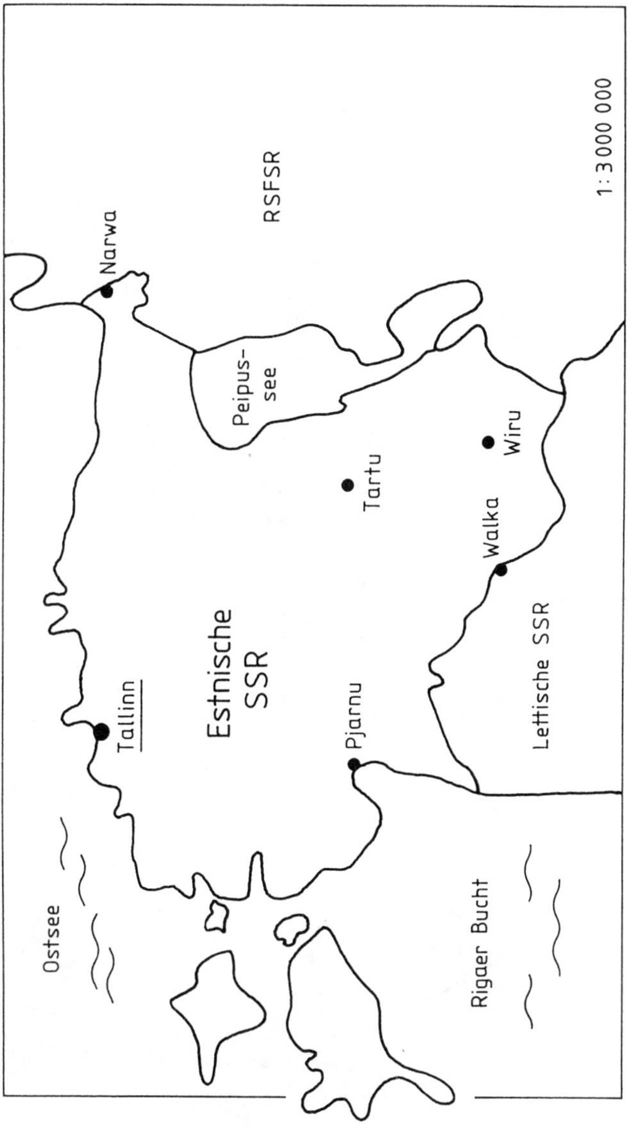
Narwa
RSFSR
1:3000 000
Peipus-
see
Tartu
Wiru
Walka
Lettische SSR
Estnische
SSR
Tallinn
Pjarnu
Ostsee
Rigaer Bucht

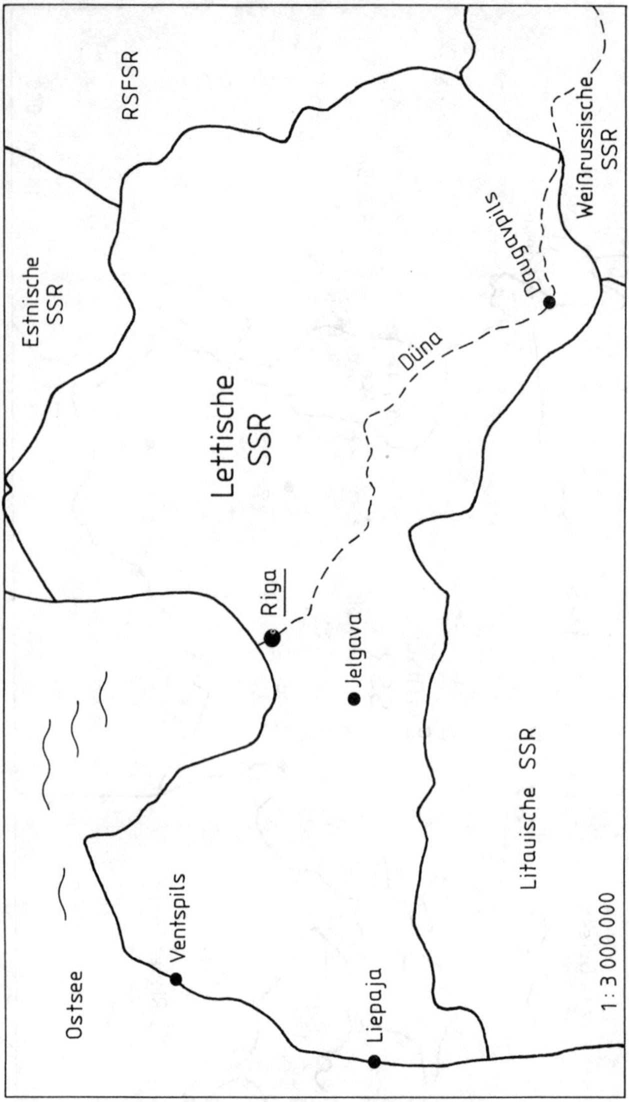
Estnische SSR
RSFSR
Lettische SSR
Düna
Daugavpils
Weißrussische SSR
Riga
Jelgava
Litauische SSR
Ostsee
Ventspils
Liepaja
1 : 3 000 000

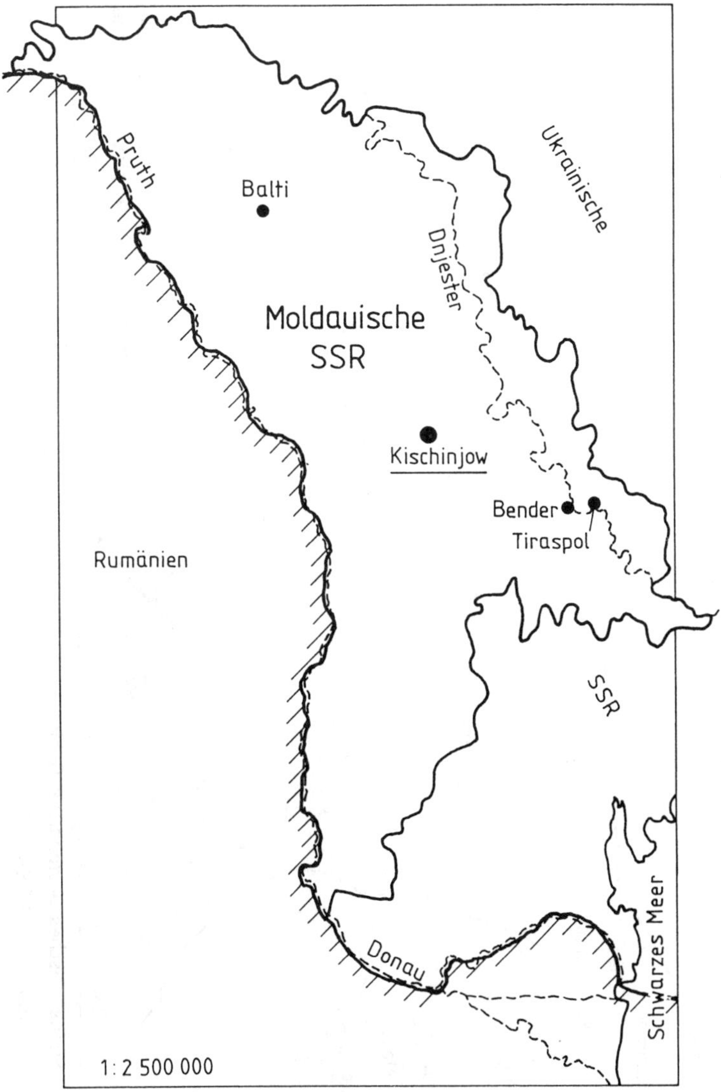
Pruth
Balti
Ukrainische
Dnjester
Moldauische
SSR
Kischinjow
Bender
Tiraspol
Rumänien
SSR
Schwarzes Meer
Donau
1: 2 500 000

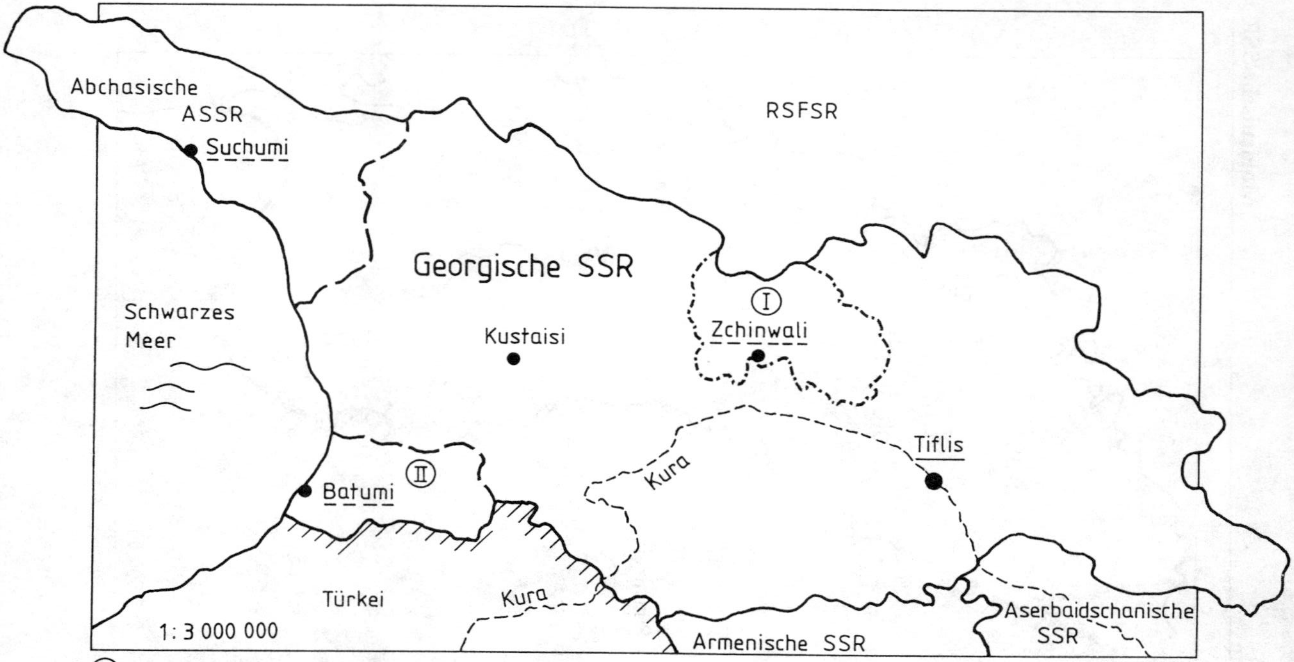

(I) Südossetisches Autonomes Gebiet

(II) Adscharische ASSR

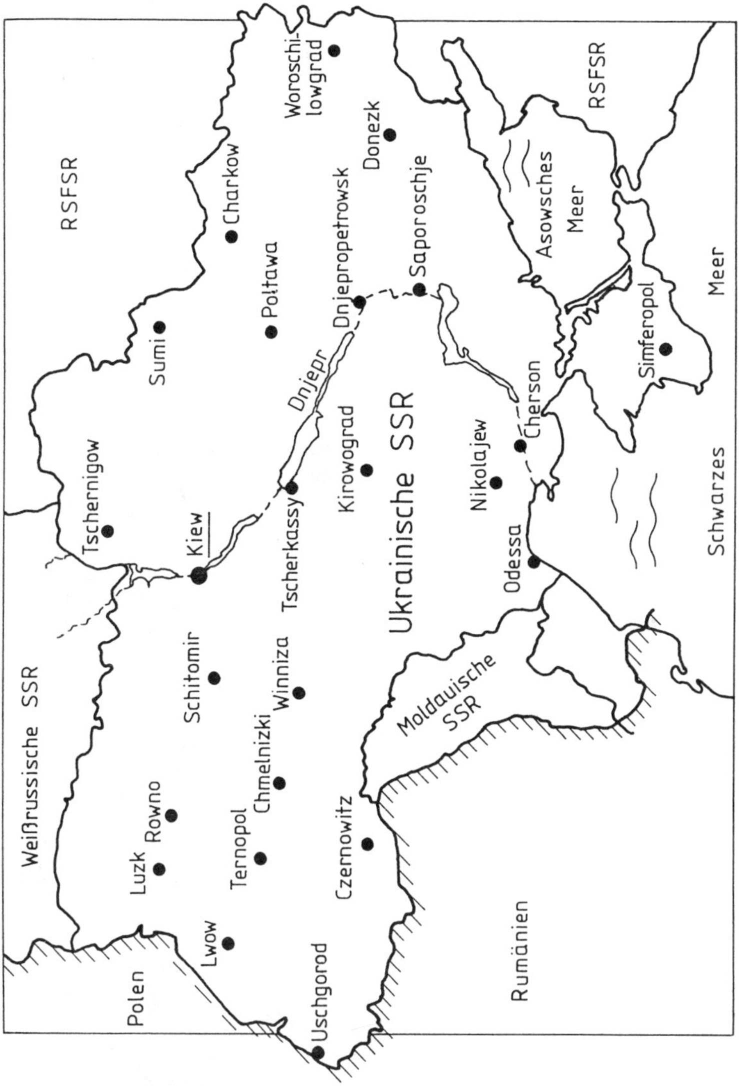
RSFSR
Weißrussische SSR
Polen
Rumänien
Moldauische SSR
Ukrainische SSR
RSFSR
Asowsches Meer
Schwarzes Meer
Dnjepr
Woroschilowgrad
Donezk
Charkow
Dnjepropetrowsk
Saporoschje
Poltawa
Sumi
Tschernigow
Kiew
Tscherkassy
Kirowograd
Nikolajew
Cherson
Simferopol
Odessa
Schitomir
Winniza
Chmelnizki
Rowno
Luzk
Ternopol
Czernowitz
Lwow
Uschgorod

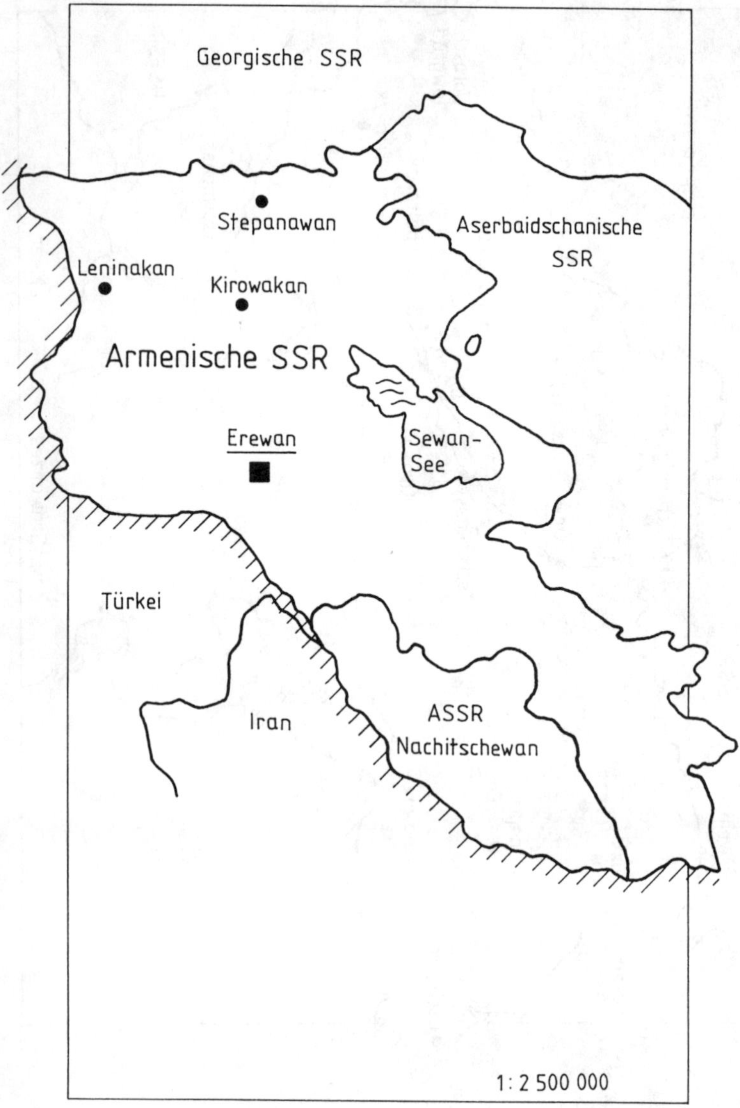
Georgische SSR
Stepanawan
Aserbaidschanische SSR
Leninakan
Kirowakan
Armenische SSR
Erewan
Sewan-See
Türkei
Iran
ASSR Nachitschewan
1: 2 500 000

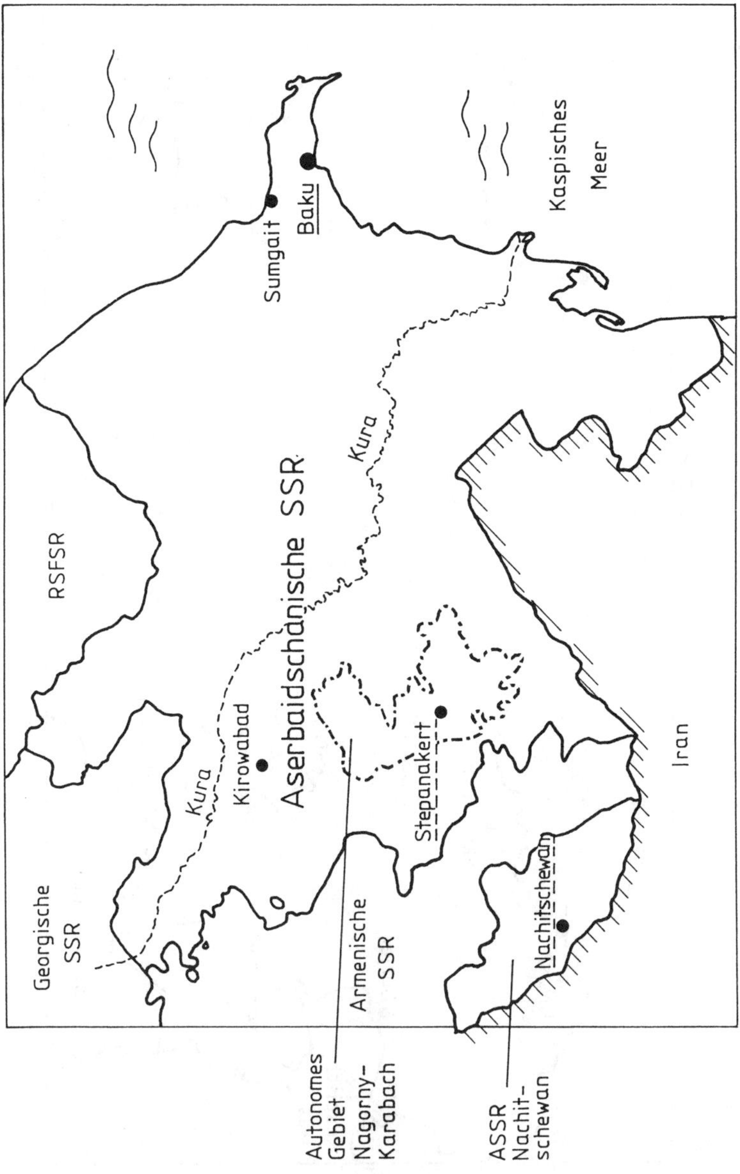

Kaspisches Meer
Baku
Sumgait
RSFSR
Kura
Aserbaidschanische SSR
Kirowabad
Kura
Georgische SSR
Stepanakert
Armenische SSR
Iran
Nachitschewan
Autonomes Gebiet Nagorny-Karabach
ASSR Nachit-schewan

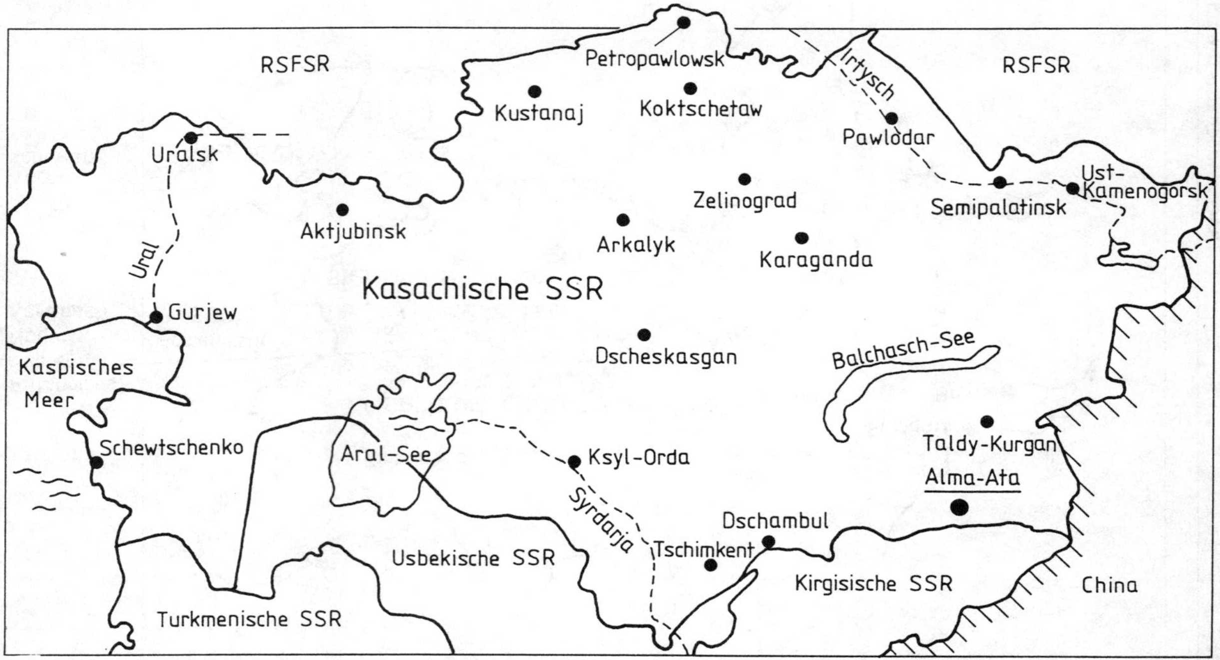
RSFSR
Petropawlowsk
Irtysch
RSFSR
Kustanaj
Koktschetaw
Pawlodar
Uralsk
Ust-Kamenogorsk
Zelinograd
Semipalatinsk
Aktjubinsk
Arkalyk
Ural
Karaganda
Kasachische SSR
Gurjew
Dscheskasgan
Balchasch-See
Kaspisches Meer
Schewtschenko
Aral-See
Ksyl-Orda
Taldy-Kurgan
Alma-Ata
Syrdarja
Dschambul
Tschimkent
Usbekische SSR
Kirgisische SSR
China
Turkmenische SSR

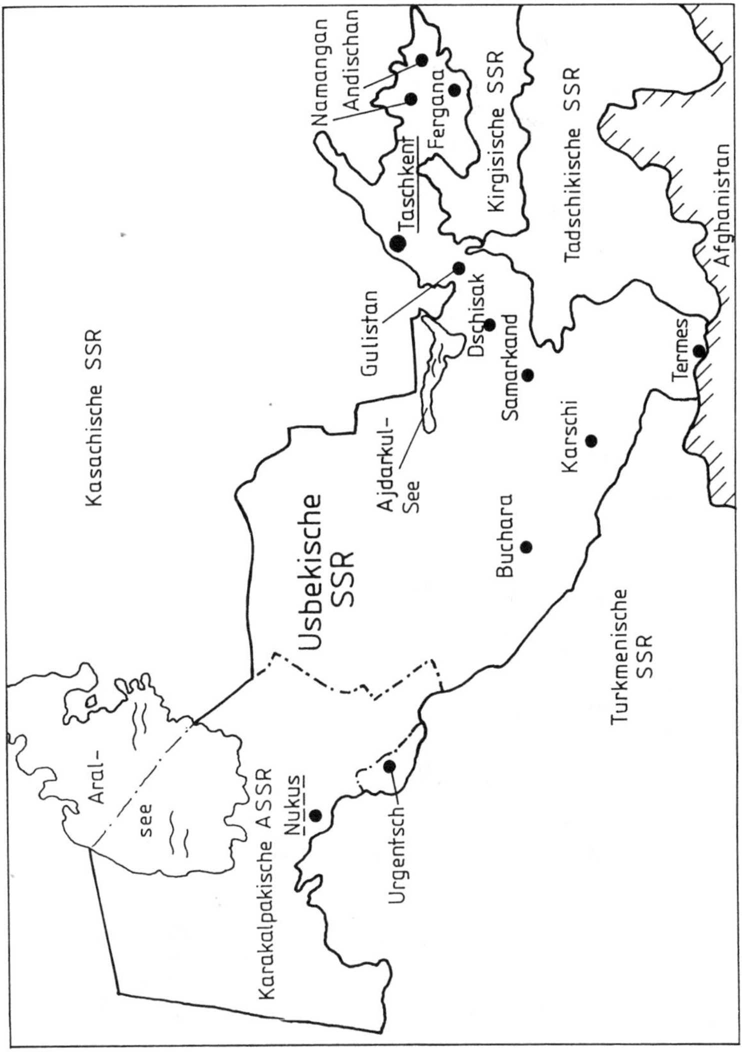
Kasachische SSR
Usbekische SSR
Aral-see
Karakalpakische ASSR
Nukus
Urgentsch
Turkmenische SSR
Buchara
Karschi
Ajdarkul-See
Samarkand
Dschisak
Gulistan
Taschkent
Namangan
Andischan
Fergana
Kirgisische SSR
Tadschikische SSR
Termes
Afghanistan

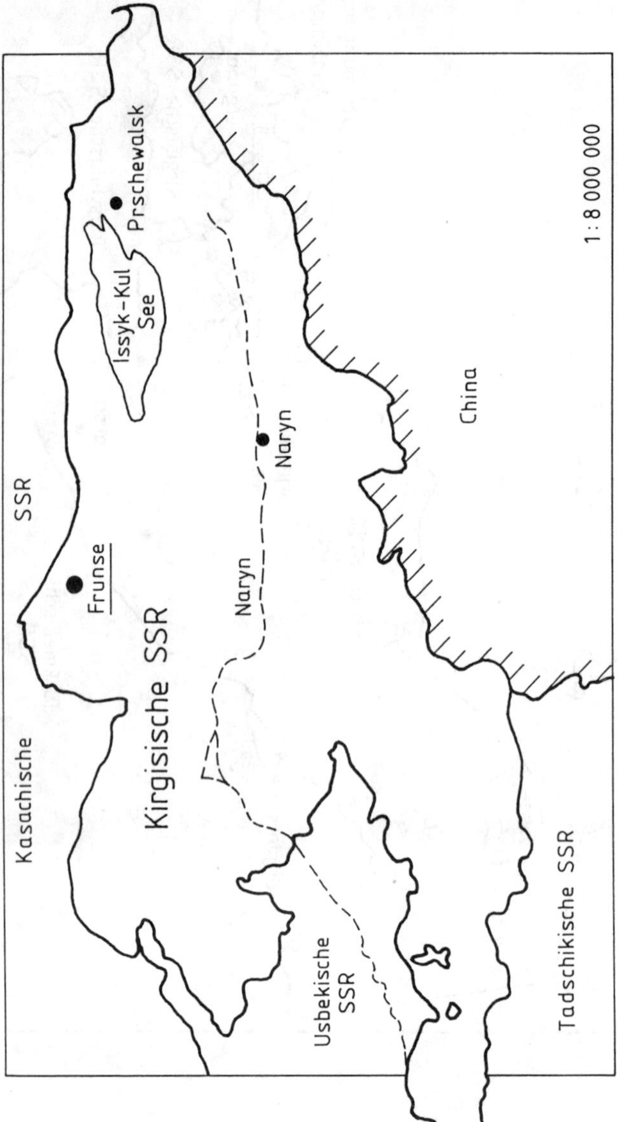
Kasachische
SSR
Kirgisische SSR
Frunse
Issyk-Kul
See
Prschewalsk
Naryn
Naryn
China
Usbekische
SSR
Tadschikische SSR
1 : 8 000 000

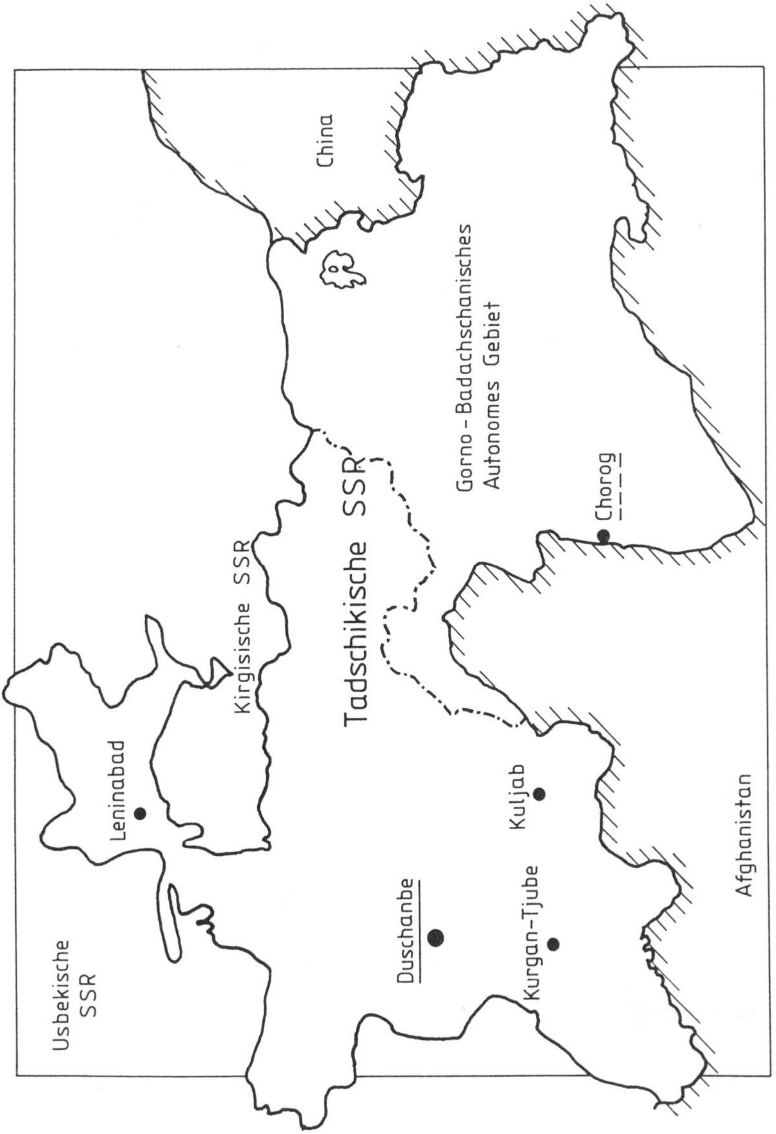
China
Gorno-Badachschanisches
Autonomes Gebiet
Tadschikische SSR
Kirgisische SSR
Chorog
Leninabad
Kuljab
Afghanistan
Duschanbe
Kurgan-Tjube
Usbekische
SSR

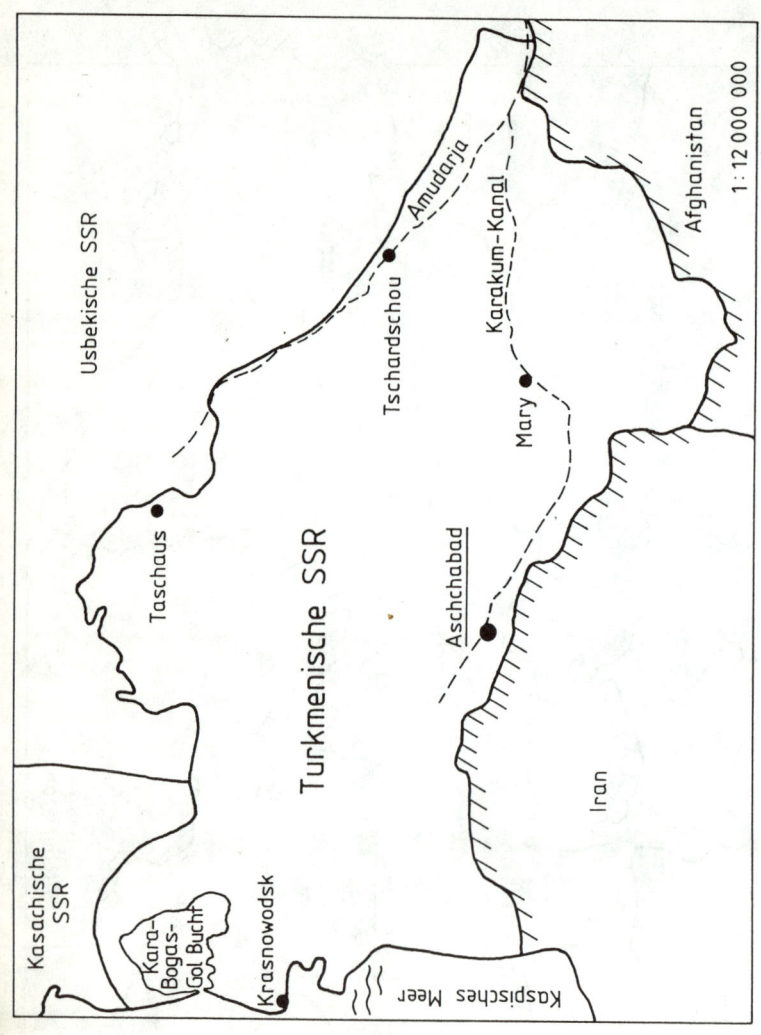

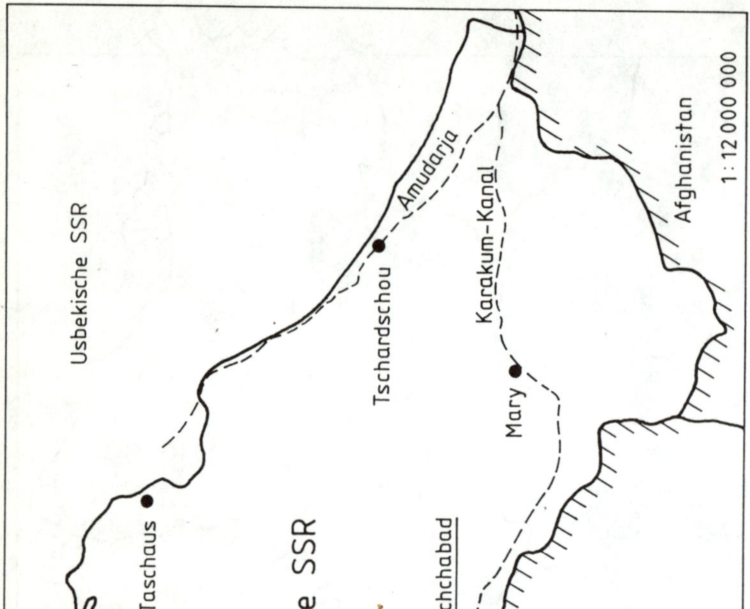
Usbekische SSR
Kasachische SSR
Turkmenische SSR
Taschaus
Tschardschou
Amudarja
Karakum-Kanal
Mary
Aschchabad
Krasnowodsk
Kara-Bogas-Gol Bucht
Kaspisches Meer
Iran
Afghanistan
1 : 12 000 000